tredition®

Wende Dein Gesicht der Sonne zu,
dann liegen die Schatten hinter Dir.

Afrikanisches Sprichwort

Für Nico

Yvonne Holthaus

Mit dem Gesicht zur Sonne

(buch@gesicht-zur-sonne.de)

Umschlaggestaltung, Illustration:
Nadine Bornewasser (www.nadiwitt.de),
Jana Breulmann (www.tichwin.deviantart.com)

Idee Back-Cover: Alexandra Dullinger

Fotographie: Stefanie Danner (www.smemoryd.de)

Lektorat, Korrektorat: Jörg Querner (www.anti-fehlerteufel.de)

Vorlektorat: Nina Franck, Stephanie und Klaus Zimmer

Rechtliche Beratung und Prüfung des Manuskriptes:
RA Felix Hoffmeyer, LL.M., Hannover (www.kanzlei-hoffmeyer.de)

Satz: norbert**bach**|**design** (www.norbertbach-design.de)

Verlag: tredition GmbH, Hamburg

ISBN: 978-3-8495-0164-8

Printed in Germany

Bibliografische Information der Deutschen Nationalbibliothek:

Die Deutsche Nationalbibliothek verzeichnet diese Publikation in der Deutschen Nationalbibliografie; detaillierte bibliografische Daten sind im Internet über http://dnb.d-nb.de abrufbar.

Hol die Vergangenheit nur zurück,
wenn Du auf ihr aufbauen willst.
*Dominico Estrada (mex. Schriftsteller, *18.04.1954)*

Warum dieses Buch?

Gerade einmal 38 und schon eine eigene Biographie?

Ursprünglich entstand die Idee für dieses Buch 1999. Mit 24 Jahren geriet ich in eine Situation, die mich in massive finanzielle Schwierigkeiten brachte. Damals überlegte ich mir, dass viel mehr Menschen wissen sollten, was solche Stolperfallen sind und wie sie sich davor schützen können. Eine Art Ratgeber und Mutmacher aus eigener Erfahrung.

Ich wäre seinerzeit aufrichtig dankbar gewesen, hätte man mich vor diesen großen Fehlern gewarnt und über die möglichen Folgen aufgeklärt.

Doch in den Folgejahren überschlugen sich die Ereignisse und der Stoff für eine Biographie wuchs und wuchs. Eine Vielzahl von Personen begegnete mir und war ein Teil meines Lebens, wenn auch manchmal lediglich für kurze Zeit. Und je mehr ich erlebte, mit den Menschen und durch sie, desto mehr lernte ich. Ich lernte mich selbst zu motivieren und an mich zu glauben. Insbesondere aber, alles schaffen zu können, wenn man durchhält und ein Ziel vor Augen hat. Nicht aufgeben, lautete die Devise.

In dieser Zeit definierte ich den Leitspruch für mein heutiges Unternehmen:

Die Kraft liegt in Dir!

Der Mutmacher aus eigenen Erfahrungen, der anfangs nur den Bereich der finanziellen Bruchlandung abdecken sollte, umfasste mittlerweile einige Punkte mehr, über die ich zu berichten wusste. Und es lag und liegt mir nach wie vor am Herzen, so vielen wie möglich Mut und Durchhaltevermögen zuzusprechen; gerade damit sie die schlechten Zeiten im Leben zielgerichtet mit Kraft und Optimismus durchstehen.

Meiner Ansicht nach sind es exakt solche Täler, aus denen sich ein innerer Reichtum und Frieden entwickeln kann. Aus diesem Grund sage ich heute mit Stolz: sämtliche Erlebnisse haben mich gestärkt, geschult und geformt. Ich wäre nicht der Mensch, der ich heute bin, wenn ich nicht genau dieses Leben geführt hätte – mit einer Menge Höhen und Tiefen.

Und ganz besonders mit den Tiefen.

Im Laufe der letzten Jahre habe ich für mich eine eigene Lebensphilosophie entwickelt.

Ich glaube daran, dass die im vorliegenden Buch beschriebenen Personen zu jedem Zeitpunkt das aus ihrer Sicht Beste getan und gegeben haben. Und ich gehe sogar noch weiter und behaupte, keiner der Protagonisten hat mich persönlich mit Vorsatz oder aus Boshaftigkeit geschädigt oder emotional verletzt.

Nach meiner Auffassung handeln alle Lebewesen so, wie es für sie als die einzig schlüssige und richtige Möglichkeit erscheint. Niemand entscheidet sich im vollen Bewusstsein falsch, jeder ist davon überzeugt, die für sich beste Variante zu wählen. Und dies kann man im Nachhinein niemandem vorwerfen, außer maximal sich selbst, wenn man über seine Entscheidungen nachdenkt.

Wenn ich die Leser dieses Buches dafür sensibilisieren kann, dass jede Medaille zwei Seiten und Schlechtes oft einen Sinn haben kann, dann habe ich den mir selbst gestellten Auftrag erfüllt.

Meinen Frieden mit den Geschehnissen und den Personen, die damit verbunden sind, habe ich geschlossen, zum Teil auch durch das Schreiben dieses Buches. Wobei mir wichtig ist, klarzustellen: Frieden schließen ist für mich nicht zwangsläufig gleichbedeutend mit verzeihen. Vielleicht komme ich irgendwann einmal an den Punkt, jedem alles verzeihen zu können. Aber im Moment reicht es mir, wenn ich eine innere Ruhe erreichen und damit achtsam leben kann.

Ebenfalls will ich verdeutlichen, dass es mir fernliegt, irgendjemanden anzuklagen, zu verurteilen oder in Misskredit zu bringen. Zur Wahrung der Persönlichkeitsrechte sind daher die Namen sämtlicher Charaktere, bis auf meinen eigenen, verfremdet. Ebenso gehe ich auf die Beschreibung mancher Personen nicht im Detail ein, beispielsweise bei meiner jüngsten Schwester.

Jeder der Protagonisten hat in all seinem Tun frei entschieden und gehandelt. Dadurch sehe ich sie in einer gewissen Selbstverantwortung dafür. Nur eben nicht „Amélie". Sie konnte für alles nichts, war ausschließlich Leidtragende und soll daher weitestmöglich außen vor gelassen werden. Lediglich dort, wo es für das Geschehen unerlässlich ist, habe ich sie erwähnt.

Alle Ereignisse, die ich beschreibe, habe ich ausschließlich aus meiner Sicht der Dinge und im Rahmen meiner Emotionen verfasst.

Alle Fakten, die in diesem Buch auftauchen, habe ich anhand meiner eigenen Aufzeichnungen, aus Kalendern und Tagebüchern und zusätzlich aus archiviertem Schriftverkehr mit den Behörden gezogen.

Doch dieses Buch soll nicht nur Mutmacher sein.

2002 geschah etwas, das mein Leben erneut völlig auf den Kopf stellte und das damals durch sämtliche Presse- und Fernsehformate gejagt wurde. Dieser Kriminalfall war interessant genug, dass Bildzeitung, sternTV und andere Magazine und Sendungen darüber berichteten. Das ist logisch, das ist deren Job: finde eine Sex- oder Crime-Story und erzähle sie dem gierenden Volk. Und bei manchen Reportagen galt: fülle die nicht recherchierbaren Lücken irgendwie auf – wird schon passen!

Um genau diese Lücken geht es mir in diesem Buch.

Ich möchte die Tat in keiner Weise abschwächen oder gar verteidigen. Aber viele Hintergründe wurden einfach weggelassen oder unwahr dargestellt. Vieles von dem, was geschrieben oder im Fernsehen gezeigt wurde, entsprach nicht der Wahrheit.

Anhand gewährter Straf-Akteneinsicht, polizeilicher Vernehmungs- und gerichtlicher Verhandlungsprotokolle zeige ich hier auf, wie es tatsächlich war. Und vielleicht erreiche ich, dass die Medien zukünftig differenzierter und vorsichtiger betrachtet werden.

Zuletzt möchte ich erwähnen, dass ich mindestens 10 Prozent der Erlöse dieses Buches und sämtlicher damit verbundenen Einnahmen vierteljährlich wohltätigen Zwecken spende. Welche dies konkret sein werden, bestimmen Sie als Leser!

Auf der Website zum Buch www.gesicht-zur-sonne.de finden Sie im Menüpunkt „Der gute Zweck" eine Liste der Organisationen, die finanzielle Hilfe gebrauchen können. Sollten Sie ein weiteres Projekt für unterstützenswert erachten, schreiben Sie mir und ich werde es mit auf die Liste setzen.

In einer Abstimmung auf der Website wird anschließend festgestellt, welche Institution den meisten Zuspruch erhält. Daher dürfte es auch in Ihrem Interesse liegen, den Link zur Buchwebsite weiterzuleiten und somit möglichst breit zu streuen.

Ich wünsche Ihnen viel Freude beim Lesen meines Buches und freue mich über Rückmeldungen jeglicher Art. Gerne dürfen Sie auch auf der Website unter dem Punkt „Lob & Kritik" einen Kommentar hinterlassen oder mich persönlich anschreiben. Die Kontaktdaten finden Sie ebenfalls auf www.gesicht-zur-sonne.de. Und sollten Sie zudem über Lesungen und aktuelle Berichterstattungen in den Medien auf dem Laufenden bleiben wollen, so lade ich Sie auf meine Facebook-Fanpage „Mit dem Gesicht zur Sonne" ein. Ein Klick auf „Gefällt mir" und schon bekommen Sie zeitnah alle wichtigen Ereignisse mit.

Mit herzlichen Grüßen durch die Sonne

Ihre Yvonne Holthaus

Nichts ist gewisser als der Tod,
nichts ungewisser als seine Stunde.
Anselm von Canterbury (1033–1109), engl. Philosoph u. Theologe

Prolog

Für andere mag es schön gewesen sein, das frühsommerliche Wetter. Mit seinen gleichmütig summenden Bienen, dem euphorischen Zwitschern der Vögel, den ersten knatternden Rasenmähern, die beinahe etwas schüchtern aus den Gartenlauben hervorgeholt wurden, und den vielen sonnenhungrigen Gesichtern, die ausdrückten: „Der Sommer kommt. Endlich!"

Mich jedenfalls nervte all das gewaltig an diesem Tag.

Die letzten Tage waren trocken. Nicht heiß, im Gegenteil: eine Temperatur-Achterbahn zog ihre Fahrt durch die Wetterberichte und für die nächsten Tage meldeten die Meteorologen erneut Regen, inklusive eines Tiefdruckgebiets.

Na toll.

Die Pollen, die sich innerhalb der letzten Tage durch den Wind aus den blühenden Pflanzen befreit hatten, würden dadurch noch weiter in Bodennähe gedrückt werden.

Und ich litt unter Heuschnupfen. Nicht so ein bisschen Kribbeln oder Schniefen mit ab und zu mal Naseschneuzen, sondern richtig heftig. Wenn es anfing, in der Nase zu bitzeln, die Augen zu tränen begannen und das ganze Gesicht juckte, dann stand fest: es geht wieder los.

Dieses Jahr, 2002, hoffte ich insgeheim, der Kelch ginge an mir vorüber. Immerhin zeigte der Kalender Anfang Juni und meine hochallergische Zeit begann sonst jedes Jahr bereits Ende April. Danach konnte ich die Uhr stellen.

Aber da hatte ich mich anscheinend zu früh gefreut. Auch wenn die Pollen sich diesmal einen Monat länger Zeit ließen, um in meinem Organismus ein Immunabwehr-Feuerwerk zu zünden, verschonen wollten sie mich nicht.

Mir war hundeelend und ich musste wohl dementsprechend ausgesehen haben. Martina platzte jedenfalls ohne Umschweife damit heraus, sobald ich unser Büro betrat.

„Ach, du liebe Zeit", begrüßte mich meine Kollegin mitfühlend, „dich hat's ja mal wieder voll erwischt mit den Pollen, was?"

„Gnja", näselte ich, die Augen verquollen wie einer der Klitschkos nach einem schweren Kampf, die Nase so verrotzt wie eine äußerst glaubhafte Werbe-Ikone für Papiertaschentücher. Und dieses grausame Jucken auf dem Gesicht und hinten im Rachen!

Nun, was nützte es? Der Monatsbericht musste fertig werden, der amerikanische Vorgesetzte meines Chefs wartete darauf. Oder auch nicht – wer wusste schon, ob der ihn überhaupt jemals las?

Aber das tat nichts zur Sache, die Termine mussten trotzdem eingehalten werden, schließlich wollte man keinen Anlass zur Kritik liefern.

Und ganz davon abgesehen: ich würde „Chef", wie ich meinen Vorgesetzten der Einfachheit halber nannte, doch wegen so ein paar Pollen nicht in die Bredouille bringen, und das wusste er.

Deshalb war ich mir sicher, er würde mich in meinem Zustand tatsächlich eher gehen lassen, wenn ich ihm den Bericht ablieferungsbereit zusammenstellte. Ich fragte Chef also, ob ich ausnahmsweise früher nach Hause fahren könnte, und er gab mir die Erlaubnis.

Während ich mir eiskalte Coladosen aus dem kleinen Tisch-Kühlschrank hinter mir abwechselnd rechts und links auf die Augen hielt, um die Schwellungen wenigstens ein bisschen zu lindern, nahm der Monatsbericht auf dem Bildschirm vor mir mehr und mehr Gestalt an. Und der ersehnte Feierabend rückte in greifbare Nähe.

Dann könnte ich endlich die Augen schließen, gekühlte Kamille-Teebeutel auf die geschwollenen Lider legen und hoffen, dass die Antihistamin-Tabletten schnell wirkten. Morgen wäre ich wieder fit, so lautete der Plan.

Daheim angekommen, begrüßten mich meine drei Stubentiger überschwänglich, irgendwie spürten sie es immer, wenn es mir nicht so gut ging.

Außerdem war es nicht die gewohnte Uhrzeit, zu der ich sonst nach Hause kam, sondern ungefähr vier Stunden früher, was sie ein wenig irritierte.

Deswegen verschwand die Rasselbande über den niedrigen Balkon zurück nach draußen, um mir – ihrer Auffassung nach – tolle Geschenke wie Mäuse, Maulwürfe oder Eidechsen zu suchen.

Ich sah ihnen nach, und außer dem Blinken des Anrufbeantworters schien nun rein gar nichts mehr meinem Regenerationsprozess im Wege zu stehen.

Die schmerzberuhigenden Teebeutel lagen, bereits morgens vorgebrüht, griffbereit im Kühlschrank und die Antiallergie-Tabletten hatte ich soeben beim Apotheker besorgt.

Ich erwägte kurz, ob ich den Anruf später abhören sollte, unter normalen Umständen wäre ich jetzt sowieso noch nicht zu Hause.

Egal – danach kannst du richtig runterfahren und nichts stört dich mehr, dachte ich und drückte den Abspiel-Knopf.

„Donnerstag, sechster Juni, 10 Uhr 18", blecherte die weibliche Automatenstimme meines Anrufbeantworters in gewohnt unemotionaler Art den Einleitungstext.

Knappe drei Stunden her, wer konnte das sein?, überlegte ich blitzschnell, bevor ich Daddys Stimme erkannte. Das heißt, ich erkannte sie nicht direkt, sie klang seltsam, so ganz anders als sonst.

„Yvonne, hier ist Papa."

Hm, sonst sagt er doch immer Daddy, so wie ich ihn eben nenne, schoss es mir durch den Kopf.

In Bruchteilen von Sekunden wurde ich mir der düsteren Stimmung bewusst, die in Daddys Stimme und diesem einen Satz mitschwang. Betont ruhig, irritierend ernst und geradezu auffällig darum bemüht, gefasst zu klingen. Als müsse er in diesem Augenblick jemanden davor bewahren, den letzten Schritt vom Brückengeländer in Richtung Abgrund zu tun. Ich sah vor meinem geistigen Auge regelrecht die Schweißperlen auf seiner Stirn stehen.

„Ruf mich bitte sofort an, wenn du nach Hause kommst. Sofort, ja?"

Keine Verabschiedung, kein freundliches Wort oder Tschüss. Seltsam.

Sollte ich jetzt gleich zurückrufen? Hörte sich schon dringend an. Mein Gott, vielleicht ist ja etwas mit Oma passiert?, blitzte es in mir auf.

Ich wählte hastig Daddys Handy-Nummer. Die Mailbox schaltete sich an.

Ich unterbrach durch Auflegen die Ansage, wählte rasch die Nummer meines ehemaligen Zuhauses und hatte augenblicklich Maria am anderen Ende der Leitung.

Daddys Lebensgefährtin klang völlig fertig. „Yvonne, Schatz, bitte setz dich erst einmal", bebte ihre Stimme.

Dasselbe Ringen um Fassung, das ich meinte, zuvor bei Daddy auf dem Anrufbeantworter herausgehört zu haben.

„Ja, ist schon gut, Maria. Was ist denn los?", versuchte ich sie, und wohl genauso mich selbst, zu beruhigen.

„Nein, ernsthaft", sie verlieh ihrer Bitte Nachdruck, „setz dich bitte!"

Ich blieb weiter am großen Wohnzimmerfenster neben der Balkontür stehen und beobachtete, wie mein Kater Clyde einen Schmetterling auf der Wiese jagte.

„Okay, ich sitze", schwindelte ich, „jetzt sag mir doch bitte, was los ist! Ist was mit Oma?" Langsam stieg Ungeduld in mir hoch und ein mulmiges Gefühl kroch wie schwarzer Nebel am Boden bedrohlich in meine Richtung.

Clyde schaute enttäuscht dem wegfliegenden Schmetterling hinterher.

„Nein, nichts mit Oma. ... Ach, Yvonne ..." Ihre Stimme klang verzweifelt.

„Deine Mutter ... man hat ...", ihre Worte stockten, „sie haben ... deine Mutter getötet! Man hat sie umgebracht!" Und sie begann zu weinen.

„W... w... was???"

Ich erstarrte.

Ein Erdbeben setzte ein. Sehr langsam rollte es aus den tiefsten Tiefen heran. Es musste ein Erdbeben sein, denn meine Beine waren urplötzlich nicht länger in der Lage, meinen Körper ohne Mühe aufrecht zu halten.

Das Zimmer drehte sich, mein Körper zitterte, alles um mich herum verschwamm. Eine Flut von Adrenalin durchströmte meine Adern und gleichzeitig fühlte ich … nichts.

Mein Herz schlug bis zum Hals.

Oder schlug es überhaupt?

Ein vollkommenes Vakuum.

Totenstille. Im Kopf, im Körper, um mich herum.

Wie ist das, wenn man mal absolut gar nichts denkt, keinen einzigen Gedanken im Kopf hat?, habe ich mich als Kind oft gefragt.

So ist das also.

Leere. Dumpfe, watteförmige Leere.

„Nein …", ächzte ich ins Telefon, „nein! Das kann nicht sein. Wer sagt das? Was heißt umgebracht? Hatte sie einen Unfall? Was ist denn passiert?", sprudelte es aus meinem Mund.

300 Kilometer entfernt schluchzte Maria: „Nein, jemand … hat sie … so heißt es … mit einem Messer getötet … sagt die Polizei … bei ihr zu Hause …"

Der Rest ihrer abgehackten Worte, wenn es welche gab, verhedderte sich in der Vakuumwatte in meinem Kopf und ging irgendwohin verloren.

Wie einzelne, kleine giftgetränkte Stacheln bohrten sich die Begriffe „getötet", „Messer" und „Polizei" durch meine Gehirnwindungen und bahnten sich ihren Weg durch den ganzen Körper, wanderten scheinbar in jede Zelle.

„Nein, neiiin … wieso … nein … das ist nicht … nicht so … warum …?" Irgendetwas in dieser Art stammelte ich und war nicht mehr Herr meiner Sinne, war nicht mehr fähig, Worte bewusst zu formen.

Ich schnappte nach Luft wie ein sterbender Fisch auf dem Trockenen. Tränen schossen in meine ohnehin geschundenen Augen.

Der riesige Felsbrocken, der mir eben noch auf meiner Brust die Luft abdrückte, wanderte jetzt nach unten. Gerade so, als krieche er mit klebrigen Tentakeln meinen Körper hinab, um meine Beine zu umschlingen und mich in die schwarze Tiefe des Unfassbaren zu ziehen – ich sackte gegen die Balkontür.

Eine Familie ist in Ordnung,
wenn man den Papagei unbesorgt verkaufen kann.
William Penn Adair „Will" Rogers (1879–1935), amerik. Humorist

1

„Du bist sowieso nur ein Umzugsunfall!"

Die spöttischen Worte, die Mama mir so ganz beiläufig vor die Füße schmiss, während sie die Wäsche sortierte, schnitten sich wie Skalpelle in mein Herz.

Mit starrem Blick sah ich in den Spiegel und zwang mich dazu, mir meine Verletzung nicht anmerken zu lassen.

Sie stand hinter mir und schien gar nicht zu begreifen, was sie soeben gesagt hatte.

Ich war elf Jahre alt und putzte mir gerade im Badezimmer am Waschbecken die Zähne.

So lautete sie nun, die seit längerem vermutete Antwort auf meine kindlich-naive Frage, ob ich eigentlich ein gewolltes Kind war.

In diesem Alter fragt man so etwas schon einmal. Die Aufklärungsseiten des Dr. Sommer Teams der BRAVO taten eine Menge dafür, die Jugendlichen über ungeplante Schwangerschaften und die Wege zu deren Verhinderung aufzuklären. Und irgendwann will man letztendlich wissen, wie es sich bei den eigenen Eltern darstellte.

Mama hatte mit gerade einmal 19 Jahren von ihrer Schwangerschaft mit mir erfahren. Knapp drei Monate bevor ich im Mai das Licht der Welt erblickte, wurde noch schnell standesamtlich geheiratet. Weil man das so tat.

„Wenn du's genau wissen willst, du bist auf dem Boden bei der Einweihung zu meiner ersten eigenen Wohnung entstanden. Dumm gelaufen", komplettierte Mama schulterzuckend und emotional gleichgültig ihre Beschreibung. Unbeeindruckt durch meinen fragenden und irritierten Blick in den Spiegel fuhr sie fort. „Da mussten wir halt heiraten."

Für mich klang das nicht nach einem Eheversprechen aus Liebe, wie ich es aus dem Fernsehen kannte.

Jetzt könnte man in der Tat sagen, dass das ja nicht so schlimm war. Eine Geschichte, wie sie in den Siebzigern zuhauf passierte und daher nichts Besonderes war.

Aber weshalb sollte ein Kind glauben, es sei ungeplant oder ungewollt gewesen? Und vor allem: wenn es das vermutete, wie kam es dazu?

Hätte an dieser Stelle nicht die selbstverständlichste Reaktion meiner Mutter sein sollen: „Na hör mal, Schätzchen, wie kommst du denn auf so eine dumme Frage? Natürlich bist du gewollt und erwünscht gewesen!" Oder war das naives Wunschdenken?

Kinder haben häufig den Eindruck, jüngere Geschwister würden bevorzugt werden. Das ist vollkommen normal und entspringt in der Regel natürlichen und harmlosen Eifersüchteleien. Doch: wo hören solche Eifersüchteleien auf und beginnt die tatsächliche Bevorzugung?

Wie oft stellte ich mir die Frage, ob ich mir nicht alles nur einbildete? Was soll man als Kind erzählen, wenn jemand fragt, wie man darauf käme, dass Mama die Schwester mehr lieb hätte?

Meine Eltern bemühten sich nach außen hin permanent, den Schein einer perfekten und glücklichen Vorstadt-Familie zu wahren.

Etliche, die die Gelegenheit bekamen, hinter die Fassade zu blicken, glaubten das eh nicht mehr. Denn das gelegentlich zu dick aufgetragene Vorzeigefamilien-Make-Up täuschte längst nicht jeden über die hässlichen emotionalen Mitesser hinweg, die meist nur hinter der Haustür unseres Einfamilien-Bungalows zum Vorschein kamen. „Hauptsache: nach außen alles prima!", lautete die Devise.

Freunde und Nachbarn, die etwas mehr Einblick in unseren Alltag erhielten, konnten leicht erkennen, wie auffällig meine vier Jahre jüngere Schwester Alissa bei Mama in die Kategorie Wunschkind fiel – im Gegensatz zu mir.

Und ich denke, es ist leicht nachzuvollziehen, dass dies nicht ohne Auswirkungen auf das Verhältnis zwischen uns Schwestern blieb.

Eins stand seit jeher fest: meine Schwester wusste um ihren Stellenwert bei Mama. Schon sehr früh begriff sie, wer Mamas Liebling war, und ebenso schnell hatte sie es raus, ihre Position auszuspielen.

Wer Kinder kennt, vielleicht auch eigene hat, kann sich unter Umständen vorstellen, wie berechnend und grausam sie sein können. Und das hat nichts mit dem Alter zu tun, Kinder kapieren früh.

Alissa erkannte, wie ich als die große Schwester von Mama ständig zur Verantwortung für uns beide gezogen wurde. Sei es, weil irgendetwas kaputt ging oder in sonstiger Weise ein Sündenbock nötig war. Zu leicht war es, die ältere Schwester zu beschuldigen.

Ich erinnere mich bildlich an ein Ereignis, als wäre es gestern gewesen, bei dem Lissi und ich in der Küche am runden Eichen-Esstisch saßen und unser Mittagessen vor uns stand. Es gab Fischstäbchen mit Kartoffelpüree und Erbsen-Möhren-Gemüse, für uns eine echte Leibspeise.

Mama spülte bereits das Kochgeschirr. Lissi und ich hatten uns kurz zuvor gezankt und die Spannung des Streits flirrte noch in der Luft. Neben unseren Tellern stand je ein Glas mit Mineralwasser.

Plötzlich fing Lissi an mit ausgestrecktem Zeigefinger ihr Glas in Richtung Tischkante zu schieben, langsam, Stück für Stück. Dabei grinste sie mir zu, hippelte mit den Füßen unter dem Tisch hin und her und streckte mir die Zunge heraus.

Ich ahnte, was sie vorhatte.

Meine achtjährige Schwester grinste weiter und drückte das Wasserglas zentimeterweise weiter vor, ohne mich aus den Augen zu lassen.

Gepresst zischte ich ihr zu: „Hör auf damit, wir kriegen sonst Ärger!"

„Ihr sollt essen!", bellte Mama barsch vom Spültisch herüber und ich zog den Kopf ein.

„Hör doch auf!", fauchte ich und ahnte, sie würde sich davon nicht aufhalten lassen.

Es kam, was kommen musste. Alissa gab dem Glas den letzten Schubs, es fiel vom Küchentisch auf das beigefarbenen Linoleum des Fußbodens und zerbarst dabei in Scherben. Das Mineralwasser verteilte sich sofort großflächig bis unter die Möbel.

Einen Wimpernschlag später stand Mama am Esstisch und polterte los. „Was hast du jetzt schon wieder gemacht? Kannst du nicht aufpassen???", schrie sie.

Wie auf Knopfdruck heulte meine Schwester los, dabei schimpfte Mama nicht mit ihr, sondern irrwitzigerweise mit mir.

Lissi deutete schauspielreif auf ihr zersprungenes Glas am Boden, und für Mama war es damit sonnenklar: ich hatte es ihr vom Tisch geschmissen. Meins stand ja nach wie vor neben meinem Teller, und außerdem weinte meine Schwester. Da ließ Mamas Kombinationsgabe ausschließlich eine Option zu.

Eine Sekunde später durchschnitt ihre Hand die Luft und traf gezielt mein Gesicht.

Sie keifte: „Du sollst dich benehmen, hab ich dir gesagt! Guck dir die Sauerei hier mal an!"

„Aber ich…", wimmerte ich und versuchte mich mit eingezogenem Kopf und unter Tränen zu rechtfertigen.

„Das hier machst du jetzt sauber, und zwar'n bisschen plötzlich!", herrschte sie mich an.

Als sie sich abermals dem Geschirrspülen zuwandte, grinste Lissi hinter ihrem Rücken hämisch und zog eine Grimasse.

Solche Vorkommnisse zogen sich wie ein roter Faden durch die Zeit meiner Kindheit und waren weiß Gott keine Ausnahme.

Als der großen Schwester verlangte man mir Vernunft ab und setzte als selbstverständlich voraus, ich müsste für alles einstehen.

Aus heutiger Sicht vermute ich mit genügend Abstand, dass meine Mutter wahrscheinlich tat, was sie konnte, um ihrer Aufgabe gerecht zu werden. Dabei war sie ganz deutlich häufig mehr als überfordert, mitunter wegen der frühen Verantwortung, die sie für uns Kinder trug, während andere sich in ihrem Alter in Discos austoben durften.

Und sie tat eben das, was in ihren Möglichkeiten lag. Dabei blieb leider oft genug die Gerechtigkeit auf der Strecke und ich glaube, das resultierte aus einer gewissen Hilflosigkeit.

Meine Eltern führten die ersten drei Jahre ihrer Ehe eine Wochenendbeziehung, da die Arbeit meines Vaters bei der Bundeswehr keine Alternative zuließ.

Aufgrund dessen musste Mama in dieser Zeit praktisch ohne ihn zurechtkommen. Mama gab geradewegs die Art von Erziehung unreflektiert weiter, die sie als Kind selbst erhalten hatte.

Sie wuchs mit insgesamt sechs Geschwistern – vier Brüdern und zwei Schwestern – in extrem schlichten Verhältnissen auf und erzählte mir ein paar Mal, wie es bei ihnen zu Hause als Kind zugegangen war.

Für Diskussionen gab es dort keinen Platz. Da wehte ein anderer Wind. Es herrschte die Meinung vor, man selbst sei schließlich auch mit körperlicher Zucht und Ordnung groß geworden. All dies prägte meine Mutter und wie sie auf uns Kinder einwirkte.

Bis zu meinem vierten Lebensjahr verbrachte ich einen Großteil der Zeit bei einer älteren Schwester meiner Mutter, Tante Gerlinde, ihrem Mann Willi und meinen Zwillingscousins Jens und Carsten in Köln-Merkenich. Mama arbeitete als Putzfrau und darum beaufsichtigte mich meine Patentante.

Die Bilder, die ich dazu im Kopf habe, sind so schön. Und ich sehe noch immer das Wohnzimmer im Keller vor mir, das man ausschließlich von außen begehen konnte, denn das kleine Häuschen bot anderweitig nicht genug Platz für eine „gute Stube" im Haus selbst.

Dort unten haben wir Kinder uns unter eine Decke auf das alte Sofa gekuschelt und schauten im Fernsehen Biene Maja.

Alles war so wohlig bescheiden, mit den Hühnern im Gartenverschlag, den wildverwucherten Beeten und dem, meiner Erinnerung nach, taubengrau-blauen VW Käfer im Holzunterstand. Ich habe mich unwahrscheinlich geborgen gefühlt. Einfach grandios!

Zwar wurden auch in diesem Haushalt Argumente öfter handgreiflich von meinem Onkel durchgesetzt, aber das betraf die Jungs und niemals mich.

Als ich vier Jahre alt war, wurde Daddy versetzt und wir zogen aus dem heimatlichen Rheinland, Umgebung Neuss-Dormagen-Köln, nach Guxhagen bei Kassel.

Ungefähr ab dieser Zeit habe ich keinerlei weitere Erinnerungen mehr an die Familienseite meiner Mutter. Es gab wegen irgendetwas irgendwann irgendeinen Streit, in den beide Familien involviert waren. Um was es im Detail ging, hat sich mir nie erschlossen. Der Kontakt zu Mamas Geschwistern brach jedenfalls ab.

Erst zehn Jahre später, zur Zeit meiner Konfirmation, nahmen Mama und ihre Schwester Gerlinde wieder Kontakt miteinander auf.

Allerdings ist es für mich äußerst schwer gewesen, den Draht zu meiner mütterlichen Verwandtschaftsseite wieder zu finden. Zehn Jahre sind eine lange Zeit, gerade im Leben eines Kindes, und ich habe diese enge emotionale Bindung, die ich als Kleinkind empfand, nie neu beleben können.

Meiner vier Jahre jüngeren Schwester fiel dies erheblich leichter. Sie lernte mit ihren elf Jahren ein paar neue Verwandte kennen und fand sich gut in die Situation ein. Ihre Beziehung intensivierte sich auch in den Folgejahren.

Im Klartext heißt das, es gab vom Kontaktabbruch an für mich nur noch eine Familienseite: Daddys.

Deutlich besser situiert als Mamas Verwandtschaft, bestand sie aus meiner Oma sowie seinen zwei Schwestern, Luise und Maya.

Die beiden unterschieden sich so gravierend, wie es kaum vorstellbar war.

Luise, seit frühester Erinnerung die Korpulente von beiden, galt als die resolutere Tante. Mit ihren kurzen, schwarzen Locken führte sie zu Hause ein strenges Regiment, bei dem sie meinen Onkel Peter, von jedem Pitti genannt, und meinen Cousin Oliver mit fester Hand im Griff hatte.

Ihr Humor war von bärbeißiger und sarkastischer Art, Kochen war eine ihrer Leidenschaften und ihre Strickwerke phantastisch. Mir ist bis dato nicht eine andere Frau untergekommen, die komplizierte Zopfmuster und andere Motiv-Pullis ganz nebenbei während des Sport-Fernsehens mit derartiger Präzision und Geschwindigkeit fabriziert – nicht selten mit einem Tennisarm als Folge.

Maya strahlte das genaue Gegenteil aus: spindeldürr und flippig, mit einer Lache, die häufig genug viel zu laut und zwingend ansteckend war. Ihre roten, langen Haare spiegelten ihr Temperament wider und kombiniert mit ihrem Charme, wusste sie all dies zur richtigen Zeit an der richtigen Stelle einzusetzen.

Sie verfügte über einen besonderen Riecher für die neuesten Modetrends, noch bevor andere diese auch nur ansatzweise erahnten, und das Shoppen auf Highheels in Düsseldorf auf der Kö stellte für sie die pure Entspannung dar.

Mein Onkel Frank war ihr zweiter Mann und Hendrik, ihr Sohn, stammte aus ihrer ersten Ehe. Denise war die Tochter von Maya und Frank. Wir Kinder lagen vom Alter her alle nur ein paar Jährchen auseinander und kamen richtig gut miteinander aus.

Daher waren Ferien, die wir als Großfamilie gemeinsam verbrachten, jedesmal ein echtes Highlight.

Es gab beispielsweise Campingurlaube in Südfrankreich, bei deren Erinnerungen mir bis heute der Pinienduft in die Nase steigt und ich beinahe das Pieksen der Baumnadeln unter meinen Füßen spüre.

Oft wurden Lissi und ich in den kürzeren Schulferien, wie zu Ostern oder im Herbst, für einige Tage, ab und zu sogar für die kompletten zwei Wochen, zu Maya gefahren. Die Urlaubszeit genossen wir zusammen mit unseren beiden Cousins und Cousine Denise mit Rollschuhlaufen, Erlebnisbad- und Zoobesuchen oder derlei Unternehmungen.

Maya und Frank besaßen ein großes Reihenendhaus in einem Neusser Vorort und den meisten Platz, um uns alle unterzubringen.

Wir schliefen auf „Piratenbetten", die an sich aus nichts anderem als auf den Boden gelegten Matratzen bestanden. Wir bauten Höhlen aus Decken und Stühlen und spielten unser Lieblingsmusical „Starlight Express" nach.

Die Ferien in Neuss waren immer großartig, zumal ich dadurch als Nebeneffekt dem heimischen Familienzwist entkam. Erst etliche Jahre später erklärte man mir, diese Kinder-Ferien seien teilweise regelrecht dafür gedacht gewesen, um eine Annäherung zwischen meinem Vater und meiner Mutter zu unterstützen. Damit sie ihre Ehe besser auf die Reihe bringen konnten, verschafften ihnen meine Tanten etwas Abstand von Lissi und mir, und meine Eltern bekamen die Möglichkeit, sich auf sich als Ehepaar zu konzentrieren.

Ich fühlte mich bei meiner Tante geborgener als in meiner eigenen Familie, was mich rückblickend nicht wirklich verwundert.

Maya war meine Patentante väterlicherseits und große klasse. Sie zeigte mir, wie man verschiedene Sachen kocht, was ich viel lieber von Mama gelernt hätte.

Aber bei ihr hieß es in solchen Momenten: „Und ich darf später die ganze Sauerei wegmachen? Nee, vergiss es!"

Tante Maya hingegen erklärte mir beispielsweise, wie man schöne Servietten faltete, mit welchem Besteck man welche Mahlzeit zu sich nahm, und ihre Pasta Asciutta war unschlagbar.

Ferner erklärte sie mir Verschiedenes in schulischen Dingen, bei dem ich nicht ohne Hilfe klarkam. Und wenn es nur um das simple Abfragen des Ein-Mal-Eins ging, ganz beiläufig beim Autofahren – ich spürte, ich wurde unterstützt.

Irgendwann habe ich in der Tat einmal unverhohlen gesagt, ich wolle, wenn ich erwachsen wäre, ebenso sein wie Maya. Sie war in jeder Hinsicht mein Vorbild.

Ich weiß noch, wie ich Mama einmal während der Erledigung meiner Grundschul-Rechenaufgaben fragte, warum sie mir hierbei nicht helfen könne.

Und ich rede hier nicht von hochkomplizierten Formelkalkulationen, sondern dem Niveau eines etwa zehnjährigen Kindes.

Mit einem Anflug von Wehmut beschrieb sie mir daraufhin: „Weißt du, bei uns früher war das nicht wie heute mit der Schule. Ich musste sehr früh arbeiten gehen. Putzen halt."

Ich begann zu begreifen.

Sie erzählte, sie habe von Haus aus nicht die Chance erhalten, eine schlichte und grundlegende Schulbildung zu bekommen. Sie besuchte eine sogenannte „Hilfsschule", die heute eher unter dem Begriff „Förder-" oder „Sonderschule" geführt wird.

Ich bemerkte schon recht früh ihre extreme Überforderung beim Dividieren und Multiplizieren von ein- oder zweistelligen Zahlen.

Fremdsprachen habe sie gar nicht erlernt und würde mich deshalb in diesen Fächern ebenfalls nicht unterstützen können, erklärte sie.

Nie mehr fragte ich meine Mutter seitdem noch einmal, ob sie mir bei den Hausaufgaben helfen könne, und habe diese ab dann immer für mich alleine gemacht.

Das lief soweit prima, da ich während der Grundschulzeit in Guxhagen keine Probleme hatte. Ich kam mit den geforderten Leistungen spielend zurecht und schrieb ohne großen Lernaufwand gute Noten, die eine Empfehlung für das Gymnasium nach sich zogen.

Darüber freute ich mich aus tiefstem Herzen, denn bis dahin stellte ich in der Klasse die Außenseiterin dar. Jetzt bekam ich die Chance, auf eine Schule in Kassel zu wechseln und damit den ständigen Hänseleien zu entkommen.

In der Grundschule litt ich sehr darunter, ständig verhöhnt, verspottet oder ausgegrenzt zu werden – Gründe hierfür fanden die anderen Kinder mit Leichtigkeit.

So waren es mal die Nicht-Adidas-Turnschuhe, mal der alte, abgewetzte knallgelbe No-Name-Schulranzen, der nicht von Scout oder McNeill kam. Mal war es der billige Füller im Gegensatz zum Pelikan-Schreiblernfüller, den alle außer mir durch eine Klassensammelbestellung besaßen, oder einfach, weil ich ein kleines Duckmäuschen war. Auf mir ließ sich jedenfalls prima rumhacken, ich war das perfekte Opfer.

Mama schritt hier nicht ein, sondern spielte das Ganze in die Richtung herunter, ich sei nun einmal ein Sensibelchen und solle mich nicht so anstellen. Ich müsste mich selbst durchsetzen, sie könne mir da nicht helfen.

In diesem Punkt gab ich ihr sogar Recht: ich war tatsächlich hochsensibel und leicht zu irritieren und zu beeinflussen. Allerdings überlege ich heute, ob nicht jedes Kind so reagiert, wenn es sich unwohl, ungeliebt und ungerecht behandelt fühlt.

Bei mir schlug sich die emotionale Kälte zu Hause auf mein Essverhalten nieder, und dies derart gravierend, dass ich mit elf Jahren in die Kasseler Kinderklinik eingeliefert wurde. Grund dafür war ein anhaltendes Erbrechen, welches meine Eltern nicht mehr stoppen konnten, auch wenn sie ihm bis dahin keine besondere Aufmerksamkeit gewidmet hatten.

Vielmehr unterstellten sie mir, ich wolle damit um Aufmerksamkeit buhlen.

Und vielleicht entsprach das sogar den Tatsachen.

Angesichts meines körperlichen Zustandes bei der Aufnahme – ich war unglaublich blass, klapprig und verschüchtert – kam den Ärzten schnell der Verdacht auf Magersucht.

Auf die Nachfrage bezüglich eventueller familiärer oder schulischer Spannungen verneinten meine Eltern vehement. Sie erwähnten lediglich, ich sei angeblich in der Lage, das Erbrechen willentlich zu provozieren und es aus diesem Grund eher sozusagen „normal" war, wenn ich mich alle zwei bis drei Wochen übergab.

Die Ärzte jedoch blieben skeptisch.

Organisch checkten die Mediziner alles von oben bis unten durch und stuften mich als vollauf gesund ein.

Selbst zur Situation befragt, gab ich kleinlaut an, zu Hause sei alles okay. Manchmal bekäme ich eben nur wenige Bissen herunter.

Was ich gegenüber dem Krankenhauspersonal nicht erwähnte, weil ich mich dessen schämte, war Mamas wenig zimperliche Behandlung im Hinblick auf meine Mahlzeiten. Manche Male legte sie gar keinen Wert darauf, dass ich etwas zu mir nahm, andere Male musste ich den Teller leer essen – koste es, was es wolle.

Und vermutlich hielt sie es für eine erfolgversprechende Methode, mich mit meinem Teller voll Essen unter Schimpftiraden aufs Gäste-WC zu schicken. Dort sollte ich mich auf die Toilette setzen und ich durfte nicht eher herauskommen, bis alles aufgegessen war.

Im Verlauf meines sechstägigen stationären Aufenthaltes in der Kinderklinik war ich anfangs bedrückt und unsicher.

Als man mich in den Folgetagen mit einem gleichaltrigen Mädchen zusammenlegte, blühte ich regelrecht auf. Wir verstanden uns prächtig, hatten eine Menge Spaß zusammen, mein Appetit stieg ab da gewaltig und ich verlangte häufig sogar nach einem Nachschlag.

Den Kinderärzten fiel meine rigorose Verhaltensänderung natürlich auf und sie überwiesen mich schließlich an einen Kinderpsychologen. Die Diagnose einer nervlich bedingten Appetitlosigkeit zeichnete sich für sie während der Krankenhauszeit klar und deutlich ab.

Der Kinderpsychologe setzte ein Familiengespräch an. Hieraus entwickelte sich jedoch nichts, was von Bedeutung gewesen wäre. Und zu Hause ging alles weiter wie gehabt.

Nach meiner heutigen Einschätzung beruhten die verschiedenen Beziehungen von Lissi und mir zu Mama nicht auf falsch interpretierten Eifersüchteleien, sondern auf offensichtlichen Fakten und Verhaltensweisen.

Wollte ich mir beispielsweise abends von unserer Mutter auf der Couch beim Fernsehen ein paar Streicheleinheiten abholen, so stieß sie mich mehrfach mit einem harschen: „Das ist mir jetzt zu warm hier mit dir!" beiseite.

Alissa kuschelte sich demonstrativ ein paar Augenblicke später an sie und wurde mit den Worten: „Na, komm mal her, mein Schätzchen!" getätschelt oder bekam den Kopf gekrault.

Hätte ich dies allein erlebt, könnte man denken, meine subjektive Wahrnehmung hätte mich an diesem Punkt in die Irre geführt.

Mama verhielt sich jedoch nicht anders, wenn Verwandtschaft anwesend war, die diese Ablehnungen natürlich mitbekamen. Meine Tanten wiesen Mama energisch darauf hin, sie habe doch immerhin zwei Kinder, nicht nur eines und solle sich gefälligst dementsprechend verhalten.

Daddy wiederum bekam von solchen Situationen zu selten etwas mit, da er wie bereits beschrieben beruflich oft unterwegs war.

Wenn er aber so etwas bemerkte, forderte er mich auf, zu ihm zu kommen. Ich holte mir dort meine Streicheleinheiten ab, und außer einem genervten, durch Kopfschütteln begleiteten „Sigrid!“ schritt er nicht weiter ein.

Mama vermied solche Eskapaden zumeist bewusst in seinem Beisein, da sie wusste, dass Daddy generell auf die Gleichbehandlung der Kinder pochte.

Sehr zum Unmut von Lissi.

Ebenso schnell, wie sie verstand, Mamas Liebling zu sein, begriff sie, dass sie diese Machtspielchen mit Daddy nicht spielen konnte.

Er durchschaute es sofort, wenn Lissi durch Quengelei versuchte, ihre Interessen bei Mama durchzusetzen, und griff dann ein.

Bei Daddy biss meine Schwester auf Granit. Er ließ sich auf derlei Intrigen nicht ein und ließ sich eine unklare Situation erst aus Alissas oder Mamas Sicht und anschließend aus meiner schildern, um daraufhin zu entscheiden, wer nun zur Verantwortung gezogen werden musste.

Während meiner Kindheit bildete Daddy für mich so etwas wie eine Rettungsinsel auf dem Meer der Ungerechtigkeiten, weshalb ich nichts in Frage stellte. Was er sagte, entsprach für mich dem Gesetz, und weder überprüfte ich das noch widersprach ich dem.

Welch bitterböse Ironie, wenn ich diesen Satz mit dem heutigen Wissen schreibe.

Ich freute mich auf das Gymnasium in Kassel und von Anbeginn fühlte ich mich hier voll integriert. Es wirkte, als wären hier sämtliche Außenseiter zusammengekommen und jetzt plötzlich unter sich. Ein ausgesprochen tolles Schulklima.

Aber wieder hielt Mama sich hier absolut im Hintergrund.

Meine Lehrer kannten über all die Jahre bloß Daddy und es schockierte mich tatsächlich außerordentlich, als mir meine ehemalige Klassenlehrerin erst 2003 auf einem Sommerfest meiner alten Schule gestand: „Yvonne, ganz ehrlich, ich dachte immer du hättest nur noch deinen Vater. Viele von uns Lehrern dachten das, denn deine Mutter hat man nie irgendwo gesehen oder von ihr gehört.“

Dies erfuhr ich also mit 28 Jahren. Zu diesem Zeitpunkt verstand ich schon, dass meine Mutter nichts für ihre mangelnde Schulbildung konnte, trotzdem war ich mir nie bewusst gewesen, welch weite Kreise es zog.

Sich um die Schulangelegenheiten von uns Kindern zu kümmern, damit Lissi und ich ein gewisses Notenniveau hielten, fiel in Daddys Aufgabenbereich. Er war es auch, der zu Elternabenden oder Elternsprechtagen ging, soweit es seine Arbeit zuließ.

Seine Anstellung im Außendienst zog nach sich, dass er nicht regelmäßig zu Hause war, und was genau er arbeitete, wusste ich gar nicht. Es war nur klar, dass er nicht wie andere Väter, die ich kannte, regelmäßig morgens das Haus verließ und abends wieder heimkehrte.

Wir sollten beispielsweise in der Schule einmal über die Arbeit unserer Eltern einen Aufsatz schreiben und dafür zu Hause nachfragen, womit diese ihr Geld verdienten. Ich weiß noch wie gestern, wie ich von Daddy wissen wollte, wie das hieße, was er arbeitete.

„Daddy? Wie sagt man eigentlich zu dem, was du arbeitest?"

„Ich bin selbständig", versuchte er mich abzuwimmeln.

Ich bohrte weiter: „Ja, aber was heißt das? Was machst du denn. Wir müssen in Deutsch etwas darüber schreiben."

„Mehr musst du nicht sagen, der Rest ist egal. Ich bin selbständig, fertig. Wofür wollen die sowas überhaupt wissen, bei euch in der Schule? Das geht doch keinen was an!", setzte er meiner in seinen Augen ungerechtfertigten Neugier entgegen.

Am nächsten Tag machte ich mich mit dieser Aussage in der Schulklasse ein bisschen lächerlich.

Die Eltern meiner besten Freundin Tatjana arbeiteten in der Bank, der Vater von Freundin Eva bei der Deutschen Bahn. Kurz, prägnant, unkompliziert zu beschreiben.

Als ich zögerlich damit herausrückte, mein Vater sei selbständig, hinterfragte meine Lehrerin, in welchem Bereich.

Das wusste ich natürlich nicht und konnte die Frage dementsprechend nicht beantworten. Und es war mir unglaublich peinlich.

Heute weiß ich: hauptberuflich verdiente Daddy sein Geld nach der Bundeswehr als Vertreter für Industrie-Wasseraufbereiter und arbeitete nebenbei zusätzlich als Versicherungsmakler. Was immer er mit der Heimlichtuerei bezweckte – ich weiß es bis heute nicht.

Dass er zu Hause nicht konstant die Rolle des Familienvaters ausfüllte, zog vor allem im schulischen Bereich negative Konsequenzen nach sich.

Selbst wenn ich mich auf ein wenig Ruhe zu Hause freute, weil er da war, galt es in dieser Zeit, bei ihm Report hinsichtlich meiner Schulleistungen abzuliefern.

Daddy versuchte in den kurzen Zeitspannen, die er zwischen den Außendienst-Terminen daheim verbrachte, komprimiert alles unter einen Hut zu bekommen und sich über das, was in seiner Abwesenheit passiert war, auf den neuesten Stand zu bringen. Sei es nun familiär oder im schulischen Bereich.

In der Schule baute ich mittlerweile seit der 7. Klasse kontinuierlich in meinen Leistungen ab. Es gab für mich zunehmend schlechte Noten, die Daddy gebeichtet werden mussten. Viel lieber hätte ich die wenige Zeit mit ihm genossen, bis er neuerlich für einige Tage verschwand.

Das brachte mich in eine äußerst unangenehme Zwickmühle.

Ohne Unterstützung bei meinen Hausaufgaben zu haben, stand ich bereits seit Jahren gänzlich auf eigenen Beinen. Lernen konnte ich demnach entweder mit Freundinnen oder allein, was ich zugegebenermaßen nicht im Geringsten erfolgreich auf die Reihe brachte. Ich stieß mit meinem Lernsystem, das ich seit der Grundschule nutzte, nun beim hohen Niveau des Gymnasiums an meine Grenzen.

Heute verwundert mich der damalige Leistungsabbau gar nicht, hatte ich doch ein eher instabiles Familienumfeld. Doch konnte ich das Problem nicht einfach auf ein emotional schwieriges Elternhaus schieben.

Der Teufelskreis schloss sich, zog sich immer enger zu und trieb mich damit wie ein verzweifeltes Tier in die Enge.

Es kam, wie es kommen musste: ich unterschlug ein ums andere Mal meine schlechten Zensuren, mal eine Fünf in Mathe oder dort eine in Englisch. Und ich log bewusst, wenn er die Frage nach geschriebenen Klassenarbeiten stellte.

Ich wusste einfach nicht, wie ich es schaffen sollte, mich vor Daddy, meinem bis dahin einzigen Verbündeten, derart bloßzustellen; vor ihm zuzugeben: ich hatte versagt und seine Erwartungen nicht erfüllt. Ich, die als Einzige bisher aus der kompletten Großfamilie aufs Gymnasium ging, die Abitur machen und ganz bestimmt etwas Fabelhaftes studieren würde. Diejenige, die von Oma und Tanten bei jedem Besuch enthusiastisch gefragt wurde: „Und? In der Schule läuft's, ja? Machst schön Abitur, ne?"

Es schien bloß diese einzige Option für mich zu geben. Alternativen: Fehlanzeige.

Meine Eltern nahmen diesen Druck, unter dem ich stand, entweder tatsächlich nicht bewusst wahr oder sie nahmen ihn in Kauf.

Ich war weit entfernt von einem aufsässigen oder schwer erziehbaren Kind. Aber diese Verschüchterung, durch die ich selten bis überhaupt nicht widersprach, und der Stress, unter dem ich stand, ließen mich gegenüber meinen Eltern immer öfter die Unwahrheit erzählen; einfach, um weiteren Verboten zu entgehen, wobei diese Rechnung auf Dauer selbstverständlich nicht aufging.

Ungefähr zu dieser Zeit begann ich Daddys Unterschrift unter einigen Klassenarbeiten zu fälschen.

Mama unterzeichnete solche Klassenarbeiten nie. Wie zuvor schon erwähnt, trat sie schulisch nicht in Erscheinung.

Doch ließ Daddy sich nicht für dumm verkaufen und merkte schnell: es mussten deutlich mehr Klassenarbeiten geschrieben worden sein, als ich ihm zeigte.

Gewitzt ging er dazu über, sich während seiner Außendienst-Fahrten telefonisch bei meinen Lehrern über meine Leistungen zu erkundigen. Er besaß in seinem Firmenwagen bereits einen dieser innovativen, riesigen Koffer, die sich Autotelefon nannten, und nutzte den Luxus für seine Zwecke.

Als Daddy nach einiger Zeit wieder nach Hause kam, zitierte er mich zu sich und dirigierte mich auf den Sessel gegenüber seiner Couch. „So, Fräulein, setz dich mal da hin. Wir müssen uns unterhalten."

Daraufhin zog er seine peniblen Notizen hervor und begann, die Klageschrift zu verlesen: „Ich habe mit deinen Lehrern telefoniert. Mit allen." Als würde ich wagen, dies anzuzweifeln, ratterte er zum Beweis die Fächer mit den dazugehörigen Paukern herunter.

„Sie haben mir so einiges über dich erzählt. Ein Sonnenscheinchen wäre die Yvonne, da sind sich alle einig. Aber bei deinen Noten ist so gar nichts ‚Sonnenschein'". Er verkündete dies mit einer derart allwissenden und selbstzufriedenen Miene, als ginge es um die Lösung des größten Rätsels seit dem Urknall.

„Ich kann mich zum Beispiel in Mathe nur an die Drei-Minus erinnern, die du mir gezeigt hast. Wo sind die anderen Noten? Da gab es zum Beispiel noch die Vier-Minus und die Fünf."

Ein Tränenkloß verstopfte mir meine Luftröhre und machte es mir unmöglich, etwas zu sagen. Ich war nicht fähig, Daddy anzuschauen und wollte am liebsten im Boden versinken.

Es folgten Tränen, Entschuldigungen und die Versprechen, mich mehr anzustrengen. Die Situation war mir unendlich peinlich, und ich fühlte mich wie ein kleines dummes Kind, wie ein Nichts und Niemand.

Und das vor dem einzigen Menschen, dem ich zu Hause vertraute.

Diese Unterredungen wiederholten sich ab da in mehr oder weniger gleichmäßigen Abständen.

Ich verschwieg Noten, Daddy erfuhr sie trotzdem.

Ich bekam Verbote, damit ich mich mehr anstrengen müsse, um dann vielleicht irgendwann wieder meinen Hobbys nachgehen zu dürfen. Denn sämtliche Freizeitaktivitäten, die mir Freude bereiteten, hingen grundsätzlich von meiner Leistung in der Schule ab.

Nochmal eine schlechte Note in Mathe? Kein Keyboard-Unterricht mehr, um den ich so gebettelt hatte, nachdem ich zu

Weihnachten das heißersehnte Keyboard von meinem lieben und musikalischen Onkel Pitti geschenkt bekommen hatte.

Im Englisch-Vokabeltest eine Sechs reingehauen? Das war es mit dem Reiten.

Was im Übrigen nicht mit Reitunterricht zu verwechseln ist, das wäre ohnehin nicht vorstellbar gewesen. Es handelte sich bei diesen Tieren um genügsame Bauernponys, die ich mit einer Freundin gemeinsam putzen und quer über die Felder bewegen durfte, wenn wir dafür die Ställe ausmisteten.

Und, um das klarzustellen, diese Erziehungsmethoden gingen nicht von Mama aus. Was sie mit der Überzeugungskraft ihrer Hände bewirkte, schaffte Daddy durch Verbote und diktatorische Sanktionen. Handgreiflich oder körperlich aggressiv ist er gegen uns Kinder in all den Jahren niemals geworden.

Dennoch war es fortwährend diese Zerrissenheit, ihn zu feiern oder ihn zu fürchten, die in mir tobte. Einerseits vergötterte ich Daddy, andererseits legte er eine unverhältnismäßige Strenge an den Tag und arbeitete mit Druck und Verboten jeglicher Art.

Auch was die Erziehung zur Pünktlichkeit und Verlässlichkeit betraf, wirkte er auf diese übertriebene Weise auf mich ein.

Während meiner Teenager-Zeit gab es eine prägnante Situation, an die ich mich sehr gut erinnere.

Alle Freunde aus meiner Clique wohnten in derselben Siedlung, jeder nur eine oder zwei Querstraßen vom anderen entfernt. Wir schauten gemeinsam Videos, hörten Musik von U2, den Toten Hosen und Depeche Mode, hingen gemeinsam herum und quatschten über die Probleme der Welt oder unsere eigenen.

Obwohl gerade fünfzehn Jahre alt und damit die jüngste in der Gruppe, war ich erstaunlicherweise voll integriert und oftmals diejenige, welche die anderen nach ihrer Einschätzung der Dinge fragten.

Ich war das, was man „im Kopf schon weiter“ nennt, ich schrieb Gedichte, Tagebuch und beschäftigte mich mit Fragen, die die Welt bewegten. Psychologie interessierte mich bereits enorm, und alles, was mir in diesem Bereich begegnete, sog ich auf wie ein Schwamm.

Meine Clique bestand aus anständigen jungen Leuten, solche, die sogar meine Eltern als angenehm einstuften, sonst hätte ich sie eh nicht treffen dürfen.

Unsere Eltern wussten, dass wir ohne Ausnahme bei einem von uns zu Hause waren, dort rumhingen und die Charts rauf und runter hörten. Bei schönem Wetter saßen wir mit den Skateboards in den Vorhöfen oder auf den Bürgersteigen der Neubausiedlung.

An diesem besagten Abend schauten wir uns gemeinsam ein Video an und hörten anschließend noch Platten von U2. Ich vergaß darüber schlichtweg die Zeit.

Ein zufälliger Blick auf die Uhr zeigte bereits kurz nach 21 Uhr. Um Punkt neun hätte ich daheim sein sollen.

Es durchfuhr mich wie ein Blitz. „Mist, schon jetzt zu spät dran!"

Ich hetzte die zwei kurzen Straßen nach Hause.

Gerade als ich die Tür aufschließen wollte, öffnete Daddy sie mir mit versteinerter Miene, Mama stand hinter ihm.

„Wo kommst du jetzt her?", fuhr er mich in herrischem Ton an.

„Wir waren bei Stefan und haben Musik gehört. Ich habe zu spät auf die Uhr geguckt, es tut mir leid", gestand ich schuldbewusst ein, schlug die Augen nieder und schloss die Tür hinter mir. Immer noch rang ich nach Luft.

Ohne eine weitere Frage kommandierte er: „So, Fräulein. Du bleibst jetzt die nächsten vier Wochen hier zu Hause, damit das klar ist!"

Und ich wusste in dem Moment: Er meinte es bitterernst.

„Du wirst morgens aus dem Haus gehen, in die Schule fahren und kommst danach sofort nach Hause. Und dort bleibst du, haben wir uns verstanden?"

Ich nickte stumm und senkte den Kopf. Eine Diskussion, ein Jammern und Protestieren hätte nichts gebracht. Tränen überfluteten meine Augen.

Wenn meine Eltern sich ausnahmsweise etwas gemeinsam vornahmen, dann zogen sie das durch. Und diese vier Wochen Stubenarrest wurden ausgesprochen strikt durchgezogen.

Wohl aber haben mich in dieser Zeit meine Freunde besucht. Wir haben eben bei mir Musik gehört und gequatscht, nur gab es in dieser Zeit wirklich keinen weiteren Schritt vor die Tür, außer um nach Kassel in die Schule zu fahren.

Nach Ablauf des Arrests wollte ich den ersten Nachmittag wieder zu meinen Freunden gehen, als Daddy mich an der Tür stoppte.

„Wohin willst du?", fragte er mich und hob missbilligend den Kopf.

„Zu den anderen", antwortete ich.

„*Ich* denke, du bleibst hier. Und zwar bis zum Ende des Jahres", entgegnete Daddy.

„Bis zum Ende des Jahres?" Ich riss ungläubig die Augen auf, traute meinen Ohren kaum und blickte ihn entgeistert an.

„Wir haben den ersten November! Du hast gesagt vier Wochen!"

„Ich weiß", schmetterte er meine Begründung trocken ab, „allerdings, wenn du dich nicht an unsere Abmachungen hältst, brauche ich mich nicht an meine zu halten."

„Was für Abmachungen?", stammelte ich, nach wie vor perplex.

„Ich habe das Gefühl, du solltest noch ein bisschen mehr über Pünktlichkeit und Zuverlässigkeit nachdenken. Außerdem solltest du ohnehin lieber mehr Zeit ins Lernen investieren als irgendwo rumzuhängen!"

Mir fehlten die Worte und ich schloss die Tür.

Von drinnen.

Zuverlässigkeit ...

Dieses Wort aus dem Mund des Mannes, der mich kurze Zeit später als seine „Vertraute" in das Geheimnis seiner Affäre mit unserer damaligen Nachbarin Maria einweihte.

Ich saß am Schreibtisch und erledigte meine Hausaufgaben, als Daddy mein Zimmer betrat.

„Bevor du es auf andere Art von Mama erfährst, erkläre ich dir jetzt mal, wie das zwischen mir und Maria läuft und wie es dazu kam“, leitete er leicht gönnerhaft und mit einem Hauch von Unfehlbarkeit das Gespräch ein, während er es sich auf der Couch bequem machte.

Er setzte tatsächlich allen Ernstes voraus, ich, die 15-jährige Tochter, sollte Verständnis für die Situation aufbringen, in die er, der Erwachsene, sich im vollen Bewusstsein hineinmanövriert hatte.

Weil er sich letztendlich irgendwie trösten musste, weil es so etwas wie liebevolle Behandlung innerhalb seiner Ehe nicht mehr gab – so begründete er sein Verhältnis.

Dies stimmte zwar soweit, denn ich kann mich beileibe an keinen Augenblick erinnern, in dem meine Eltern je irgendwelche Arten von Zärtlichkeiten oder liebevolle Worte ausgetauscht haben. Jedoch zog er hieraus die seiner Meinung nach offenbar einzig logische Konsequenz, man müsse dieses Manko anderweitig kompensieren.

Noch einmal zur Verdeutlichung: Das Gespräch thematisierte nicht eine mögliche Trennung oder gar Scheidung. Es ging darum, meine Absolution dafür zu erhalten, eine Beziehung neben der Ehe zu führen.

Ich bemühte mich, so neutral wie möglich zu bleiben, auch wenn mir das Thema an sich schon Bauchschmerzen und Unwohlsein bescherte.

Schlussendlich sagte ich etwas in der Art wie: „Musst du selbst wissen!“ Damit hoffte ich, aus dem Schneider zu sein und mit derlei Dingen in Ruhe gelassen zu werden.

Mama tat am Morgen nach der Unterhaltung mit Daddy über seine außereheliche Beziehung das, was sie am besten konnte, um mit dieser Situation umzugehen: sie ging wenig sensibel in die Offensive.

Ich saß in der Küche und frühstückte meine Schüssel mit Cornflakes. Es war einer der wenigen Morgen, an denen sie ebenfalls so früh in der Küche saß und ihr Frühstück zu sich nahm: eine Zigarette und ihren Kaffee.

Vollkommen aus dem Nichts sauste die Frage wie eine Guillotine auf mich herab: „Und? Hat er dir erzählt, dass er 'ne andere bumst?“

Solche Aussagen schockierten mich nicht mehr, hinterließen in jedem Fall aber einen schalen Nachgeschmack. Die Sexualität der Eltern zählt nicht unbedingt zu den Themen, mit denen sich ein Teenager detailliert beschäftigen möchte.

Übrigens erklärte Daddy knapp sieben Jahre später während eines Kurzbesuches in meiner neuen Heimat bei einem gemeinsamen Mittagessen rückblickend über diese Situation: „Hättest *du* damals gesagt, ich solle mich scheiden lassen – ich hätte es getan!"

Da saß dieser erwachsene Mann vor mir, in der festen Überzeugung, er hätte die Verantwortung und Entscheidungen innerhalb seiner Ehe in meine Hände abschieben können. Oder sie zumindest mit mir teilen müssen. Und dabei versuchte er immer noch, mir gönnerhaft das Gefühl zu vermitteln, seine wertvollste Vertraute zu sein.

„Du verstehst wenigstens, von was ich rede, stimmt's? Die anderen beiden" – damit meinte er Mama und Lissi – „kapieren ja nix!"

Ich habe einige Zeit benötigt, um zu erkennen, was ich heute weiß: Die manipulativen und selbstgefälligen Anwandlungen meines Vaters waren seit jeher mächtig ausgeprägt. Und wie ich ihn einschätze, würde er dies sogar noch als Kompliment ansehen.

Zeit seines Lebens sahen diejenigen, mit denen er sich umgab, zu ihm auf und stellten ihn auf einen Sockel: allen voran seine Mutter und seine beiden Schwestern. Als einziger Sohn und jüngstes Kind der Familie stand er generell sehr oft im Mittelpunkt. Und als Erwachsener konnte er zudem bei Problemen stets mit cleveren Lösungen aufwarten.

Des Weiteren sahen meine Cousins in ihm teils sogar eine Vaterfigur, weil er ihnen beispielsweise die Logik von Spielen wie Schach, Risiko und MasterMind vermittelte oder tolle Geschichten aus seiner Bundeswehrzeit erzählte.

Hier arbeitete Daddy sich in der Hierarchie weiter hoch und steigerte zusätzlich sein Ego eines erfolgreichen und respektablen Mannes.

Ganz zu Beginn sah wohl auch Mama den Prinzen auf dem weißen Ross in ihm, da er sie durch die Heirat auf ein anderes soziales Niveau hob.

Und, zu guter Letzt nicht zu vergessen, ich selbst, da Daddy für mich generell mein großes Vorbild war: gerecht, einflussreich und intelligent.

Die Jugend ist nicht ein Wissen, sondern ein Wollen.
Karl Salomo Zachariä von Lingenthal, (1769–1843), deutscher Rechtsgelehrter

2

Familien-Sommerurlaub 1991.

Der stand anfangs nicht unbedingt unter einem guten Stern.

Ich war 16 und hatte in diesem Sommer die Versetzung in die zehnte Klasse nach einer vorjährigen Ehrenrunde in der neunten geschafft, mich allerdings, was die Zensuren betraf, auch nicht wirklich mit Ruhm bekleckert.

Die Stimmung innerhalb der Familie war dementsprechend angespannt und ich fühlte mich, als hätte ich versagt und dadurch nicht den geringsten Anspruch auf Spaß und Freizeit. Ich war immer noch wahnsinnig beschämt wegen des Sitzenbleibens im Jahr zuvor und kam mir vor wie die größte Niete aller Zeiten.

Gerade Mama ließ selten eine Gelegenheit aus, mir in irgendeiner Art und Weise neues Salz in die ohnehin nicht vollständig verheilte Wunde zu streuen.

„Jaja, jetzt sind wir in Spanien. Weißt du überhaupt, wo das ist? Mit 'ner Vier in Erdkunde ist das ja nicht so sicher, ne? Dir ist aber schon klar, dass wir dazu durch Frankreich fahren mussten, oder? Ach, in Französisch hatteste ja wieder 'ne Vier."

Daddy sagte stets, wir könnten es uns zwar nicht erlauben, mehrmals im Jahr wegzufahren oder Hotel-Urlaub zu machen, im Sommer dafür aber umso länger einen Camping-Urlaub.

Lissi und mir gefiel das schon deshalb, weil wir dieses Mal ein eigenes kleines Iglu-Zelt vor das Wohnwagen-Vorzelt unserer Eltern gestellt bekamen.

Das bedeutete für uns eine erhebliche Menge mehr an Freiheit … dachten wir. Bis Daddy uns eröffnete, wir hätten uns jeden Abend spätestens um 22 Uhr am Zelt einzufinden und danach schlafen zu gehen.

Das fanden wir mehr als unfair: Zu Hause war dies Lissis normale Schlafenszeit und ich hatte schon lange keine fest vorgeschriebenen Bettzeiten mehr, da ich von mir aus sehr früh schlafen ging. Das ergab sich irgendwann von allein, weil mein Tag an Schultagen bereits um kurz nach 5 Uhr morgens begann.

Trotzdem überlegten wir uns einen Plan, um unsere Ausgeh-Abende in der Campingplatz-Disco nicht allzu früh abbrechen zu müssen.

Nachdem wir abends zum Zelt zurückkehrten, uns im Wohnwagen meldeten und in unser kleines Iglu krabbelten, warteten wir eine gewisse Zeit und schlichen uns dann erneut fort.

Zunächst nur eine von uns, um sicherzugehen, dass unsere Eltern nichts mitbekamen. Hätten sie es bemerkt, hätte die Verbliebene gesagt, die andere sei nur zur Toilette gegangen. Später kam die Zweite dann nach.

Das blieb von unseren Eltern den gesamten Urlaub lang unbemerkt. Wenigstens kann ich mir nicht vorstellen, dass sie uns bei einer Entdeckung unserer Zeltflucht ungestraft gelassen hätten. Sie waren selbst im Urlaub nicht die Typen für „Fünfe gerade sein lassen".

Mama verbrachte die meiste Zeit von morgens bis spätnachmittags am Strand zum Bräunen und unterbrach ihr Sonnenbad im Grunde genommen nur für das Mittagessen am Wohnwagen. Danach verschwand sie sofort wieder, um weiter ihrer Art von Erholung nachzugehen.

Daddy baute hobbymäßig in den Campingferien an seinen Modell-Flugzeugen und vertrieb sich damit die Zeit fast ausschließlich im schattigen Vorzelt. Der Strand war nicht sein Ding.

Lissi und ich verstanden uns zu dieser Zeit richtig gut.

Der Wandel kam im Vorjahr, als zu Hause die größte Standpauke meines Lebens nach dem „Nicht versetzt"-Zeugnis losbrach und ich mich ganz und gar in Tränen aufgelöst in mein Zimmer verkroch.

Lissi kam in diesem Moment zu mir, setzte sich auf meine Bettkante und hatte mich wirklich aufrichtig und lieb getröstet, das tat gut.

Jetzt genossen wir die warme spanische Sonne in der tollen Poolanlage des Campingplatzes. Wir lagen auf unseren Badetüchern auf dem frisch gesprengten Rasen im Halbschatten der Pinien oder kühlten uns im türkisfarbenen Wasser des Schwimmbeckens ab.

Ich tankte auf und genoss den Abstand zu meinen Eltern. Außerdem dauerte es gewöhnlich nie lange, bis wir mit irgendwelchen anderen Jugendlichen in Kontakt kamen und uns Urlaubsfreundschaften aufbauten.

Und so genoss jeder von uns seine ganz eigene Auffassung von Urlaub und Erholung in den kommenden vier Wochen auf dem Campingplatz südlich von Tarragona, denn so lang dauerten die Familien-Urlaube meist.

Nachdem wir auf diese Weise bereits ein paar Tage verbracht hatten, platzierten sich eines Nachmittags drei junge Männer mit ihrem großen Zelt in die Parzelle neben unserem Wohnwagen. Sie gehörten eindeutig zusammen und schienen eine recht fröhliche Truppe zu sein.

Zu der Zeit las ich gerade im Vorzelt und dachte: Endlich ein bisschen Abwechslung im Urlaub! Wäre schön, wenn sie ein paar Tage länger bleiben, nicht nur zur Durchreise.

Ich muss zugeben: Ich versuchte konzentriert und gespannt zu lauschen, über was sich die drei unterhielten, während ich so tat, als läse ich weiter im Buch. Immerhin musste ich ja herausfinden, ob und wie wir uns würden verständigen können, rein vom Alter her kam es mir vor, als ob es passen könnte. Aber ich verstand kein einziges Wort.

„Holländer!", schoss es mir durch den Kopf und ich zuckte mit den Schultern, denn auch anhand des Autos war ein geographisches Zuordnen nicht möglich. Sie deckten es gleich am Anfang ab, bevor ich einen Blick auf das Nummernschild erhaschen konnte.

Mal sehen, ob ich mit denen etwas unternehmen könnte. Englisch würden sie bestimmt verstehen und meines würde dafür reichen.

Bloß klang es irgendwie doch nicht hundertprozentig nach Niederländern.

Ich war irritiert und nicht zuletzt neugierig.

Als wir am späten Nachmittag zu Abend aßen, bereiteten sich die drei seltsamen Nachbarjungs ebenfalls etwas zu.

Wir saßen im Vorzelt des Wohnwagens und damit sozusagen in einem Logenplatz mit direktem Blick auf das nachbarliche Geschehen.

Wo auch immer sie herkommen mochten, sie lachten fast die ganze Zeit, das fiel auf. Allein das machte sie wahnsinnig sympathisch, während ich in meinem Kopf die verschiedensten Nationalitäten durchging. Doch ich kam partout nicht auf die Lösung.

Mittlerweile gab es beim Nachbar-Trio ein Spaghetti-Fertiggericht, und nach einem Blick auf die Packung, wurde mir bewusst, dass sie zumindest deutsch verstehen mussten. Ich erkannte nämlich den Aufdruck auf dem Pappkarton, und dort stand alles unübersehbar in großen, deutschen Worten.

Nach einiger Zeit setzten sie sich auf ihre wackeligen Campingstühle an den mindestens ebenso instabilen Campingtisch und sie begannen unter viel Lachen und Spaßen zu essen.

Als nun einer der jungen Männer sich vorbeugte, um eine Gabel voll Spaghetti zu essen, verlor er urplötzlich das Gleichgewicht. Der Stuhl kippte blitzschnell seitlich und er kugelte mitsamt seinem Teller voll Spaghetti, an dem er sich hilfesuchend festkrallte, quer über ihren Platz.

Dabei riss er beinahe den Klapptisch mit, während die anderen beiden panisch und mit hektischen Bewegungen unter Lachanfällen versuchten, das Schlimmste zu verhindern und sich ihrerseits an den Tisch klammerten. Währenddessen klappte schlagartig der zweite von ihnen, der an einer Längsseite mit abschüssiger Sitzrichtung hockte, mit seinem Campingstuhl ein und wurde zwischen Sitzfläche und Rückenlehne eingeklemmt wie eine zappelnde Maus in einer Mausefalle.

Wem das schon einmal passiert ist, gefangen in einem dieser Billig-Camping-Klappstühle, der weiß, wie schwer man sich aus dieser misslichen Lage allein befreien kann.

Alle umliegenden Camper lachten sich halbtot über die unfreiwillige Showeinlage, und auch den Jungs sah man die Bauchschmerzen vor Gejohle an.

Somit bekam ich letztendlich einen guten Einstieg in ein unverbindliches Gespräch, um herauszubekommen, woher die Clowns denn nun tatsächlich kamen.

Gänzlich neu war es für mich herauszufinden, dass es in der Bundesrepublik Deutschland Gebiete gibt, in denen sich die deutsche Sprache fast wie eine Fremdsprache anhört. Zumindest wenn man in klarstem Hochdeutsch erzogen wurde.

Die drei Männer kamen aus Rheinland-Pfalz und redeten im tiefsten pfälzischen Dialekt, weshalb ich anfangs so gut wie gar nichts kapierte. Irgendwann aber klappte es erstaunlich gut.

Thomas, Christian und Alex hießen sie und lebten in der Nähe von Kaiserslautern.

Den Großteil des verbliebenen Urlaubs verbrachten wir vier gemeinsam – meine Schwester passte vom Alter nicht in die Gruppe und fand andere Urlaubs-Freunde – und meinen Eltern war es in dieser Form auch recht, was nicht selbstverständlich war.

Wir verstanden uns alle wirklich prächtig, wobei Christian und ich bereits hier schon einige vorsichtige interessierte Blicke austauschten. Der junge Kerl war 18, zwei Jahre älter als ich, und ich fühlte mich in seiner Nähe einfach wahnsinnig wohl.

Die Pfälzer Komiker reisten leider eine Woche früher ab als wir. Wir versprachen uns gegenseitig, im Kontakt zu bleiben und uns ganz bald nach dem Urlaub wiederzusehen.

Dieses Versprechen wurde schneller eingehalten, als ich gucken konnte. Denn nur wenige Tage, nachdem wir mit der Familie aus dem Urlaub zurückgekehrt waren, rief Thomas mich an und fragte, wann sie alle einmal zu Besuch vorbeischauen könnten.

Wir vereinbarten einen Freitag an einem der folgenden Wochenenden. Meine Eltern gaben ihr Okay – immerhin waren die Pfälzer Jungs für sie keine Fremden mehr und sie konnten sie gut leiden.

Der Freitag kam und vollkommen nervös wartete ich ab dem frühen Nachmittag darauf, dass die drei endlich eintreffen würden.

Aber sie kamen nicht. Jedenfalls nicht zur ausgemachten Zeit.

So gut wie niemand besaß ein Mobiltelefon, um anzurufen, falls etwas Unvorhergesehenes passierte.

Ich lauerte an meinem Schreibtisch im Keller und schaute alle paar Minuten aus dem ebenerdigen Fenster in Richtung Straße, ob ein mir unbekanntes Auto vor unserem Haus parken würde. Herrje, war ich aufgeregt!

Dann war es soweit: ein Auto fuhr vor und ich freute mich riesig.

Aus dem BMW stieg allerdings nicht das Trio, das ich erwartet hatte, zumindest nicht in der mir bekannten Zusammensetzung, sondern vier Leute.

Meinen blonden Christian und Alex erkannte ich, einen Kleineren mit spitzbübischem Grinsen und frech blitzenden Augen sowie einen Vollbärtigen jedoch nicht.

In mir tobte ein Feuerwerk aus Vorfreude und Aufregung und ich rannte schnell aus meinem Zimmer zur Haustür, riss sie auf und umarmte die langersehnten Besucher stürmisch.

Der Kleine grinste frech, offen sympathisch und stellte sich mir als „Dorbert“ vor. Da er ebenfalls Alex hieß, würden ihn alle in der Clique nur mit seinem Nachnamen rufen, sagte er.

„Ei, dann kannsche bei mir auch glei‘ beim No‘name bleiwe“, ergänzte der mit dem Bart, „misch nenne‘ alle nur ‚Brock‘. Hi!“ Dabei streckte er mir seine bratpfannengroße Hand entgegen und grinste übers ganze Gesicht wie die Grinsekatze aus Alice im Wunderland.

„Hab die drei unnerwegs vunner Audobahn uffsammele misse – Karre v‘rreckt“, schob er noch als Erklärung nach. An Pfälzisch würde ich mich wohl erst wieder gewöhnen müssen.

Den restlichen Nachmittag verbrachten wir zu fünft, gingen gemeinsam im Dorf eine Pizza essen und die wenig verbliebene Zeit verflog mit viel Spaß und Quatsch machen schneller, als uns allen lieb war.

Als wir das Bistro verließen, ließ Christian sich mit mir etwas von der Gruppe zurückfallen und ergriff die Initiative, indem er unversehens meine Hand schnappte und nicht mehr losließ.

Mein Herz schlug mir bis zum Hals. Er war eher der zurückhaltende Typ, sehr ruhig und besonnen, fernab vom Gehabe eines Machos oder Draufgängers.

Ich genoss diesen schüchternen und zaghaften Annäherungsversuch und ergriff feste seine Hand. Es fühlte sich einfach nur gut an und die Schmetterlinge in meinem Bauch schoben Überstunden.

Zwischen Christian und mir entwickelte sich eine Beziehung, eine echte Teenagerliebe. Meine erste.

Ein Problem mussten wir noch überwinden: Die Entfernung zwischen uns, die mehr als 250 Kilometer betrug.

Gerade einmal 16, hatte ich von meinen Eltern nicht die Erlaubnis, längere Strecken allein mit dem Zug zurückzulegen. Geschweige denn, dass sie mich über Nacht zu ihm fahren lassen würden.

Christian als Pragmatiker und die Ruhe selbst beschwichtigte mich, ich solle mir nicht den Kopf zerbrechen. Er würde das schon hinkriegen.

So kam es, dass wir uns trotz der großen Entfernung regelmäßig sahen. Christian nahm die Strapazen der Autofahrten auf sich und besuchte mich mittwochs und an den Wochenenden.

An jedem Mittwoch setzte er sich nach seiner Arbeit als Kfz-Mechaniker in sein Auto und pendelte die Strecke von Kirchheimbolanden bei Kaiserslautern nach Guxhagen bei Kassel. Und, da er am nächsten Tag regulär seiner Arbeit nachgehen musste, fuhr er den Weg nach ein paar gemeinsamen Stunden wieder zurück.

Rückblickend erscheint es verrückt, aber wir waren verliebt – für uns gab es kein „Lohnt sich das?".

An den Wochenenden kam Christian freitags abends nach getaner Arbeit zu mir und wir verbrachten einen gemütlichen Abend vor dem Fernseher oder im Kino.

Wir genossen die Zeit des gegenseitigen Beschnupperns.

Und meine Eltern wollten verständlicherweise sehr genau wissen, warum dieser komische Vogel Woche für Woche so viel Energie aufbrachte, nur um mich zu sehen.

Christian durfte tatsächlich von Beginn an die Wochenenden bei mir übernachten. Natürlich nicht in einem Zimmer mit mir. Aber er bekam grünes Licht, mein Bett im Keller zu benutzen, während ich mir oben das Bett mit Alissa teilte.

Ganz ehrlich, das ging für uns in Ordnung, ich war froh, ihn überhaupt bei mir zu haben. Er gab mir das Gefühl, wirklich etwas Besonderes zu sein. Und nur das zählte.

Auf diese Weise genossen wir unser junges Glück, bis Christian mich zum ersten Mal seinen Eltern vorstellen wollte. Die waren schließlich ebenso neugierig, was ihren Sohn Woche für Woche so weit ins nördliche Hessen zog.

Dazu hätte ich allerdings zu ihm fahren und, was meine Eltern in echte Konflikte stürzte, dort übernachten müssen. 250 Kilometer entfernt ohne die geringste Chance für sie, zu intervenieren. Das passte ihnen gar nicht.

Dennoch sahen sie ein: Sie mussten in diesem Punkt nachgeben. Zeigte doch der Pfälzer Bursche sehr unzweifelhaft, er habe ernste Absichten und aufrichtiges Interesse an einer längerfristigen und stabilen Beziehung mit ihrer Tochter.

Nichtsdestotrotz stand nicht im Geringsten zur Debatte, dass ich mit dem Zug zu Christian fahren dürfte. „Zu gefährlich!", lautete die Begründung.

Seit ich mit zehn aufs Gymnasium wechselte, pendelte ich zweimal täglich zwischen Guxhagen und Kassel jeweils ungefähr eine halbe Stunde mit dem Zug. Meiner Meinung nach legte ich im Umgang mit Fahrplänen und Bahnhöfen eine gewisse Routine an den Tag.

In dem Fall trauten mir meine Eltern nicht nur zu, dass ich damit allein zurecht kam – was ich ja tat – vielmehr: ich musste es.

An sich widersprachen sich diese beiden Aussagen. Das tat ihrer Meinung nach aber nichts zur Sache, das hier war etwas anderes, es musste irgendwelche Alternativen geben.

Christian hielt auch hier abermals einen konstruktiven Vorschlag parat, der eine Ablehnung kaum zuließ. Es würde für ihn zwar regelrecht in Stress ausarten, andererseits war es ihm die Sache wert.

Er schlug meinen Eltern vor, freitags nach der Arbeit zu uns zu kommen, mich ins Auto zu packen und wieder zurück zu ihm zu fahren. Sonntags würde das gleiche Spiel dann umgekehrt stattfinden: wir würden zu mir nach Hause fahren und Christian später erneut den Rückweg antreten.

Nun kamen meine Eltern in Zugzwang, denn mein Freund machte unmissverständlich klar, er würde einiges auf sich nehmen, um unsere Beziehung zu festigen. Er ließ ihnen kaum eine andere Wahl als zuzustimmen.

Ich gehe davon aus, dass meine Eltern das Ganze damals als einen harmlosen Flirt einschätzten, der – schon allein aufgrund der Distanz – ohnehin nicht lange halten würde.

Christian und ich sahen das anders. Er war mein erster fester Freund und ich seine zweite Freundin.

Wir zogen dieses Prozedere des Wochenend-Pendelns kontinuierlich mehr als ein halbes Jahr lang durch, bis ich von meinen Eltern nach intensivem Drängen schlussendlich doch das erste Mal die Erlaubnis erhielt, alleine mit dem Zug nach Kirchheimbolanden fahren zu dürfen.

Und das tat ich ab da nahezu jedes Wochenende mit Freude.

Von Christians Eltern, seiner Schwester Andrea und seiner restlichen Familie wurde ich vom ersten Tag an unglaublich herzlich und liebevoll empfangen und akzeptiert.

Auch mit seiner Clique verstand ich mich von Anfang an phantastisch. Wir verbrachten die Wochenenden mit gemeinsamen Unternehmungen und ich fühlte mich zutiefst glücklich, wenn ich bei ihm war.

Und ein angenehmer Nebeneffekt war, dass ich dadurch obendrein den ständigen Konflikten in meinem Elternhaus entkam.

Es dauerte nicht lange und ich fühlte mich in Kirchheimbolanden bei seiner Familie und unseren Freunden um ein Vielfaches wohler als in meiner eigenen Heimat. Guxhagen und Kassel als die Pflicht, Kirchheimbolanden als die Kür.

Die hieraus resultierende Konsequenz war mehr als absehbar: ich wollte zu ihm ziehen, und zwar so schnell wie möglich.

Christian und ich sprachen recht bald über die Optionen, die uns zur Verfügung standen. Die Fakten lauteten: ich ging noch zur Schule und war erst 17.

Daher musste ich das tun, was meine Eltern für richtig erachteten, und das widerstrebte mir zutiefst.

Davon abgesehen, dass ich nicht die geringste Motivation verspürte, mein Abitur zu machen – mit den derzeitigen Noten wäre das ein erfolgloses Unterfangen gewesen –, hätte ich viel lieber eine Ausbildung gemacht. Bevorzugt irgendetwas Kreatives, Maskenbildnerin oder Ähnliches, oder – das wäre das Größte gewesen – eine Arbeit, bei der ich Menschen helfen könnte.

Nicht unbedingt im Rahmen einer Kliniktätigkeit, eher im Bereich der geistigen und seelischen Unterstützung. Ich hatte aber keinen Schimmer, welcher Beruf da genau passte.

Und eine weitere Frage stellte sich: wo sollte ich anfangen nach Arbeit zu suchen?

Wenn ich die Schule schmiss, sollte ich dann eine Ausbildung in der Kasseler Umgebung beginnen und mich wieder für drei volle Jahre örtlich binden? Oder vielleicht doch gleich zu Christian ziehen?

Ich war es schon früh gewohnt, mich selbstständig um meine Angelegenheiten zu kümmern. Das waren unter anderem die Hausaufgaben oder das Zubereiten des Frühstücks und Mittagessens seit der Grundschulzeit. Also begann ich, die Nachmittage nach der Schule im Berufsinformationszentrum des Kasseler Arbeitsamtes zu verbringen, um mir einen Eindruck über diverse Berufe zu verschaffen. Freilich, ohne dass meine Eltern davon etwas ahnten.

Stundenlang hielt ich mich von da an für die nächsten Tage und Wochen in den Räumen mit Video-Bändern und Ordnern voller Berufsbeschreibungen auf.

Da ich annahm, von meinen Eltern keinerlei finanzielle Unterstützung zu bekommen, wenn ich den geplanten Schulabbruch offenbarte, lag die Priorität bei der Berufswahl ganz pragmatisch auf den Verdienst- und Aufstiegschancen.

Von der rechtlichen Möglichkeit, sogar Unterhaltszahlungen von meinen Eltern für die Dauer meiner Ausbildung einfordern zu können, war mir zu diesem Zeitpunkt ganz und gar nichts bekannt. Aber auch wenn ich davon gewusst hätte: ich denke, mein Stolz hätte es nicht zugelassen, das in Anspruch zu nehmen.

Ich durchforstete alle erreichbaren Informationen über die in Frage kommenden Ausbildungen und stellte enttäuscht fest, dass meine Wunschberufe alles andere als finanziell rentabel waren.

Mir war klar, ich würde meinen Lebensunterhalt größtenteils alleine bestreiten müssen, lediglich von einer Ausbildungsvergütung und das vom allerersten Tag an.

Es war nicht nur so, dass ich es musste – ich wollte es!

Christian sicherte mir zu, wir würden das gemeinsam schaffen, aber ich hatte nicht vor, ihm auf der Tasche zu liegen.

Am aussichtsreichsten, im Hinblick auf Verdienst sowie der weiteren Beschäftigung nach dem Abschluss, kristallisierte sich eine Ausbildung zu einer Büro- oder Industriekauffrau oder zur Steuerfachgehilfin heraus.

Nur, kreativ war das nicht. Und eine fürsorgliche Arbeit mit Leuten stellte ich mir grundsätzlich auch etwas anders vor. Wild entschlossen meinen Weg zu finden, entschied ich mich, die Zähne zusammenzubeißen und zugunsten einer aussichtsreichen Zukunft auf meine Präferenzen zu verzichten.

Vorerst.

Der nächste Schritt war, Christians Eltern vor meinen eigenen von unserem Vorhaben in Kenntnis zu setzen und uns ihre Meinung und Vorschläge dazu anzuhören.

Denn was sollte ich schon die Pferde bei meinen Eltern mit einem potenziellen Schulabbruch scheu machen, wenn noch überhaupt nicht feststand, ob wir in Kirchheimbolanden unterkämen?

Wir würden in seinem Zimmer innerhalb der elterlichen Wohnung wohnen müssen, wenn sie dies gestatteten. Etwas anderes war finanziell erst einmal nicht zu bewerkstelligen.

Wir weihten Christians Eltern schnellstens in unser Vorhaben ein und waren sehr glücklich darüber, dass beide uns generell ihre Unterstützung anboten. Sie waren angesehene Geschäftsleute, Inhaber eines BMW-Autohauses vor Ort, und verfügten über etliche vielversprechende Kontakte. Mit konstruktiven Tipps zu einer neuen Wohnraumgestaltung und Hilfsangeboten, sich gleichermaßen nach Ausbildungsstellen umzuhören, griffen sie uns überaus großzügig und herzlich unter die Arme.

Wir bekämen ein eigenes Bad zur Verfügung gestellt, das bisher als Gästebad fungierte, und mit Hilfe von Wand-Durchbrüchen würden zwei andere Räumen mit Christians Zimmer verbunden werden.

Insgesamt wäre dies dann eine für unsere Verhältnisse luxuriöse kleine Einliegerwohnung mit separatem Zugang. Mit einem Schlaf- und einem Wohnzimmer sowie einem Räumchen für unseren Kleiderschrank und sonstige Utensilien. Einzig die Küche würden wir gemeinsam mit den Eltern nutzen und das war kein Problem.

Von derart viel Hilfsbereitschaft und Unterstützung war ich vollkommen ergriffen und gerührt – das war bei aller Liebe nicht zu erwarten gewesen. Für mich war das keine Selbstverständlichkeit.

Den Worten folgten schon bald darauf Taten: der Umbau begann und Christian bekam sogar extra neue Schlafzimmermöbel gekauft.

Nachdem diese Grundlagen für alles Weitere – Ausbildung, Umzug und beginnende Eigenständigkeit – geklärt waren, konnte ich die weiteren Schritte durchführen.

Als nächstes vereinbarte ich einen Termin beim Arbeitsamt in Kassel.

Ich stellte mich vor, erklärte meine Pläne und dass ich einen Ausbildungsplatz in den zuvor recherchierten Bereichen suchte.

Die nette Dame vom Amt teilte mir nach meinen Schilderungen mit, sie sei auch mit dem für Christians Region zuständigen Arbeitsamt in Kaiserslautern vernetzt und könne mich dort ebenfalls als Suchende registrieren. Auf diese Weise bekäme ich Ausbildungsangebote aus der Kasseler Gegend sowie aus dem Kaiserslauterner Umfeld und könnte schauen, was für mich passend wäre.

Das gab mir ein gutes Gefühl und ich war regelrecht stolz auf mich, alles Organisatorische bisher allein oder nur mit Christians Unterstützung auf die Beine gestellt zu haben.

Es dauerte nicht lange und die erste Post vom Arbeitsamt mit Vorschlägen für Ausbildungsplätze traf zu Hause ein.

Die Post kam, als ich in der Schule war, und so schnellte Mama mir nachmittags beim ersten Schritt ins Haus mit erhobenen Armen und dem Brief in der Hand entgegen: „Kannst du mir mal erklären, was das hier sein soll?“

Ich wusste im ersten Moment nicht, was los war.

„Wieso bekommst *du* denn Post vom Arbeitsamt? Und dann sowas hier?“ Mama hielt nicht viel vom Briefgeheimnis, insbesondere, wenn es um möglicherweise interessante Dinge ging, und darum war der an mich adressierte Umschlag bereits aufgerissen.

„Wieso machst *du* denn meine Post auf, find ich die wichtigere Frage!“, motzte ich sie völlig empört an.

„Wieso? Ja, wieso denn nicht? Hast du etwa 'was zu verbergen, oder wie? Ich bin schließlich deine Mutter!“, gab sie wie selbstverständlich von oben herab zurück.

„Trotzdem ist das meine Post! Gib her!“ Und ich bekam den Umschlag zu fassen.

„Suchst du etwa Arbeit? Wie wär‘s, wenn du dich lieber mal um deine Schulnoten kümmerst?“, erwiderte sie spitzzüngig.

Offenbar realisierte sie nicht, dass es sich bei den Angeboten um Ausbildungsplätze handelte, und ich sah keine Notwendigkeit, ihr das in dem Moment genauer zu erklären.

„Naja, dein Vater kommt ja heute Abend nach Hause, da werden wir das besprechen. Dann werden wir weitersehen.“ Sie drehte sich um und betrachtete die Angelegenheit für sich vorerst als erledigt.

Dessen ungeachtet platzte ich fast vor Neugier und verzog mich gleich in mein Zimmer, in der Hand meinen persönlichen Schatz, die langersehnte Post.

Da war es also, greifbar und offiziell: das Symbol für den ersten Schritt in Richtung Eigenständigkeit. Mein Herz schlug mir bis zum Hals, aufgeregt und voller Vorfreude sah ich mir die einzelnen Blätter an, alle im gleichen Schema verfasst, pro Seite eine Ausbildungsstelle.

Mit so vielen Angeboten hatte ich im Traum nicht gerechnet und ich war so glücklich, überschwänglich und voller Tatendrang, dass ich gar nicht wusste, was ich mit diesen Kostbarkeiten in meiner Hand zuerst machen sollte.

Es gab etliche Ausbildungsofferten im Kasseler Raum, aber auch einige Adressen aus der Kaiserslauterner Umgebung, ungefähr jeweils die Hälfte.

Bis dato hatte ich noch nie Bewerbungen geschrieben und mir wurde etwas mulmig zumute, wie man so etwas überhaupt macht.

Diese aufkommende Unsicherheit schob ich direkt beiseite und spekulierte, dass mir das Berufs-Informations-Zentrum oder das Arbeitsamt bestimmt helfen würden, um einen guten Eindruck zu vermitteln.

Ich wollte am liebsten sofort Christian anrufen und mit ihm meine Freude teilen, aber ich wusste, er arbeitete um diese Uhrzeit. Ich musste mich bis zum Abend gedulden.

Außerdem stand unmittelbar das Gespräch mit Daddy an, bei dem ich mir jetzt schon lebhaft vorstellen konnte, dass der nicht in Begeisterungsstürme ausbrechen würde.

Ich strotzte geradezu vor Selbstvertrauen, motiviert durch den Brief, weswegen mir nichts die gute Laune verdarb. Bis zum Spätnachmittag schwebte ich auf Wolke Sieben.

Irgendwann am Abend rief Daddy in den Keller runter, ich solle ins Wohnzimmer kommen. Und den Brief, von dem Mama ihm erzählt hätte, sollte ich mitbringen.

Jetzt ging es los, die Show begann! Alles mittägliche Selbstbewusstsein verflog mit einem Schlag und mein Herz schien mir vor Aufregung und Nervosität zu zerspringen.

Ich redete mir Mut zu: Verdammt nochmal – ich würde das jetzt durchziehen! Auch wenn Daddy mit Sicherheit so tun würde, als ginge es hier um irgendeine fixe Idee, die ich mir mal eben in den Kopf gesetzt hatte. Ich fand, ich hatte eine fundierte Perspektive aufgestellt, und plante ja nicht, einfach so in den Tag hineinzuleben.

So weit war ich gekommen, ohne dass nur einer der beiden irgendetwas davon mitbekommen hatte. Und es gab immerhin konkrete Erfolge zu verzeichnen: Ausbildungs-Angebote, schwarz auf weiß.

Im Wohnzimmer saßen Mama und Daddy, und ich überreichte ihm nach einer kurzen Begrüßung den prall gefüllten

Umschlag vom Arbeitsamt. Danach kauerte ich mich auf den Sessel gegenüber, mit in den verschränkten Beinen vergrabenen Händen.

Er besah sich alles in Ruhe und meinte dann etwas irritiert: „Ja, wie? Da geht es ja um Ausbildungsplätze? Was soll *das* denn? Wie stellst du dir das bitte vor? Was ist mit der Schule?"

Ich schwieg erst einmal und nach einer kurzen Pause ergänzte er: „Moment, da sind ja auch welche vom Arbeitsamt Kaiserslautern dabei? Kannst du mir *das* bitte erklären?"

Klar. So lautete der Plan. Aber es fiel mir plötzlich schwer, all meine vorher zurechtgelegten Argumente wieder abzurufen.

„Also … ich möchte die Schule nicht mehr weitermachen. Ich möchte lieber eine Ausbildung machen", teilte ich relativ kleinlaut mit.

„Aha – na, das ist ja toll." In seiner Stimme schwang Sarkasmus. „Und wieso bitte, wenn ich fragen darf? Du bist gerade in der 11. Klasse, da hast du danach nicht mal Fachabitur. Da hast du nix, außer Realschulabschluss, das weißt du schon, oder?", versuchte er mich aus der Reserve zu locken. „Das letzte Schuljahr wäre demnach komplett für die Katz' gewesen."

„Das weiß ich", fasste ich langsam Mut und setzte mich gerader, „aber die Schule macht mir null Spaß und ich schreibe ständig schlechte Noten. Wenn das so weiterläuft, wird das Fachabi auch nicht berauschend ausfallen. Mit einem schlechten Fachabi stehe ich ebenso wenig gut da."

Daddy blickte mehrfach auf die einzelnen Briefbögen und blieb gewohnt ruhig und ein bisschen herablassend, augenscheinlich neugierig darauf, welche Spinnereien sich seine Tochter jetzt wieder ausgedacht hatte.

„Und wie hast du dir das konkret vorgestellt? Hier zum Beispiel, die Stelle als Industriekauffrau in Wagenfurth: wie gedenkt das Fräulein Tochter denn dort jeden Tag hinzukommen? Zu Fuß, oder was?"

„Naja", antwortete ich noch immer leicht verunsichert, obwohl ich bisher für jede Frage gute Argumente als Antwort vorweisen konnte, "du hast mir doch vorgeschlagen, du würdest mir den Führerschein bezahlen, wenn ich ausschließlich den fürs Auto mache und nicht den Kombinierten mit Motorrad zusammen."

Ich plante ihn einfach später nachzuholen, denn Motorrad-Fahren war ein großer Traum.

„Hmm, hmmm." Daddy nickte, denn er wollte mich absolut vom Motorrad-Fahren fernhalten. Nachvollziehbarerweise hatte er einfach Angst, mir könnte etwas passieren.

„Na siehst du, und wenn ich den jetzt anfangen würde, hätte ich den bis zum Sommer und ich dachte, Mama und ich würden uns dann vielleicht ihr Auto teilen, oder so?!", versuchte ich zu argumentieren.

„So weit kommt's noch!", trotzte sie sofort dazwischen, „und glaub' ja nicht, du könntest hier dann weiter umsonst wohnen, wenn du Geld verdienst. Wenn du meinst, du müsstest einen auf Großverdiener machen, kannst du hier gleich mindestens 200 Mark für Miete und Essen abgeben, das ist wohl mal klar!"

„Ja ja, wart' mal", unterbrach Daddy Mamas aufgeregtes Geplapper und schaute weiter auf die Briefseiten. „Aber jetzt erklär' mir, wie du jeden Tag nach Kaiserslautern fahren willst!"

Ich schluckte. Jetzt ging es los, jetzt musste ich Farbe bekennen.

Ich spürte ganz genau, wie sich der Kloß in meinem Hals stückchenweise aufbaute, nahm dennoch all meinen Mut zusammen und erwiderte mit möglichst fester Stimme und geradem Rücken: „Ich habe mir mit Christian zusammen überlegt, ob ich nicht bei ihm in der Nähe eine Ausbildung beginne."

„Das hab ich mir schon gedacht", nickte Daddy mit geschürzten Lippen, und Mama begriff erst jetzt:

„Wie, bei Christian? In dem Autohaus, oder was?"

„Nein", präzisierte ich, „in einer Firma in seiner Gegend."

„Und wie soll das ablaufen?", hinterfragte Daddy wiederum, wohl ahnend, was nun folgen würde.

„Ich dürfte bei ihm und seinen Eltern wohnen. Sie wären damit einverstanden, das haben wir bereits geklärt", schilderte ich die Planung.

Daddy zog gespielt überrascht die Augenbrauen hoch und echote: „Ach sooo, das habt ihr bereits geklärt. Und wann, Töchterlein, gedachtest du, uns das mitzuteilen?"

„Naja, eben jetzt bald. Der Brief ist heute erst gekommen und ich wusste bis heute Mittag nicht, ob es überhaupt freie Angebote zum Bewerben gibt."

Meine Unsicherheit verpuffte mit jedem Satz weiter, und außerdem hasste ich es, wenn er immer so süffisant „Töchterlein" sagte. Als ob ich ein Kindergartenkind wäre, das machte mich stinksauer.

Mama lachte übertrieben ironisch und schaltete sich ein: „Lass doch, Rüdiger! Ist doch gar nicht schlecht, dann wird ein Zimmer frei, wie praktisch!"

Dazu muss ich erwähnen: unsere Eltern hatten meiner Schwester und mir erst kurz vorher eröffnet, wir bekämen noch ein Geschwisterchen.

Wir waren überrascht, denn von einer harmonischen Ehe der beiden konnte auch zu dieser Zeit nicht die geringste Rede sein. Trotzdem dachten Lissi und ich in dieselbe Richtung: das war nicht unsere Sache und sie müssten das selbst wissen.

Jetzt nahm die Unterhaltung Fahrt auf.

Mama sah die Sache augenblicklich von der nützlichen Seite – anders als Daddy, der auf Anhieb die Kosten einer solchen Unternehmung vor Augen sah.

„Und wie hattet ihr euch gedacht, das Ganze zu finanzieren? Eins ist von vorneherein klar, Fräulein: wenn du gehst, dann gehst du mit allen Konsequenzen. Von uns siehst du keinen Pfennig! Du glaubst doch nicht, du kannst dich mit den paar Kröten über Wasser halten, die du in der Ausbildung verdienst."

In mir bäumte sich das störrische und sture Kind auf und es platzte fast schon trotzig aus mir heraus: „Das hab ich mir eh gedacht – ich packe das auch alleine, ohne eure Hilfe! Hier würde ich doch auch Geld abgeben müssen, oder?"

Daddy nickte und Mama schaffte es nicht, ein aufgeplustertes „Ja, aber hallo!" zurückzuhalten.

„Na siehste, deshalb kann ich das genauso gut woanders versuchen. Geschenkt bekomme ich nirgends etwas, ich bin nicht blöd!"

Daddys verächtliches Lachen schaffte es kurzzeitig, ein wenig an meinem neugewonnenen Selbstbewusstsein zu kratzen. Möglicherweise nagte sogar Wut darüber an mir, dass er mir offensichtlich nichts zutraute.

„Christians Eltern lassen uns umsonst bei sich wohnen und den Rest kriegen wir gemeinsam hin. Die bauen sogar gerade extra für ihn um, und wir haben dann einen eigenen kleinen Wohnbereich."

„Ach?", er legte den Kopf schief und legte die Stirn in Falten, „so weit ist die Planung also schon? Ist ja schön zu erfahren. Du hast doch nicht die geringste Ahnung, was das Leben kostet, Fräulein! Ein Auto brauchst du und Versicherungen zahlen sich ebenfalls nicht von selbst. Nochmal: von uns siehst du nicht einen Pfennig!"

Das war deutlich. Somit wusste ich wenigstens, wo genau ich stand und was ich zu erwarten, oder besser gesagt nicht zu erwarten hatte.

„Das brauche ich auch nicht, ich schaffe das. Auch ohne euch!"

Ein überhebliches „Mach du mal, Töchterchen, wenn du dich für so schlau hältst!" war dann das Gesprächsende.

Von diesem Zeitpunkt an explodierte ich schier vor Motivation und meine Eltern merkten das.

Ich ließ Passbilder machen, die ich von meinem Taschengeld bezahlte, und vereinbarte weitere Beratungstermine im Arbeitsamt und dem Berufsinformationszentrum zwecks Unterstützung beim Schreiben der Bewerbungen.

Als nächstes schrieb ich an alle Firmen, die Ausbildungsplätze anboten.

Egal, ob über das Arbeitsamt oder über Zeitungsannoncen, denn hier schaute ich ab jetzt zusätzlich nach und forschte nach Arbeitsstellen.

Die Mitarbeiter des Amtes und des Infozentrums schienen in gewisser Weise davon beeindruckt zu sein, wie so ein junges Ding ernsthaft versuchte sich durchzubeißen.

Ich kontaktierte Firmen im Kasseler Raum sowie im Bereich um Kirchheimbolanden herum und wollte beweisen, dass ich eigenständig agieren und mir eine gute Arbeit suchen konnte.

Und tief im Inneren hoffte ich natürlich primär auf eine passende Anstellung in Christians Nähe.

Mama begann, meine Wäsche von der restlichen Familienwäsche zu trennen und warf sie mir eines Nachmittags in mein Zimmer mit der Bemerkung: „Kannste ab jetzt selbst machen, willst doch alles alleine tun. Dann fang hiermit gleich mal an!"

Ich nahm das mit einem Schulterzucken zur Kenntnis und fragte nachmittags die Mutter meiner Freundin, wie man eine Waschmaschine bediente und worauf man zu achten hatte.

Dies war ein kläglicher Versuch meiner Mutter, mir ein Bein zu stellen, denn ich bekam das hin.

Es kamen tatsächlich etliche Einladungen zu Vorstellungsgesprächen, trotz meines nicht überragenden letzten Zeugnisses, was in erster Linie Daddy wunderte.

Einmal fuhr er mich in einen Nachbarort zu einem Vorstellungsgespräch, bei dem es um die Ausbildung zur Industriekauffrau ging. Er ließ es sich nicht nehmen, dem zuständigen Ausbildungsleiter vor Ort unumwunden zu vermitteln, dass er als Vater bei dem Gespräch doch besser mit anwesend sein sollte. Immerhin wäre ich so unbedarft, was Geschäftsbesprechungen beträfe.

Ich sehe noch vor mir, wie der Herr Daddy daraufhin freundlich, aber bestimmt klarmachte, ich würde auf ihn nicht den Eindruck machen, als bräuchte ich die väterliche Unterstützung. Er würde eine Unterhaltung zu dritt mit mir und dem Personalchef bevorzugen, seiner Einschätzung nach würde ich das schon meistern.

Dieses Gefühl, ernst genommen und als erwachsen angesehen zu werden, war in dem Moment unbezahlbar. Und Daddys Gesicht.

Das Gespräch verlief sehr gut und diese Firma bot mir kurze Zeit später einen Ausbildungsvertrag an, wie übrigens drei weitere in Kassel, bei denen ich mich nach der Schule vorstellte. Wirklich verlockend.

Wäre da nicht das Angebot aus Mannheim gewesen, das ich über die Kontakte von Christians Eltern vermittelt bekam.

Es handelte sich um einen Ausbildungsplatz zur Steuerfachangestellten in dem Steuerbüro, das auch das Unternehmen der Eltern betreute. Lieber wäre es mir zwar gewesen, wenn sie mich in in der Zweigstelle unmittelbar in Kirchheimbolanden eingesetzt hätten, aber dies war organisatorisch nicht möglich.

Trotzdem ergriff ich die Gelegenheit beim Schopf und unterschrieb den Ausbildungsvertrag zur Steuerfachgehilfin. Es war sehr passend, dass ich gerade erst vor ein paar Tagen meinen 18. Geburtstag hatte, denn so konnte ich alles ohne die Unterschrift meiner Eltern in trockene Tücher bringen.

Die einzige Schwierigkeit, die es zu bewältigen galt, war, jeden Tag – ob zur Berufsschule, oder zur Arbeit – nach Mannheim fahren zu müssen. 60 Kilometer entfernt. Und ein Auto war nicht in Sicht. Mir blieb erst einmal nur übrig, weiter fleißig in der Fahrschule zu üben, bis wir eine Lösung finden würden.

Hier griffen mir wiederum Christians Eltern unter die Arme und boten einen Lösungsvorschlag an.

Ich verdeutlichte von Anfang an meinen Standpunkt, dass ich nichts geschenkt haben wollte. Die neu erlangte Unabhängigkeit zu wahren, so lautete mein Ziel. Für mich war dies außerordentlich wichtig, damit ich durch das Annehmen übermäßiger Hilfestellungen nicht wieder in einen Teufelskreis der Verpflichtung rutschte – gleichgültig wem gegenüber.

Christians Eltern respektierten das und machten mir ein unglaublich faires Angebot: sie stellten mir einen alten 3er BMW zur Verfügung, für den ich – vertraglich festgelegt – insgesamt 1000 Mark bezahlen solle. In monatlichen kleinen Raten, so wie es meine Ausbildungsvergütung zuließ.

Das war zu schön, um wahr zu sein, und ich nahm an.

Ich wuchs innerlich so sehr und mein Stolz war immens. Alles lief gerade wie am Schnürchen. Und wenn irgendein Problem auftauchte, fand sich umgehend eine Lösung durch gute Planung oder glückliche Fügung.

Der Umzug zu Christian nahm immer konkretere Züge an. Es galt, etliches zu planen und zu organisieren.

Meine Eltern beteiligten sich hieran nicht und diese Thematik wurde sozusagen völlig ignoriert. Lediglich die Fakten wurden besprochen, und das hieß: was durfte ich mitnehmen und was nicht.

Es kam mir fast so vor, als würden meine Eltern nun in die Rolle eines beleidigten Kindes schlüpfen, denn die Ansagen lauteten: was in deinen Schränken und deinem Schreibtisch ist, darfst du mitnehmen – die Möbel, das Bett mit Bettdecken und -wäsche sowie die Regale bleiben hier. Sogar mein kleiner Fernseher, den ich Jahre zuvor von ihnen selbst zu Weihnachten geschenkt bekam, musste dort bleiben.

Christian und seine Eltern sahen so viel Borniertheit als etwas seltsam an, aber mir war das schnuppe.

Umso kleiner fiel dementsprechend die Planung eines Umzugsfahrzeugs aus. Alles hatte seine Vor- und Nachteile.

Kurz bevor der große Tag kam, fuhr ich mit meinen Eltern und meiner Schwester noch einmal für ein Wochenende nach Neuss, um meine Tante Maya und den Rest der Familie zu besuchen.

Ich freute mich darauf, alle wiederzusehen, meist verbrachten wir alle einfach eine nette Zeit miteinander. Gerade mit Maya, der ich mich bekanntlich über die Maßen verbunden fühlte.

Christian hatte an diesem Wochenende geschäftlich bei seinen Eltern zu tun, daher fuhr er nicht mit. Er war wirklich immer gern gesehen bei meinen Tanten und Cousins.

Hätte ich allerdings vorher auch nur geahnt, was auf mich zukommen würde, wäre ich nie und nimmer mitgefahren.

Mama hatte nämlich bereits gute Vorarbeit geleistet und die restliche Familie über meine Pläne kontinuierlich auf dem Laufenden gehalten.

Mama wusste ganz genau, dass sie mich mit ihren Vorhaltungen nicht mehr erreichte. Maya gelang es da schon eher, mich zum Nachdenken zu bringen. Ich orientierte mich an ihrer Meinung und deshalb sollte sie mir ins Gewissen reden.

Wir standen alle gemütlich in der Küche und plapperten über belangloses Zeug, als Maya das Gespräch auf meine anstehenden Zukunftspläne brachte. Auf einmal kippte das Gespräch. Ich verstand urplötzlich überhaupt nicht mehr, worum es letztendlich ging, derart schnell und unerwartet lief alles in eine völlig andere Richtung.

Sie warf mir aus dem Nichts heraus vor, ich solle mir doch einmal Gedanken über mein Benehmen machen.

Mama beobachtete den heranbrausenden Wirbelsturm währenddessen zustimmend aus dem Hintergrund.

Ich stutzte und begriff immer noch nicht.

Maya redete sich mehr und mehr unkontrolliert in Rage, aufgestachelt durch Mamas kurze, kleine Einwürfe.

Ich wollte gerade abwinken und vorschlagen, das Thema zu wechseln, weil ohnehin alles beschlossene Sache sei.

Auf einmal platzte es aus ihr heraus: „Überleg doch mal, Yvonne! So wie *du* dich im Moment verhältst, verhalten sich Nutten: sich alles bezahlen lassen – Wohnung, Auto und weiß der Himmel was noch alles – und dafür mit dem in die Kiste steigen! Dadurch bist du nicht besser als jede x-beliebige Straßenhure!"

Ich war perplex, geradezu paralysiert. In mir verkrampfte sich alles. Dieser Satz fuhr wie ein Blitz durch meinen Körper und ich wusste nicht, was ich darauf antworten sollte.

Ich kniff ungläubig meine Augen zusammen: „Ich … bin … *was*?"

Sie verglich mich tatsächlich mit einer Nutte – wortwörtlich! Ich glaubte nicht, was ich da hörte. Das konnte doch nicht sein! Nicht von ihr!

Meine Tante, diejenige, der ich wirklich am meisten von allen vertraute, mehr noch als Daddy, in der ich zeitlebens die Frau sah, die ich gerne werden wollte, warf mir vor, ich würde mich prostituieren. Allein deshalb, weil ich Christians Hilfe und die seiner Eltern annahm.

Völlig irritiert und planlos torkelte ich aus der Küche ins Wohnzimmer, während hinter mir weiter lamentiert wurde und die beiden Frauen sich weiter in den bildhaften Vergleich mit einer Prostituierten hineinsteigerten.

Aber ich hörte nicht mehr zu, rang nach Luft und wollte da weg.

Ich kam mir so verraten vor, so missverstanden und unglaublich ungerecht behandelt. Und das gerade von dem Menschen, zu dem ich am meisten von allen aufgesehen hatte.

Frische Luft, sofort!

Die Terrassentür stand offen und ich wankte hinaus.

Atmen!

Irrte ziellos durch die Straßen in der Siedlung.

Tief atmen!

Lief über den Kinderspielplatz, bis ich wieder normal Luft bekam.

Meine Gedanken überschlugen sich und ich versuchte, sie einigermaßen klar zu sortieren. Nur gelang es mir nicht.

Nach einer gefühlten Ewigkeit, in der es in meinem Kopf zuging wie in einem Horrorkabinett, sah ich überraschend Frank, Mayas Mann, auf mich zukommen.

Mit ihm verband mich emotional an sich über die Jahre am wenigsten von allen aus der Familie. Er war nicht derjenige, der sich sonst intensiv mit uns Kindern oder Jugendlichen beschäftigte.

Jetzt aber kam er als Einziger auf mich zu, ruhig und beschwichtigend, und versuchte mich zu trösten. Er erklärte mir, auch er könne nicht verstehen, was da gerade passiert sei, und ich solle doch mit nach Hause kommen.

Frank legte freundschaftlich den Arm um mich und ich glaube, diese Geste hätte von niemand anderem in diesem Moment passender und aufrichtiger sein können.

Vielleicht gerade, weil wir uns sonst eben nicht besonders nahe standen, war es so ehrlich.

Wir gingen in das Haus meiner Tante und ich verbrachte die restliche Zeit des Wochenendes eher schweigend und zurückgezogen, bis wir zurück nach Guxhagen fuhren.

Aufgrund dieses Vorfalls brach ich den Kontakt zu Maya für die darauffolgenden eineinhalb Jahre ab.

Erst nach dieser Zeitspanne und mehreren Aussprachen, in denen wir uns langsam wieder annäherten, erklärte sie mir, dass sie sich damals durch Mama instruieren ließ, mir diese Dinge zu sagen. Die Diskussion dirigierte Mama zudem sehr geschickt und bewusst weiter, bis es zur Explosion kam.

Auch wenn ich das schon vorher geahnt hatte, frustrierte es mich dennoch, dass Maya sich derart primitiv hatte einspannen lassen. Zumal sie um das Verhältnis zwischen mir und Mama genauestens Bescheid wusste. Da hatte ich ihr doch wesentlich mehr Durchblick zugetraut.

Unser Verhältnis litt danach unter dem tiefen Knacks und wurde nie mehr wie vorher.

Selbst dieses Ereignis, der infame Vorwurf meiner Tante, brachte mich nicht von meinen Plänen ab, es dauerte jetzt nicht mehr lange und ich würde bei Christian wohnen und meine Ausbildung beginnen. Und dieses Wissen war beruhigend.

Ich wollte einfach nur noch weg!

Als im Juni 1993, einen Monat nach meinem 18. Geburtstag, der ersehnte Tag kam, passten all meine Habseligkeiten in einen PKW hinein. Mehr besaß ich nicht, mehr wollte ich nicht mit in mein neues Leben nehmen.

Christian und ich verabschiedeten uns denkbar gefühllos an der Haustür von meinen Eltern und gerade als wir zum Auto gehen wollten, streckte mir Mama fordernd die offene Hand entgegen.

Ich verstand nicht, was sie wollte, und sie klärte mich direkt in zuckersüßem Ton auf: „Den Haustür-Schlüssel, Fräulein. Den brauchst du ja wohl nicht mehr, und wenn du herkommst, kannst du klingeln wie jeder andere!"

Daddy sah das offenbar genauso, denn er griff nicht ein.

Mit einem eher entnervten Seufzen tat ich ihnen auch diesen Gefallen und löste den Schlüssel von meinem Schlüsselbund. Sollten sie doch damit glücklich werden, ich jedenfalls würde es ab heute sein – auf meine Weise.

Während der eineinhalbjährigen Zeitspanne, die ich mit Christian zusammen bei seinen Eltern wohnte, stattete ich meinen Eltern nur eine Handvoll Besuche ab. Meist, wenn ein Geburtstag oder ein besonderer Anlass anstand, wie zum Beispiel die Geburt meiner jüngsten Schwester Amélie im Januar 1994.

Im Gegenzug besuchten mich meine Eltern ein einziges Mal gemeinsam.

Und sogar diese Stippvisite war zweckgebunden, da Daddy einige Formulare mitbrachte, die ich unterschreiben sollte. Er hatte bereits die notwendigen Teile ausgefüllt und erklärte mir, es handele sich um ein paar versicherungstechnische Sachen.

Im guten Vertrauen ging ich davon aus, alles hätte seine Richtigkeit und unterschrieb die Schriftstücke, ohne genauer zu lesen.

Jahre später erst wurde mir klar: dies waren neben Versicherungs-Unterlagen unter anderem wahrscheinlich auch Anträge für die Verlängerung des Kindergeldanspruches. Das wird nämlich für die Dauer der Ausbildung des Kindes weitergezahlt.

Natürlich hätte ich es bei genauerem Hinsehen erkennen können. Ich vertraute aber einfach darauf, wenn Daddy sagte, ich bräuchte dies nur fix zu unterschreiben.

Mein Fehler.

Vom Kindergeld sah ich in den folgenden vier Jahren nicht eine müde Mark. Die monatlichen Zahlungen vom Amt gingen ohne Umwege auf das Konto meiner Eltern, die für mich schon längst keine Ausgaben mehr verbuchten. Dabei hätte ich jeden einzelnen Pfennig gebrauchen können.

Ich verzichtete gerne aus Stolz auf Unterhaltszahlungen meiner Eltern, was im Übrigen ein nicht unerheblicher Betrag gewesen wäre, wie ich mir später interessehalber ausrechnen ließ. Ich wollte es alleine mit meinen eigenen Möglichkeiten schaffen.

Aber mit dem Kindergeld, das zweifelsohne mir zustand, meine Eltern aber abkassierten, wäre mir manchmal in einigen Finanztiefs geholfen gewesen.

Liebe ist immer noch die anständigste Entschuldigung für Dummheiten.

*Heiner Geißler (*1930), deutscher CDU-Politiker, Bundesgesundheitsminister*

3

Nach nahezu eineinhalb Jahren, Ende 1994, trennten sich Christians und meine Wege.

Mit knapp 20, als ich eines abends allein mit einer Freundin durch die Disco zog, verliebte ich mich Hals-über-Kopf in einen anderen Mann namens Thomas.

Eine Sache, auf die ich im Nachhinein nicht stolz bin, aber ich war jung, flippig und es hatte sich einfach ergeben.

Ich sah mich selbstverständlich im emotionalen Zwiespalt. Christian und seine Familie hatten es mir immerhin überhaupt erst ermöglicht, von zu Hause auszuziehen und meinem Leben eine große Wende zu geben.

Dennoch war es passiert und ich wollte keine Spielchen spielen oder in eine neue Beziehung stolpern, bevor nicht die andere geklärt war.

Wir zogen daraus die Konsequenzen, das heißt Christian tat es.

Trotz allem blieb er so fair, dass er mir anbot, ich könne noch so lange bei ihm wohnen bleiben, bis ich eine Möglichkeit zum Unterkommen fände. Etwas, das ich ihm bis heute hoch anrechne und ihm nie vergessen habe.

Die Trennung führte zu ganz neuen Aufgaben, die ich nun bewältigen musste. Gerade finanziell würden nun weitere Belastungen auf mich zukommen, trotzdem setzte ich alles daran, auch dies zu schaffen.

Also mobilisierte ich alle Bekannte in meinem Umfeld und bat um Unterstützung bei der Suche nach einer bezahlbaren Bleibe. Außerdem schaute ich mich parallel dazu nach Nebenjobs um, damit ich zukünftig finanziell irgendwie würde überleben können.

Beides fand sich recht schnell: wohnen konnte ich vorerst zur Untermiete in einem Zimmer im Haus einer ehemaligen Opernsängerin und Gesangslehrerin, das in einem klitzekleinen 200-Seelen-Nachbarort stand.

Nur kurze Zeit später erzählte mir eine Freundin von einer kleinen freien Einliegerwohnung, die ursprünglich einmal eine große Garage gewesen war. Sie war pfiffig umgebaut, supergünstig, voll möbliert und ich konnte direkt einziehen.

Ich nahm das Angebot an und fand parallel zum Umzug mehrere Nebenjobs. Zusätzlich zu meiner Ausbildung im Steuerbüro und der Berufsschule bediente ich ab jetzt an den Wochenenden in einem renommierten Landrestaurant, half in einem Solarium aus und ging zudem ein paar Abende pro Woche putzen. Mir war gleichgültig, was ich tat, solange es sich um ehrliche und anständige Arbeit handelte.

Ich knappste dennoch immer mit meinem Geld und große Sprünge waren nicht drin.

Die Beziehung zu Thomas sollte jedoch ebenfalls nicht ewig währen, was nicht zuletzt daran lag, dass er ein ziemlicher Halodri war.

Mit dem Charme, den er bei unserem Kennenlernen an den Tag legte, geizte er nämlich ebenso wenig bei anderen Frauen.

Vornehmlich bei seiner Ex-Freundin Femke, über die er mir eines Tages ganz unverblümt gestand, sie sei im Grunde genommen noch immer die Liebe seines Lebens.

Ab und zu traf er sich mit ihr im Café der Bäckerei, für die er nebenbei arbeitete, nach seiner Nachtschicht zum Frühstücken. Zu jener Zeit wusste ich davon natürlich nichts.

Jedoch ließ er genauso gut andere Frauen wissen, was er an ihnen schätzte. Er schwärmte ungeniert in meiner Gegenwart, wie wundervoll Edith Discofox tanzen konnte, und Josie schätzte er ebenfalls unverhohlen für ihre Vorzüge, die eher körperlicher Art und schwer zu übersehen waren.

All diese Flirts führten vermehrt zu Streitereien zwischen Thomas und mir.

Meine Freundin „Babe", die ich erst vor Kurzem kennengelernt hatte, half mir dabei unerwartet auf die Sprünge. Als Thomas eines Tages in Babes Beisein eine damalige Freundin von ihr anbaggerte – und ich tatenlos daneben stand! –, fragte sie mich ungläubig, weshalb ich mir das gefallen ließe, und zeigte mir auf, wie mies er mich behandelte – schonungslos und ehrlich.

Das und unsere ähnliche Art ließ sie über die folgenden Jahre zu meiner engsten Vertrauten werden, bis heute übrigens.

Sie machte damals gerade eine Lehre zur Malerin und Lackiererin und war einfach eine taffe Frau. Alles andere als burschikos, vielmehr mit einer Figur wie ein Top-Model und langen, wilden Haaren. Gemeinsam tobten wir uns in den umliegenden Diskotheken aus und hatten unglaublich viel Spaß miteinander.

Im Endeffekt erkannte ich durch Babe, dass Thomas mir in seinem Herzen eventuell einen Platz gab. Der Palast für Femke, Edith oder andere Damen war dort aber insgesamt größer als die mir zugeteilte kleine Besenkammer.

Femke lebte gleichwohl nicht vogelfrei, sie hatte sogar ein Kind und einen Ehemann.

Ihr Gatte betrieb die örtliche Sportgaststätte und sie selbst arbeitete als Kassiererin in einem Supermarkt. Im Endeffekt war ein Sich-aus-dem-Weg-gehen also gar nicht machbar.

Als ich an einem Nachmittag nach einer Motorrad-Tour mit Freunden, bei denen ich mangels eigenem Führerschein als Beifahrerin mitfuhr, in eben diesem Supermarkt einkaufte, saß sie an der Kasse, an der ich mich anstellte. Ich bemerkte es zu spät und mir blieb beinahe die Luft weg, als ich sie registrierte.

Die Traumfrau meines Freundes schien stets darauf bedacht, freundlich zu sein, und deswegen setzte sie ganz unbefangen zu einem Smalltalk an: „Ach, hallo Yvonne! Na, hast Du Leckerlis für deine Katze gekauft? Die ist echt niedlich, muss ich sagen. Eine bildhübsche kleine Maus! Und so ein schönes weiches Fell."

Mein Magen verkrampfte sich, aber ich wollte mir nichts anmerken lassen. Also bezahlte ich in Windeseile und gab etwas Nichtssagendes zur Antwort.

Denn in diesem Moment wurde mir eines schlagartig klar: Femke musste zu irgendeinem Zeitpunkt in meiner kleinen Wohnung gewesen sein! Und *ich* hatte sie mit Sicherheit nicht eingeladen.

Ich bewohnte diese Einliegerwohnung offiziell alleine, jedoch bürgerte es sich ein, dass Thomas nach seiner Schicht von der Arbeit zu mir kam, nahezu jedes Mal.

Er besaß einen eigenen Schlüssel und ich fand dieses Zusammenleben in Ordnung. Thomas hatte bloß sein Kinderzimmer im Haus seiner Eltern und so nistete er sich bei mir ein. Das war mir weder unangenehm noch von Nachteil, denn er beteiligte sich auch an den anfallenden Kosten.

Meine Katze Sammy, die ich zu dieser Zeit hatte, hielt ich als reine Hauskatze, die ich nicht oder nur mit Geschirr und Leine nach draußen ließ. Die Wohnung lag direkt an einer Straße, aber im Souterrain, sodass man unmöglich in irgendein Fenster hineinsehen konnte.

Femke war also tatsächlich irgendwann bei Thomas in meiner Wohnung, während ich im Büro oder bei einem meiner Nebenjobs schuftete.

Ich kochte vor Wut!

Und ich wusste nicht, was ich tun sollte.

Wie dreist waren die beiden eigentlich? Mich für derart dumm zu verkaufen! Und wieso *ließ* ich mich für so dumm verkaufen?

Im Auto beruhigte ich mich erst einmal und versuchte, wieder nüchtern und rational zu denken. Das gelang mir wider Erwarten relativ schnell und so wusste ich im selben Moment, was ich tun musste.

Mit einer kaum erklärbaren inneren Gelassenheit fuhr ich ohne Umwege zum Sportlerheim, der Gaststätte von Femkes Mann.

Ich hatte nicht den blassesten Schimmer, was ich tun oder sagen wollte, sondern ließ alles auf mich zukommen.

Mein Auftritt startete beileibe viel heftiger und eindrucksvoller, als ich es beabsichtigte, denn die Glastür am Eingang sah schwerer aus, als sie schlussendlich war. Ich stemmte mich mit erheblicher Kraft dagegen, wodurch sie vollkommen unerwartet leicht aufflog und lautstark an die Wand knallte.

Alle Blicke der wenigen Gäste, die vereinzelt im Speiseraum saßen, fielen erschrocken auf mich.

Ich trug immer noch meine volle Ledermontur vom Motorrad-Fahren und meine langen, blonden Haare flogen unfrisiert wild umher. Es muss ein Bild wie in einem Western gewesen sein, verfehlte seine Wirkung aber nicht.

Ich schritt in meinen Biker-Boots vor zur Theke, hinter der ein dunkelhaariger Mann stand, der während des Gläserspülens erstarrt schien und mich mit aufgerissenen Augen taxierte.

Erst in dem Moment wurde mir bewusst, dass ich überhaupt keine Ahnung hatte, wie Femkes Mann aussah.

„Sind Sie der Chef hier?"

„Äääähm … ja. Warum?"

„Falls Sie mal wieder Ihre Frau, die Femke, suchen und nicht wissen, wo die ist, könnten Sie der Einfachheit halber bei *mir* zu Hause nachgucken. Unter Umständen liegt sie mit *meinem* Freund in *meinem* Bett!"

Mit diesen Worten drehte ich mich um und ging.

Ich kam nicht weit, bevor der Mann mir hinterherstürzte und rief: „Warten Sie mal, hey, nicht so schnell! Was haben Sie da gesagt?"

Alles Weitere ergab sich zwangsläufig von selbst: Ich erzählte Femkes Ehemann, der witzigerweise ebenfalls Thomas hieß, was ich wusste, packte die Sachen meines Freundes zusammen und schmiss ihn raus – immerhin eineinhalb Jahre nach unserem Kennenlernen.

Ich litt dabei wohl noch am meisten, aber es war definitiv das einzig Richtige, was ich tun konnte.

So ging die Zeit ins Land. Ein paar relativ kurze Beziehungen kamen und gingen, neue Wohnungen wurden bezogen und wieder verlassen.

Und neben meiner Ausbildung und den drei Nebenjobs nahm ich noch einen vierten an. In einem Supermarkt half ich an den Nachmittagen, an denen ich nicht putzte oder bediente, Regale einzuräumen. Zu knapp war oft genug das Geld, und dabei lebte ich wirklich nicht auf großem Fuß.

Luxus, den ich mir gönnte, bestand nicht aus Shopping-Exzessen oder Urlauben, sondern darin, mit Babe die Nächte in den Discos der Umgebung durchzufeiern, meist im „Palm Beach" oder im „Viva".

1995 hatte sie für kurze Zeit eine Beziehung zu einem Mann, Philipp, die später unter anderem an der räumlichen Entfernung zwischen den beiden scheiterte.

Allerdings sagte Babe mir auch, er sei ihr ohnehin irgendwie nicht so richtig geheuer gewesen. Sie habe immer das Gefühl gehabt, dass Philipp ihr nicht die ganze Wahrheit erzählte oder tatsächlich Lügen auftischte. Einer, von dem man besser die Finger lässt, ihrer Meinung nach.

Ich kannte Philipp von zwei oder drei Begegnungen und konnte mir deshalb kein Bild über ihn machen. Er war auch nie dabei, wenn Babe und ich etwas gemeinsam unternahmen.

Er war rein äußerlich jedenfalls das, was man gemeinhin als einen echten Kerl bezeichnen würde: groß, ausgesprochen gute Figur, die durch körperliche Arbeit geschaffen schien, meist mit Dreitagebart, der das markante Gesicht gut zur Geltung brachte, und dazu stahlblaue, fast schon unheimlich stechende Augen.

Er fuhr ein Motorrad – ein Streetfighter, brachial schnell und puristisch – was den Rebellen-Typ in ihm noch unterstrich.

Irgendwann 1997 war ich, was sehr selten vorkam, ohne Babe im Viva unterwegs. Aus dem Nichts stand auf einmal Philipp an der Tanzfläche und grinste mich an. Zuerst wusste ich ihn bei dem schummrigen Licht nicht zuzuordnen, doch als er mich ansprach, fiel mir ein, woher ich ihn kannte.

Es war seltsam, ihm dort zu begegnen, denn ich hatte ihn lediglich ein einziges Mal mit Babe zusammen dort gesehen.

Er hatte einen Kumpel dabei und wir kamen zu dritt belanglos ins Gespräch, bis jeder irgendwann in dem Tanzschuppen wieder seiner Wege ging.

An diesem Abend liefen wir uns ein paar Mal über den Weg und kurz bevor ich nach Hause aufbrach und mich im Vorbeigehen verabschieden wollte, fragte er, wann ich denn sonst in dieser Disco anzutreffen sei.

Babe und ich machten für gewöhnlich zu angestammten Tagen das Viva unsicher, aber ich sah in dem Moment keinen Grund, ihm das detailliert auf die Nase zu binden.

Ich hatte kein Interesse an ihm und noch dazu war er Babes Ex-Freund. Somit war er ohnehin tabu für mich, das war eine

Selbstverständlichkeit zwischen uns. Außerdem wusste ich nicht, wie erpicht sie darauf war, ihn wiederzusehen.

Also sagte ich ihm, ich wäre meist freitags da, wobei wir an dem Wochentag normalerweise nie in dieser Disco anzutreffen waren.

„Gut“, meinte er und hängte verschmitzt an: „Dann sieht man sich demnächst?!“

„Ja, wahrscheinlich!“, erwiderte ich knapp und ging.

Ich erzählte Babe später von der Begegnung mit Philipp, maß dem Ganzen dennoch nicht die geringste Bedeutung bei.

Es muss ungefähr ein halbes Jahr ins Land gegangen sein, bis Babe und ich ausnahmsweise an einem Freitag ins Viva gingen.

An Philipp hatte ich dabei überhaupt nicht mehr gedacht und war deshalb umso überraschter, als wir Mädels ihm und seinem Kumpel dort über den Weg liefen.

Babe und er hatten sich damals nicht im Streit getrennt und es machte ihr nichts aus, auf ihn zu treffen.

Als ich ihn begrüßte, fragte er mich ins Ohr, sodass nicht jeder rundherum es mitbekam: „Sag mal, wo warst denn du?“

Ich muss ziemlich irritiert geschaut haben und er fuhr fort: „Du hast gesagt, du würdest freitags immer hier sein. In den letzten sechs Monaten bist du jedenfalls nicht ein einziges Mal da gewesen!“

Jetzt war ich baff. „Woher willst du das wissen?“, fragte ich misstrauisch zurück.

„Weil *ich* jeden Freitag hier war und nach dir geguckt habe.“

Ich musste laut lachen. Ich dachte, er würde scherzen.

Er scherzte nicht.

„Glaubst du mir nicht?“, hakte er mit einem Grinsen nach und durchdrang mich mit seinem intensiven Blick. „Kannst du aber.“

Ich sah ihn eine Weile forschend an und wandte mich dann ab, um seinen Freund zu begrüßen.

Zugegebenermaßen war ich verwirrt über Philipps Ansage und erzählte Babe sofort davon. Zwischen uns gab es nie irgendeine Form von Konkurrenzdenken oder Eifersüchteleien, das machte alles extrem entspannt und ehrlich.

Aber sie warnte mich vor Philipp und sagte eindringlich: „Du kannst machen was du willst, mir ist der Typ egal, ist lange her. Nur: pass auf. Pass echt auf dich auf!"

Ich winkte ab und erwiderte, dass das eventuell nichts zu bedeuten habe, abwarten, was sich entwickele.

Meine Neugier und das Interesse an Philipp waren auf irgendeine Art geweckt.

Wir hatten wie gewohnt bis spät in die Nacht hinein Spaß und Philipp und ich liefen uns noch mehrfach über den Weg.

Zwischendurch fragte er nach meiner Telefonnummer, die ich ihm mit ein wenig Zögern überreichte. Normalerweise gab ich sie nicht so einfach heraus, sondern ließ mir eher die Nummer des anderen geben.

In diesem Fall aber brannte ich vor Neugier, ob – und wenn ja, wann – er sich melden würde. Vielleicht entpuppte er sich als Blender, der mit seiner fadenscheinigen Geschichte über verpasste Freitage prahlen wollte.

Da sollte ich mich täuschen.

Er meldete sich bald, sehr bald, und bat um ein Wiedersehen.

Das überraschte mich wirklich und schmeichelte mir auch irgendwie. Es schien ihm tatsächlich an einem Kennenlernen gelegen.

Philipp lud mich zum Essen ein und sagte ganz selbstsicher, er würde kochen.

Das erstaunte mich erst recht. Er wirkte in der Tat nicht wie jemand, der das ständig machen würde.

Ich zögerte und erwiderte, dass ich nicht unbedingt beim ersten Date gleich zu jedem nach Hause gehen würde, schließlich wisse man ja nie, was einem passieren könne.

Philipp bemerkte frech, dass ich normalerweise auch meine Telefonnummer nicht herausrücken würde und dies hätte ich immerhin auch getan. Er versprach theatralisch, er habe wahrlich nicht vor, über mich herzufallen, er wolle mich einfach gerne näher kennenlernen.

Etwas unsicher stimmte ich zu und wir verabredeten uns für einen Spätnachmittag. Nicht, ohne Babe Bescheid zu geben, damit wenigstens sie wusste, wo ich den Tag verbringen würde.

Es gab ein leckeres Geschnetzeltes.

Wiederum verblüffte er mich also und wir quatschten, bis es lange kein Nachmittag, sondern eher früher Morgen war.

Mit einem Kribbeln im Bauch, das definitiv nicht vom Geschnetzelten kam, verabschiedeten wir uns irgendwann und einigten uns auf ein baldiges Wiedersehen.

Unsere Beziehung entwickelte sich zunehmend und ich verliebte mich bis über beide Ohren in diesen Mann, der sechs Jahre älter war als ich.

Aktuell wohnte ich zur Untermiete in einem kleinen Zimmer bei einer alten Dame. Im Gegenzug zu einer nahezu geschenkten Miete leistete ich ihr gelegentlich Gesellschaft oder ging ihr in einigen kleinen Dingen zur Hand.

Philipp konnte mich zwar besuchen, aber wir hatten dort wenig Privatsphäre. Aus diesem Grund fuhr ich meist zu ihm.

Bereits nach einigen Monaten kam das Thema „gemeinsame Wohnung" auf den Tisch, denn auch für Philipp schien unsere Beziehung etwas Ernstes zu sein.

Diesen Eindruck bestätigten Freunde und Bekannte von Philipp, die ihn schon länger kannten und denen ich nach und nach vorgestellt wurde.

Örtlich war ich allerdings vorerst gebunden, da ich das letzte Ausbildungsjahr in einer Steuerkanzlei vor Ort absolvierte. Ich wollte nicht täglich eine halbe Stunde bis ins Büro fahren, allein schon aus finanziellen Gründen, denn mit meinem Geld musste ich nach wie vor haushalten und reichlich dafür arbeiten.

Den Ausbildungsbetrieb in Mannheim hatte ich zwischenzeitlich wegen unpassender Ausbildungsbedingungen auf eigenen Wunsch verlassen.

Im ersten Anlauf rasselte ich im Jahr zuvor durch die Steuerfachgehilfen-Prüfung. Zu wenig Zeit investierte ich ins Lernen, zu viel Zeit in die Nebenjobs, um mich über Wasser zu halten.

Ich plante zumindest bis zum baldigen Abschluss in ein paar Monaten zur Untermiete wohnen zu bleiben, jedoch war der Umzug danach zu Philipp fest geplant.

Zunächst würden wir gemeinsam in seiner Wohnung wohnen. Von dort aus könnte man weiter sehen, ob und wann wir eine andere Unterkunft finden, die größer war als seine kleine Zwei-Zimmer-Bude und zudem innerhalb unseres Budgets lag.

Ich begann Bewerbungen für eine Büro-Anstellung in seiner Gegend um Mainz herum zu schreiben, da ich den Steuerberuf nicht länger als nötig machen wollte. Der war zu trocken für meinen Geschmack, denn mein eigentliches Interesse lag nach wie vor in der Arbeit mit Menschen.

Trotzdem ging es weiterhin primär darum, Geld zu verdienen beziehungsweise mir etwas auf die Seite zu legen. Mein Einkommen aus Ausbildung und den Nebenjobs reichte bisher immer gerade so für meine alltäglichen Fixkosten und dafür, ein wenig Spaß zu haben.

Außerdem hatte ich noch keine Ahnung, wie ich in die ersehnte Berufssparte der Sozialberufe quer einsteigen könnte.

Meine Zielsetzung für die Zeit nach dem Ausbildungsende lautete demnach, mich hochzuarbeiten, um mir mit meinem normalen Verdienst ohne viele Nebenjobs Weiterbildungen in der sozialen Richtung zu finanzieren.

In der Beziehung mit Philipp fühlte ich mich mehr als wohl, und wir waren ein harmonisches Paar.

Wir teilten dieselbe Art von Humor, er machte mich mit allen möglichen Leuten bekannt, inklusive seinem Billardverein, und auch mit seiner Familie verstand ich mich richtig gut.

Von seiner Mutter erfuhr ich übrigens irgendwann hinter vorgehaltener Hand, dass er sich für das Geschnetzelte, das er bei unserem ersten Treffen zubereitete, ganz nervös bei ihr Rat geholt hatte. Er habe das erste Mal für eine Frau gekocht, sagte sie.

Sogar Babe gab zu, dass er sich womöglich geändert habe, denn so kannte sie ihn nicht.

Ich hatte mich richtig verliebt, alles war perfekt.

Daher zogen Philipp und ich doch schon im Mai 1997 zusammen und zwei Monate später schaffte ich im zweiten Anlauf den Gehilfenbrief.

Direkt nach meinem Abschluss ergatterte ich einen interessanten Job bei einer Versteigerungsfirma. In einem Mainzer Vorort arbeitete ich als Sekretärin auch im Außendienst bei den Insolvenzabwicklungen und den sogenannten „Bestandsaufnahmen".

Hier wurden von bankrotten Firmen sämtliche Güter, Büroausstattung und Maschinen katalogisiert und in öffentlichen Versteigerungen angeboten. Von den detaillierten rechtlichen Hintergründen und den Ursachen, die zu einer solchen Geschäftsauflösung führten, wusste ich nichts, denn in meinem erlernten Steuerberuf vermittelte man dieses Spezialwissen nicht.

Meine Aufgaben lagen schlicht bei den organisatorischen Dingen und so verdiente ich mein erstes richtiges Festangestellten-Gehalt, was mich unglaublich stolz machte. Immerhin hatte ich mich die letzten vier Jahre bis hierhin durchgekämpft.

Zeitgleich begannen wir, uns nach anderen Wohnungen umzuschauen, und fanden Anfang August eine. Der Mietvertrag war zwar auf ein Jahr befristet, die Wohnung lag aber praktischerweise um die Ecke von Philipps Billard-Club.

Ich trat diesem Verein auch bei und somit teilten wir uns das Billardspielen als ein gemeinsames Hobby, auch wenn wir in verschiedenen Mannschaften unsere Liga-Spiele bestritten. Er spielte sensationell gut, während ich als blutige Anfängerin erst alles lernen musste.

Man kann sagen, dass wir beide unübersehbar überall als Einheit auftraten. Ein echtes Traumpaar.

Ich war aus tiefstem Herzen glücklich. Der Himmel hing voller Geigen, ich war ihm verfallen und vertraute mich ihm vollkommen an.

Parallel zur neuen Wohnung erfüllte ich mir im selben Monat einen großen Wunsch, den ich seit meinem Teenageralter hegte: meinen Motorradführerschein.

Auch wenn ich für ein eigenes Motorrad vorläufig kein Geld aufbringen konnte, so war die Fahrerlaubnis dafür schon einmal ein großer Schritt. Aber das stand als Nächstes auf meiner Wunschliste: ein eigenes Motorrad.

Die Zweiradleidenschaft teilten Philipp und ich ebenfalls und wir unternahmen gemeinsam einige schöne Touren mit seinem Bike.

Meine Nebenjobs gab ich aufgrund des Ortswechsels in die Mainzer Richtung auf. Sie lagen zu weit entfernt und waren durch die notwendige Fahrtstrecke damit nicht mehr rentabel.

Um meine Kompetenzen auszubauen, mich finanziell zu verbessern und mir dadurch eine eigene Maschine leisten zu können, hielt ich immer und überall die Augen nach guten Stellen auf. Ich plante meine Karriere nach dem Motto: solange ich örtlich und familiär nicht gebunden bin, nehme ich an, was ich kriegen kann, um voranzukommen.

So wie mir mein eigenes Motorrad egal welcher Marke unter den Nägeln brannte, genauso verfolgte Philipp seine eigene Vorstellung von einem Traum-Zweirad: einer Harley-Davidson!

Durch jemanden in seinem großen Biker-Bekanntenkreis bekam er unverhofft im September eine solche Maschine angeboten.

Sie war alles andere als schön, im Gegenteil: sie war immens restaurierungsbedürftig. Dessen ungeachtet verliebte Philipp sich in die alte Lady und sah in ihr eine Schönheit, die sich mir nicht ganz erschloss.

Er wollte sie haben, unbedingt. Er hatte bereits eine präzise Vorstellung davon, wie er was im Detail umbauen würde, damit sie einzigartig wäre.

Einzig das Minus auf seinem Konto stand seinem Traum im Weg. Auf meinem sah es auch nicht gravierend besser aus; das Geld, was dieses Motorrad kosten sollte, besaßen wir also beide nicht.

Philipp spielte deshalb mit dem Gedanken, bei seiner Hausbank nach einem Kredit zu fragen. Mir war etwas mulmig zumute, mit solcherlei Finanzangelegenheiten musste ich mich bisher überhaupt nicht auseinandersetzen.

Er aber redete mir gut zu, dass wir das packen würden – immerhin arbeiteten wir in festen Anstellungen. Darüber hinaus hatte er die Idee, wir könnten bei diesem Kredit ja gleich ein kleines Motorrad für mich mit einkalkulieren.

Das klang außerordentlich verführerisch, muss ich gestehen, denn nichts wünschte ich mir zu diesem Zeitpunkt sehnlicher, und ich ließ mich auf diesen Versuch ein.

Mein Freund war mit dem Bankberater der Volksbank – ein Mann in Philipps Alter – persönlich bekannt, und er empfing uns freundlich.

Die von Philipp vorab aufgestellte, grobe Kostenkalkulation ergab einen benötigten Gesamtbetrag von 30.000 Mark, inklusive der ungefähr 3.000 Mark für mein Motorrad. Der Großteil diente dazu, die Harley zu kaufen und sie zu restaurieren.

Selbstverständlich gab es bankseitig einige Auflagen, um uns dieses Darlehen zu gewähren. Unter anderem legten wir unsere Konten zusammen und eröffneten in dieser Filiale ein gemeinsames.

Ich hatte damit kein Problem, im Gegenteil: irgendwie fühlte es sich gut an, noch mehr als Einheit mit Philipp gesehen zu werden. In meiner Vorstellung handhabten alle Paare, die eine ernsthafte Beziehung miteinander pflegten, dies über kurz oder lang ohnehin so.

Der Berater verdeutlichte uns jedoch, dass es ohne Sicherheiten schwer sei, uns den gewünschten Kredit zu bewilligen. Er schlug uns vor, eine Lebensversicherung zur Risikoabsicherung abzuschließen und mich zusätzlich zu Philipp als Kreditnehmerin einzutragen.

Ich war mir nicht wirklich bewusst, was dies bedeutete, aber der Banker erklärte, unsere Verdienste allein würden das Risiko nicht abdecken. Also stimmte ich zu und wir vereinbarten einen Folgetermin, bei dem die Formalitäten erledigt und unser Kredit damit genehmigt werden würde.

Aufgeregt wälzte ich zu Hause sofort die Tageszeitungen und sonstige Kleinanzeigen-Märkte nach einem geeignetem Motorrad für mich. Und tatsächlich fand sich eins: eine Honda Shadow in Dunkelrot-Metallic mit 600 ccm.

Auf solch ein Motorrad – mit viel Chrom und eher für die gemütlichen Touren gebaut – hatte ich an sich nicht spekuliert, da mir der Flair der Rennmaschinen doch eher lag. Aber das Angebot war unschlagbar gut, sie sollte auf den Punkt 3000 Mark kosten und lag damit exakt im kalkulierten Rahmen.

Ich konnte es kaum erwarten, endlich den Darlehensantrag und all den lästigen anderen bürokratischen Kram zu unterschreiben, damit auch ich mein erstes eigenes Motorrad haben konnte. Hibbelig wie ein kleines Kind zu Weihnachten vergaß ich darüber mein ungutes Bauchgefühl und all meine Zweifel, die durch diesen Kredit ausgelöst wurden.

Am 1. Oktober 1997 fuhr ich gemeinsam mit Philipp zum Banktermin.

Es lief wie abgesprochen: die vorbereiteten Darlehensunterlagen und die Lebensversicherung lagen zur Unterzeichnung bereit. Jetzt ging alles überaus schnell, jeder von uns unterschrieb seinen Teil und kurze Zeit später bekamen wir das Geld.

Philipp kaufte sich somit seine Harley sowie die Ersatzteile und ich war stolz wie Oskar auf meine Shadow.

Die monatlichen Raten ließen sich für uns finanzieren, da wir beide verdienten – Philipp als Schlosser und ich als Sekretärin.

Nur plagten Philipp zunehmend gesundheitliche Schwierigkeiten.

Er arbeitete körperlich schwer als gelernter Schlosser und bekam massive Bandscheiben-Beschwerden, die ihm höllische Schmerzen verursachten. Er wurde immer öfter krankgeschrieben, weil er nicht mehr wusste, wie er überhaupt den Tag überstehen sollte. Die Krankschreibungen dauerten von Mal zu Mal länger und es besserte sich einfach nicht.

Die Firma, für die er arbeitete, legte ihm nahe, über einen Branchenwechsel nachzudenken. Deshalb brütete Philipp zunehmend über einer Lösung und einer Alternative zu seinem derzeitigen Job, bevorzugt im Kfz-Bereich.

An dieser Stelle soll kein falscher Eindruck entstehen, er wäre arbeitsscheu gewesen oder einer von denen, die den Tag lieber auf der Couch verbringen. Ganz im Gegenteil, Philipp war ein äußerst aktiver Schaffer, der sehr gerne handwerklich arbeitete. Das Basteln an Motorrädern und Autos hatte ihm sein Vater, der eine kleine Werkstatt betrieb, praktisch in die Wiege gelegt.

Es war also nicht so, dass er es nicht konnte, aber über eine offizielle Ausbildung zum Kfz-Mechaniker verfügte er nicht. Dadurch galt er als branchenfremd und das erschwerte den Neuaufbau eines selbständigen, eigenen Unternehmens beziehungsweise dessen Finanzierung. Denn die hätten wir alleine und ohne externe Hilfe nicht auf die Beine stellen können.

Wir besaßen nicht die geringsten Reserven, was eine Firmengründung aus eigener Kraft unmöglich machte, im Gegenteil: wir hatten bekanntlich den Kredit für die Harley und mein Motorrad laufen.

In Philipp reifte mit jedem Tag mehr und mehr die Idee heran, einen mobilen Reifen- und Kfz-Service anzubieten, ein simples wie ebenso cleveres Geschäftsmodell.

Hierzu benötigte er laut seiner Planung lediglich einen Kleintransporter in der Größe eines Mercedes Sprinters, die Maschinen zur Reifenmontage und -auswuchtung sowie diverses Werkzeug. Alles zusammen wollte er in dem Transporter unterbringen.

Die Kundschaft könnte Termine vereinbaren und Philipp würde den Service direkt vor deren Haustür durchführen. Äußerst bequem und obendrein zu fairen Preisen, weil man ja keine Mietkosten für eine Werkstatt oder ein Reifenlager aufbringen musste.

Wir besprachen fast jeden Tag, wie wir es schaffen könnten, das Geschäft auf die Beine zu stellen. Ich gab zwischenzeitlich schon zu bedenken, dass wir bereits ein Darlehen abbezahlten.

Aber Philipps Argumentationen und Rechenbeispiele über machbare Verdienste, wenn er endlich selbständig wäre, übertrumpften meine Zweifel.

Klar war, ich würde den büro- und verwaltungstechnischen Bereich übernehmen. Immerhin hatte ich Steuerfachangestellte gelernt und würde mich auf diese Weise mit einbringen. Auch dadurch ließen sich wieder laufende Kosten einsparen.

Meinen Hauptjob sollte ich allerdings weiterhin ausüben, damit wir zumindest ein fixes Einkommen hätten. Ich würde seine Firma nach meinem Feierabend und an den Wochenenden unterstützen.

Generell fand ich den Gedanken gut, denn die Aussicht auf ein erfolgreiches Unternehmen wirkte ungemein motivierend. Philipp würde dafür auch bis spät abends sowie samstags und sonntags schuften.

Woher nun das Startkapital nehmen, war die Frage.

Die Idee der Firmengründung ließ ihn nicht mehr los und er hatte mich damit mittlerweile voll auf seine Seite gezogen.

Philipp konnte ausgesprochen überzeugend sein und nicht zu vergessen: ich war unglaublich verliebt in ihn. Wahrscheinlich überhörte ich mitunter deswegen die Alarmglocken, die ganz leise irgendwo in mir versuchten, mich zu warnen und davor abzuhalten, seinem Kurs blauäugig wie ein Schaf zu folgen.

Seine Eltern verfügten ebenfalls nicht über finanzielle Rücklagen und eine gut situierte Tante lehnte – nachdem wir bei ihr nachgefragt hatten – freundlich, aber bestimmt ab.

Dass ich meine Familie über unsere Pläne nicht informierte, besser gesagt diese sich ohnehin nicht daran beteiligen würde, versteht sich höchstwahrscheinlich von selbst; obwohl Philipp in meiner ganzen Verwandtschaft äußerst gern gesehen war und sozusagen bereits als der Traum-Schwiegersohn in spe gehandelt wurde. Für alle stand fest, wir würden zusammenbleiben und bis zur Hochzeit wäre es nur noch eine Frage der Zeit.

Wir klapperten gemeinsam verschiedene Banken ab und stellten unser Konzept vor, um einen weiteren Kredit bewilligt zu bekommen. Die Institute lehnten der Reihe nach ab. „Keine Sicherheiten", hieß es überall und eine Sicherungsübereignung des gesamten Inventars inklusive Kleintransporter reichte den potenziellen Geldgebern nicht.

Auch unsere Hausbank, bei der Philipp und ich das gemeinsame Konto führten und das erste Darlehen bekommen hatten, wies uns ab.

Im Frühsommer 1998 starteten wir einen letzten Versuch bei einer Filiale der Raiffeisen-Bank in einem Nachbarort, die uns von einem gemeinsamen Billard-Freund empfohlen wurde. Dieser konnte mit Hilfe dieses Kreditinstituts seine eigene Unternehmensgründung bewerkstelligen, obwohl ihm andere Banken im Vorfeld ebenso Absagen erteilt hatten.

Nach mehreren Gesprächen und Darlegung der Geschäftsidee nahm der dortige Bankberater auf unser Bitten hin noch einmal selbst Kontakt mit Philipps vermögender Tante auf, um ihr den Finanzierungsplan genauer zu erläutern.

Insgesamt drehte es sich bei diesem Gründungskredit um die stolze Summe von 75.000 Mark, und ohne Sicherheiten würde hier kaum eine Bewilligung zustande kommen.

Schließlich stand das Abschlussgespräch an und wir waren beide nervös, als wir zum vereinbarten Termin die Bank betraten.

Der Berater begrüßte uns an diesem Junitag in seinem Büro gewohnt freundlich und lenkte das Gespräch umgehend auf das Wesentliche. „Aaalso", begann er langgezogen mit einem gewissen Bedauern in seinem Ausdruck. „Ich habe mit Ihrer Tante gesprochen."

Er wandte sich an Philipp und kniff den Mund zusammen, während er seine Augenbrauen hochzog. „Leider habe ich keine guten Nachrichten für Sie."

Der letzte Funke Hoffnung verließ mich in diesem Moment und ich begann gedanklich den Plan von der gemeinsamen Firma zu begraben.

„Sie sagte, das Geschäft sei ihr zu vage und sie könne das Risiko nicht abschätzen. Daher hat sie von einer Bürgschaft für Sie abgesehen."

„Das heißt demnach", vergewisserte sich Philipp, „wir können die Geschäftsgründung vergessen?"

„Tja, im Grunde genommen schon", erwiderte der Bankberater auf der gegenüberliegenden Schreibtischseite. „Es sei denn ...", und dabei nahm er die vor sich liegenden Formulare, drehte sie mit einer galanten Handbewegung um 180 Grad, sodass sie für uns lesbar wurden, und sprach mich ganz persönlich an, „... *Sie* würden jetzt hier unterschreiben und die Bürgschaft für das Unternehmen Ihres Lebensgefährten übernehmen." Dabei tippte er mit seinem Kugelschreiber auf ein Feld unten am Blattrand des Formulars und sah mich fordernd an.

Ich stutzte.

Damit hatte ich in diesem Moment überhaupt nicht gerechnet und meine Verblüffung war mir wohl deutlich anzusehen.

Der Berater reagierte sofort lehrbuchmäßig und versuchte, meine unverkennbare Skepsis zu zerstreuen: „Naja, seien wir mal ehrlich, Sie beide haben über kurz oder lang doch sowieso vor zu heiraten, oder? Damit fließt ja eh alles in einen Topf."

Philipp und ich tauschten Blicke aus und ich fühlte mich völlig überrumpelt.

„Das heißt, wenn ich hier jetzt unterschreibe, wird Philipp der Kredit bewilligt und wir können das Geschäft eröffnen?", fragte ich zaghaft.

„Ja, stimmt. Dann könnten Sie in ein paar Tagen die ersten Besorgungen machen und loslegen", versicherte der Bankberater.

„Und was ist das für eine Unterschrift? Ich meine, was ist das für ein Formular?"

Der Berater winkte ab: „Also an sich ist das nur pro forma, der übliche Papierkram, denn wie gesagt: nach der Heirat werden Sie ihr Vermögen ja ohnehin gemeinschaftlich verwalten, oder?"

Philipp nickte zustimmend: „Ja, klar! Machen wir an sich jetzt schon, wir haben ja bereits das gemeinsame Konto. So ist alles erheblich leichter."

„Sehen Sie", bestätigte der Banker, „und hierdurch", dabei tippte er auf das Formular, „ändert sich auch überhaupt nichts. Außer, dass Sie beide morgen anfangen könnten Ihr kleines Unternehmen zu planen."

Philipp schaute mich an und ich geriet in Zugzwang.

„Naja", zögerte ich immer noch unentschlossen, „hmmmm ...."

Philipp verstand, dass es hier möglicherweise um die letzte Gelegenheit ging, die Idee des mobilen Kfz-Services Realität werden zu lassen.

„Ach komm, Schnecke, wenn das unsere einzige Chance ist, dann lass uns das so machen. Das klappt schon! Was soll denn schiefgehen?"

Ich vertraute Philipp und ich liebte ihn.

Dennoch: irgendetwas in mir sträubte sich wie noch nie zuvor. Unsicher nahm ich den Kugelschreiber.

Der Berater tippte verdeutlichend auf die Linie in dem Kästchen, das mit „Selbstschuldnerische Bürgschaft" betitelt war: „Hier müssen Sie unterzeichnen."

Und dann unterschrieb ich.

Der Bankberater gratulierte uns sofort überschwänglich zur Geschäftsgründung und Philipp bemerkte noch leichtfüßig: „Na, und wo Sie in Zukunft Ihr Auto warten lassen können, wissen Sie ja jetzt, nicht wahr?"

„Ja", lachte der Banker, „da haben Sie Recht."

Wir verließen die Bank, Philipp mit überschwänglicher Freude – „Schneckeeee, jetzt kann's losgehen!" – und ich mit einem seltsam unguten Gefühl im Bauch.

Ich verdrängte es und schob alles darauf, dass ich mit diesen Banksachen einfach nicht vertraut war und so umfangreiche Formulare mir generell Respekt einflößten.

Philipp regelte innerhalb der nächsten Tage und Wochen alle Formalitäten bei den zuständigen Ämtern. Er besorgte die notwendige Ausstattung, angefangen vom Kleintransporter, über Wucht- und Montiermaschinen für Reifen, bis hin zu kleinsten Schräubchen und Werkzeugen.

Mit viel Hingabe und Pfiffigkeit richtete er den Transporter so ein, dass er mobil einsatzbereit wurde.

Ich kümmerte mich derweil um die buchhalterische Komponente, legte Ordner an, besorgte ein Computerprogramm und verwaltete die Akten, die eine Geschäftsgründung so mit sich bringt.

Alles in allem eine gute Arbeitsteilung, bei der jeder von uns seinen Verantwortungsbereich trug.

Ich konnte auf Grundwissen aus meiner Steuerfachgehilfen-Ausbildung zurückgreifen, welches sich für diese Unternehmung gerade in der Anfangszeit des Geschäftsaufbaus als nützlich erwies.

Sollte es zu sehr ins Detail gehen, könnten wir uns an einen Steuerberater wenden, denn auch hier pflegte Philipp Beziehungen.

Wir ließen Flyer drucken, schalteten Werbeanzeigen und nach und nach stellten sich die ersten Kunden ein, die ihrerseits wiederum das Geschäft per Mundpropaganda weiterempfahlen.

Das Unternehmen kam ins Rollen.

Unser Mietvertrag in der kleinen Wohnung nahe unseres Billard-Cafés lief Ende August 1998 aus, weshalb wir uns nach einer neuen Bleibe umschauten.

Durch einen persönlichen Kontakt von Philipp, einen Juristen, bekamen wir eine wundervolle Maisonnette-Wohnung in einem Haus im Nachbarort angeboten. Neu renoviert, aufgeteilt in zwei Ebenen und insgesamt vier Parteien in einer Art Doppelhaus.

Zudem war sie für uns bezahlbar und deshalb überlegten wir nicht lange, sondern schnappten sie uns.

Anfang September zogen wir ein und freundeten uns sogleich mit den Mitbewohnern unserer Haushälfte an, die unter uns wohnten. Ein ganz herzliches und lockeres Paar, im mittleren Alter, mit dem wir uns richtig gut verstanden.

Ich ging selbstverständlich weiterhin meiner festen Arbeit nach, was wichtig für unsere finanzielle Absicherung war. Einige Fixkosten wurden dadurch beglichen, auch wenn ich nur ein relativ kleines Gehalt bezog, dafür aber regelmäßig.

Philipp erweckte in all dieser Zeit nie den Eindruck, er hätte in irgendeiner Form Geldknappheit zu beklagen. Irgendwie war er finanziell immer liquide; für mich war es bloß so gut wie nie nachvollziehbar, wie er das machte.

„Mach' dir da keinen Kopp, Schnecke! Das kriege ich alles schon geregelt", kam üblicherweise als Antwort, wenn ich nachhakte, wie wir eine drohende Finanzlücke schließen sollten.

Und so war es: er bekam es stets geregelt. Unser gemeinsames Konto unterlag den üblichen Schwankungen, aber es kam immer wieder zu einem Ausgleich.

Er würde das irgendwie meistern, ich musste mich um andere Dinge kümmern.

Der Herbst kam und die Kunden mehrten sich.

Die Arbeit nahm zu und ich bemerkte zusehends, wie wir uns auseinanderlebten. Die Zeit, die wir miteinander verbrachten, wurde von Monat zu Monat knapper, wenn es sie denn überhaupt gab.

Oft begegneten wir uns das erste Mal am Tag im Billardcafé beim Training, weil er noch schlief, wenn ich zur Arbeit das Haus verließ, oder er schon arbeitete, wenn ich erst aufstand.

Ein gemeinsames Leben als Paar fand nahezu gar nicht mehr statt, und ich machte mir gegen Ende des Jahres vermehrt Gedanken darüber, ob ich unsere Beziehung auf diese

Art und Weise überhaupt fortführen wollte. Bei diesen Gedanken ging es mir nicht um das Geschäft, sondern rein um das Zwischenmenschliche.

Mit erst 23 wollte ich nicht wie ein altes Ehepaar leben, das sich gegenseitig nichts mehr zu sagen hatten und die nichts mehr miteinander unternahmen. Dafür war ich einfach noch zu jung.

Diskussionen und Gespräche mit Philipp hierüber endeten fruchtlos, da er diese Problematik nicht sah. Für ihn schien alles in bester Ordnung, während in mir der Gedanke aufkam, die Beziehung eventuell zu beenden.

Die Adventszeit rückte näher und meine Familie lud uns zum Weihnachtsfest zu Maya nach Neuss ein.

Das Verhältnis zwischen ihr und mir war zwar nie wieder so unbeschwert wie vor ihrem verbalen Angriff auf mich einige Jahre zuvor, hatte sich aber zwischenzeitlich wieder deutlich erholt.

Selbst meine Eltern hatten seit damals begriffen, dass ich es schaffte, mich allein durchzubeißen, und das entspannte unser Verhältnis in mancher Hinsicht.

Es war eine seltsame Weihnachts-Stimmung, die ich in mir trug, denn ich fasste verstärkt den Entschluss, mich in naher Zukunft von Philipp zu trennen.

Ich besprach mich mit meinen Freundinnen und suchte Rat und Trost. Es lief darauf hinaus, dass ich um das Beziehungsaus früher oder später nicht herumkäme.

Natürlich ist die Weihnachtszeit nicht die optimale Gelegenheit für eine Trennung, das war klar. Ich wollte das Fest bei Maya lediglich dazu nutzen, zumindest Daddy und meinen Tanten in einer ruhigen Minute mitzuteilen, sich bitte nicht zu sehr an Philipp zu gewöhnen, weil ich nicht mehr glücklich wäre.

Doch es kam ganz anders.

Philipp machte sich in den Adventswochen einen großen Spaß daraus, mich damit aufzuziehen, was für ein tolles Geschenk er doch zu Weihnachten für mich hätte.

Ich war eher desinteressiert, weil in meinem Kopf die bevorstehende Trennung den größten Raum einnahm.

Er aber ließ nicht locker und gab mir immer wieder Tipps und machte Andeutungen, um meine Neugier zu wecken: „Meine Mutter hat auch so etwas, nur aus anderem Material und älter. Das für dich ist viiiiel moderner und sieht außerdem echt schick aus."

Bloß weckten solche und ähnliche Hinweise keinerlei Neugier bei mir, sondern eher Frust und aufkeimende Wut. Alles deutete darauf hin, als würde er meine größte Befürchtung, zum Geburtstag oder zu Weihnachten irgendwann eine Küchenmaschine von ihm geschenkt zu bekommen, wahr werden lassen.

Sogar seine Mutter band er in sein Spielchen mit ein, die immer wieder bestätigte, während sie in der Küche hantierte, mein Geschenk wäre nicht ganz so abgenutzt und verbraucht wie ihre Variante, aber ebenfalls ganz, ganz fabelhaft. Dabei bereitete sie einen Teil des Mittagessens in ihrem Thermomix zu und ich spie innerlich Gift und Galle.

Ich knurrte Philipp daraufhin mehrmals zu, er solle es nicht wagen, mir solch einen Trümmer von Haushaltsgerät zu schenken.

Ihn beeindruckte das überhaupt nicht und er grinste nur.

Als das Geschenk für mich fertig verpackt war, zeigte er mir das Paket.

Genauer gesagt drückte er es mir absolut unverhofft in die Arme, als wir das Auto für die Reise zu Maya packten: „Da, nimm mal! Und? Schon 'ne Ahnung, was es ist?", strahlte er übers ganze Gesicht.

Und ob ich eine Ahnung hatte!

Vor meinem inneren Auge baute sich die Küchenmaschine auf, die in dieses Monstrum von Pappkarton perfekt reinpasste. Ich war stinksauer!

Ein wirklich großer Karton, noch dazu mit einem enormen Gewicht.

Supertoll, und Philipp schien auch mächtig stolz auf seine prima Überraschung zu sein. Total entnervt hoffte ich, es würde bald Weihnachten werden, damit dieses ganze Theater endlich ein Ende hätte.

Das Fest am Heiligabend war wie gewohnt ein herzliches und lockeres Beisammensein der gesamten Familie.

Alle fanden sich bei Maya im Haus ein, es wurde sich aufs Ausgiebigste begrüßt, umarmt, geknuddelt und gescherzt. Aus der Küche wehten die leckersten Gerüche ins Wohnzimmer herüber.

Wahrscheinlich gab es wieder eine saftige Gans und etliche andere Schlemmereien, die einem allein beim Anblick das Wasser im Mund zusammenlaufen ließen.

Es gab eine Art Tradition bei uns, dass jeder vor dem Geschenkeauspacken ein Gedicht aufsagen, ein Liedchen trällern oder ähnliches tun musste, wobei es durchaus etwas derb und lustig sein durfte.

Weihnachten feierten wir also eher locker und fröhlich als traditionell andächtig.

Nun plante ich ja die Ankündigung hinter vorgehaltener Hand, mich in naher Zukunft von Philipp trennen zu wollen. In dem Gewusel und fröhlichen Geschnatter aller Anwesenden schaute ich mich um und suchte nach Daddy.

Auch meine Tante Luise war nirgends zu entdecken und daher ging ich in die Küche, um zu schauen, ob die beiden vielleicht bereits heimlich von den Leckereien naschen würden.

Tatsächlich fand ich Daddy und Luise dort.

Wobei zu meiner Überraschung Philipp augenscheinlich gerade mit beiden in ein seltsames Gespräch vertieft war. Sie stoppten ihre Unterhaltung völlig abrupt, als ich um die Ecke schaute.

„Ach hier seid ihr alle! Ich hab euch schon gesucht." Nicht das Beste, aber das Belangloseste, was mir in diesem Moment zu sagen einfiel.

„Ja, wieso", fragte mein Vater ganz überrascht, „was wolltest du denn?"

„Och, gar nix, einfach nur so", log ich. Ich konnte wohl schlecht vor Philipp mit meinem Anliegen herausrücken.

Egal, dachte ich mir, es wird sich eine Gelegenheit bieten. Wenn nicht vor der Bescherung, dann halt danach, sobald es in den gemütlichen Teil übergeht. Ich verspürte keine Eile.

Es war Zeit für die Bescherung und das freudige Geschenke-Auspacken.

Ich hielt mich geflissentlich zurück und setzte mich in die hinterste Ecke des Sofas am Kamin.

Sollten doch erst einmal die anderen ihre Freuden haben, meine Küchenmaschine könnte ich klammheimlich am Schluss irgendwo weit weg vom Präsentierteller auspacken. Die Blamage wollte ich mir nicht unbedingt vor der Familie geben.

Einer nach dem anderen kam an die Reihe, bis alle fertig waren. Niemand machte vorher auch nur den geringsten Versuch, mich als Nächstes an den Baum zu rufen.

Wie praktisch!, dachte ich, denn das kam mir überaus entgegen. Jeder war mit seinen eigenen Sachen beschäftigt und mein Geschenk ginge vielleicht sogar im Getümmel unter.

Ich kam jedoch nicht drumherum, ich musste doch nach vorne.

Ein kleines Päckchen nach dem anderen packte ich aus, schöne Kleidung unter anderem, die ich gut gebrauchen konnte.

Und dann stand da noch dieser verfluchte große und brachial schwere Karton mit der vermaledeiten Küchenmaschine!

Ich schämte mich jetzt schon in Grund und Boden und wollte dieses Paket so öffnen, dass nicht jeder gleich hineingucken konnte. Aber da hatte ich die Rechnung ohne meine Verwandtschaft gemacht! Sie schleiften das Geschenk mitten in den Raum und verdonnerten mich dazu, es nun vor allen auszupacken.

Mein Vater hielt seine Kamera bereit und ich fand einfach lächerlich, was hier für ein Trara veranstaltet wurde.

Ich tat ihnen den Gefallen und machte eine gequält gute Miene zum bösen Spiel. Ich zerriss das Papier, öffnete den Karton und jubelte gespielt, noch bevor der Inhalt gänzlich sichtbar war: „Ooooh, wie schön, eine Küch…!"

Ich stockte. „Hmm?"

Breites Grinsen in Philipps Gesicht, komplettes Unverständnis in meinem.

„Denkste!", war alles, was er sagte.

Jetzt kapierte ich gar nichts mehr: in dem großen Karton war auf den ersten Blick nichts weiter drin als ein kleineres Päckchen und zusammengeknülltes Zeitungspapier.

Dies hob ich kurz hoch und mein Arm schnellte vollkommen unerwartet in die Höhe, denn ich rechnete mit einem kleinen, dafür immens schweren Karton.

Er war aber nicht schwer, er war sogar sehr leicht.

Meine Familie lachte und scherzte und feuerte mich an, weiter auszupacken.

Noch immer irritiert, wuchs gleichzeitig Neugier in mir. Der große Karton war schnell durchwühlt, das zerknüllte Papier zur Seite geschafft und zum Vorschein kam eine große, dicke Platte aus schwerem Metall, die den Boden des großen Kartons ausfüllte. Deswegen also das Gewicht.

Meine Gefühle waren ein Chaos und ich wusste nicht, wohin mit mir. Durch Zurufe wurde ich animiert, weiter auszupacken.

So enthüllte ich ein paar weitere, immer kleinere Päckchen, man kennt das Prinzip von diesen Matrjoschka-Puppen.

Auf einmal hielt ich eine kleine Schmuckschatulle in meinen Händen.

Die Verblüffung, die in mein Gesicht geschrieben stand, wird man sich kaum vorstellen können. Denn während die Kamera meines Vaters im Serienbild-Modus ein Foto nach dem anderen davon schoss, wie ich das Schmuckkästchen öffnete, sank Philipp neben mir auf die Knie und stellte mir eine Frage, die mich vollends überforderte:

„Willst du mich heiraten?"

Ein Ring.

Da war ein Ring in der Schatulle!

Ich schwöre, ich hatte mit allem Möglichen gerechnet, aber weiß Gott nicht damit.

Die Situation war so unglaublich grotesk. Paralysiert und schockgefroren hielt ich die Luft an.

Ganz im Gegensatz zu meiner Verwandtschaft, die mit der letzten Silbe von Philipps Frage in Jubel ausbrach.

Und ich mittendrin, mit einem einzigen Gedanken:

Ich. Will. Hier. Weg!

Es dauerte gefühlte Stunden, in Wahrheit wahrscheinlich nur ein paar Sekunden, bis jemand feststellte: „Moment, Moment, seid mal ruhig, sie hat ja noch gar nicht geantwortet!"

Mehr als zehn Augenpaare richteten sich erwartungsvoll auf mich, zudem die Objektive einiger Kameras.

Tausend Dinge rauschten in atemberaubender Geschwindigkeit durch meinen Kopf wie in einer Wildwasserbahn.

Ich hatte für diesen Abend geplant, einige Leute auf das bevorstehende Ende der Beziehung zwischen Philipp und mir vorzubereiten. Jetzt stand ich schlagartig vor der Frage, ob ich eben diesen Mann heiraten wollte.

Immer noch die Augenpaare, die ungeduldig fragend stierten.

„Und? Was sagst du?"

Ich weiß nicht mehr, wer die Frage laut in den Raum stellte. Aber ich entsinne mich, wie ich den Kopf zwischen die Schultern schob, die Augenbrauen hochzog und unsicher eher eine Gegenfrage stellte: „Naja?!?"

Alle deuteten es als „Ja!" und wieder setzte Jubel ein.

Philipp war wahrlich der Wunschschwiegersohn der Familie und hatte in ihren Augen alles richtig gemacht. Er hatte sogar richtig traditionell bei Daddy um meine Hand angehalten.

Irrwitzigerweise genau in dem Moment, in dem ich in der Küche meiner Tante und meinem Vater das Beziehungsaus offenbaren wollte. Dieses ironisch-pikante Detail erfuhr ich im Nachhinein von Daddy.

Ich steckte fest. In einer Situation, aus der ich nicht mehr wusste, wie ich mich befreien könnte.

Was sollte ich nur tun?

Alles sofort aufklären, die ausgelassene Weihnachtsstimmung zerstören, alles kaputt machen?

Stillhalten.

Am besten erst einmal mucksmäuschenstillhalten und in Ruhe nachdenken. Die Situation analysieren.

Und im besten Falle würde ich sogar gleich aus diesem Alptraum aufwachen oder der Blitz würde einschlagen.

Meine Synapsen glühten und jeder um mich herum nahm an, ich wäre vor lauter Rührung so still und in mich gekehrt. Das war mir recht, das passte.

Denk nach: wie würde es jetzt weitergehen?

Denk schneller nach: könnte ich jetzt überhaupt aus der Beziehung heraus? Ich zermarterte mir das Hirn.

Alle schienen so glücklich, dass ich endlich den Richtigen gefunden hatte und mein Leben in geordneten Bahnen laufen würde.

Alle außer mir.

Wieder zu Hause angekommen, wusste ich noch immer nicht, was ich tun sollte.

Ich suchte Rat bei meinen Freundinnen und kam mir völlig unfähig vor.

Unfähig, hilflos und verlogen. Und schwach und mutlos, weil ich mich nicht in der Lage sah, das Ruder herumzureißen und die Situation aufzuklären.

Ich entschloss mich, unserer Beziehung eine allerletzte Chance zu geben. Das erschien mir in dieser vertrackten Situation noch das Vernünftigste und Fairste zu sein.

Eventuell hatte Philipp doch irgendetwas von unseren ständigen Diskussionen verstanden, und es hatte „klick" in seinem Kopf gemacht. Ich hielt es immerhin für möglich.

Und so ließ ich alles weiterlaufen, wie es war. Wahrscheinlich auch aus einer gewissen Feigheit heraus.

Ein Hochzeitstermin war schnell gefunden, der bevorstehende 9.9.1999 bot sich förmlich an.

Ich hielt mich zunächst verständlicherweise etwas zurück, was die Trauungsvorbereitungen betraf, doch dann kam ich langsam, aber sicher in Stimmung.

Die Suche nach einem Hochzeitskleid machte wirklich Spaß und ich fand relativ schnell ein wundervolles Stück, der elegante weiße Prinzessinen-Traum schlechthin.

Mit einer Anzahlung sicherte ich mir diese fabelhafte Robe und widmete mich als Nächstes der Planung unserer Flitterwochen.

Ein Wunsch von Philipp und mir war seit jeher, dass wir irgendwann gemeinsam Tauchen lernen wollten. Wie passend wäre es da gewesen, dies mit der Hochzeitsreise zu kombinieren?

Die Wahl fiel letztendlich auf ein Ressort in Yucatan, Mexiko. Ein atemberaubender Urlaub lag vor uns, im wahrsten Sinne des Wortes.

Philipp wurde wahrhaftig wieder aufmerksamer. Wir verbrachten mehr Zeit miteinander und unterhielten uns über weitere gemeinsame Zukunftspläne. Alles war ein Stück weit wie früher, oder noch schöner.

Sogar mit Mama führte ich inzwischen ab und zu einigermaßen angenehme Telefonate.

Wobei sie es sich nicht nehmen ließ, den Kauf und die ausführlichen Beschreibungen meines Brautkleides mit den Worten: „Ist ja egal, wie das aussieht. Wirst mal sehen, wie ich Amélie rausputze. Wie ein Püppchen wird Amélie aussehen. Die sticht dich auf deiner eigenen Hochzeit aus, wart mal ab!", zu torpedieren.

Ich muss gestehen, dass mich diese Aussage ungemein verletzte und ich ihr das auch sagte.

Für meine Mutter war die bevorstehende Hochzeit in erster Linie wieder eine Gelegenheit, sich präsentieren zu können. Es lag in ihrer Art, sich durch Äußerlichkeiten Aufmerksamkeit zu verschaffen.

Die Monate verflogen und ich hatte den Eindruck, zwischen Philipp und mir lief nach und nach alles besser.

Wären da nicht die Unregelmäßigkeiten gewesen, die mir in der Buchhaltung auffielen.

Etliche Dinge wurden bar eingekauft, bei denen zuvor kein Geldeingang stattfand – für mich unerklärlich. Umgekehrt ging Geld vom Geschäftskonto weg, bei dem Philipp mir nicht belegte, für was er es verwendete.

Das übliche „Ich mach das schon, mach dir keine Sorgen, Schnecke!" von ihm wirkte mittlerweile abgenutzt, ja regelrecht geheimnistuerisch. Mein Instinkt sagte mir: hier war irgendetwas ganz gehörig faul.

Nur hatte ich nicht die geringste Erklärung oder irgendwelche Beweise in der Hand. Philipp wiegte mich immer wieder in trügerischer Sicherheit und umgarnte mich mit plausiblen Geschichten.

Und ich folgte ihm weiterhin blauäugig wie ein verliebter Teenager.

Da die finanzielle Situation ohnehin bereits angespannt genug war und wir bekanntlich noch die Kosten für die Hochzeit und unsere Flitterwochen-Reise tragen mussten, nahm ich zusätzlich zu meiner Festanstellung wieder einen Nebenjob zum Regale-Einräumen in einem Discounter an.

Die Arbeitszeit passte mir gut in den Tagesplan: ich arbeitete dort von 6 Uhr morgens bis kurz vor 8, bevor ich zu meiner Arbeit fuhr.

Dies blieb nicht lange ohne Konsequenzen, denn nach einer gewissen Zeit spürte ich, wie sich all dies auf meine Kondition auswirkte. Abends nach Feierabend setzte ich mich an die Buchhaltung von Philipps Firma und nicht selten kam es vor, dass ich mit dem Kopf auf dem Schreibtisch einschlief und erst irgendwann früh morgens wach wurde.

So konnte es nicht weitergehen.

Seine nächste fixe Idee war die Anschaffung eines Sportwagens.

Ein schöner kleiner Flitzer, von dem er genau wusste, dass auch ich auf ein solches Auto abfahre. Nur wäre ich von mir aus nie auf die Idee gekommen, eines zu kaufen.

Ein Lotus Elise sollte es sein, beschloss er. Philipp fackelte nicht lange und vereinbarte einen Termin zur Probefahrt bei einem Händler.

Freilich war ich dabei und durfte das Auto ebenfalls testen, quasi zum Anfüttern, um mich später leichter überreden zu können. Ich ließ mich auch hier wieder einlullen und schaltete mein Hirn samt Alarmglocken auf stumm.

Es wurde nicht lange überlegt oder kalkuliert: Philipp bestellte das Auto als Leasingfahrzeug.

Ich gab einen leicht panischen Hinweis in Richtung unserer finanziellen Situation: „Philipp, wir müssen jetzt schon jeden Monat über 1.500 Mark für das Geschäftsdarlehen zurückzahlen und das Motorraddarlehen schluckt monatlich

590 Mark. Wenn jetzt noch das Auto dazu kommt ... das sind nochmals über 730 Mark obendrauf! Wie sollen wir das denn bitte schaffen?"

Er aber bügelte alle aufwallenden Einwände wieder mit seinem „Schnecke, wirst sehen, das klappt! Mach dir doch nicht unnötig viele Gedanken, es läuft doch alles prima!" glatt.

Die Herrschaften vom Autohandel waren selbstverständlich in der Lage, Schufa-Einträge zu lesen und wussten natürlich, dass Philipp sich das Auto nicht so locker leisten konnte. Also schlugen sie die vordergründig einfachste Lösung vor, wie exakt ein Jahr zuvor die Bank: eine Bürgschaft musste unterschrieben werden.

Wer bot sich da Besseres an als ich?

Philipp beschwichtigte mich wieder: „Dir gefällt der Elise doch, oder? Du würdest den doch auch gerne fahren!"

Auf mein Zögern und Nachfragen hin, wo das seiner Meinung nach enden würde, weil ich noch nicht einmal bei der Buchhaltung mehr den Durchblick habe und reichlich komische Sachen laufen würden, wurde er urplötzlich ungehalten:

„Jetzt fängst du an rumzuzicken? Das kann ja wohl nicht wahr sein! Das war doch klar, dass wir das zusammen machen! Du wolltest das Auto doch auch, und das Motorrad und das Geschäft, jetzt ziehen wir das durch."

Ich war vollkommen überrascht und kam mir gleichermaßen überrumpelt vor, wie damals bei der Bank und der Bürgschaft für die Firmenfinanzierung. Nur, dass mir dieses Mal Philipp die Pistole auf die Brust und einen unscheinbaren Zettel vor die Augen hielt, der aussah wie die Kopie einer Kopie, ohne Briefkopf.

„Bürgschaftserklärung" stand in oberster Zeile und gleich darunter meine Personalien hinter dem Wort „Bürge". Als Leasingnehmer war seine Firma aufgeführt und Ort und Datum in der Unterschriften-Zeile bereits eingetragen. Die Fahrzeug- und Leasingdaten inklusive Nummernschild waren bereits vollständig ausgefüllt, nur ohne Preisangabe. Dafür gab es den Verweis auf den Leasing-Vertrag.

Es fehlte lediglich meine Unterschrift.

Mich überkam ein unglaublich schlechtes Gefühl bei der Sache und ich widersetzte mich, wodurch ich einen Streit provozierte. Alles fühlte sich auf einmal so falsch an, so undurchsichtig und vollkommen unpassend.

Ich kann es nicht näher erklären, aber ich wollte meine Unterschrift unter keinen Umständen auf dieses Dokument setzen. Sämtliche Zellen in mir sträubten sich dagegen.

Das gefiel Philipp ganz und gar nicht und er wurde vehementer, sein Blick eindringlicher. Ich kannte ihn so bisher nicht, er wollte dieses Auto um jeden Preis haben – um jeden!

Philipp baute sich vor mir auf und ich fand keine Möglichkeit zu entkommen, weder körperlich noch emotional.

Ich fühlte mich in die Ecke gedrängt und das nicht nur im übertragenen Sinne.

Ich unterschrieb. Ein weiteres Mal.

Kein Geld ist vorteilhafter angewandt als das,
um welches wir uns haben prellen lassen;
denn wir haben uns dafür unmittelbar Klugheit eingehandelt.
Arthur Schopenhauer (1788–1860), dt. Philosoph

4

Ich hörte schon während der Bürgschafts-Unterschrift für das Auto eine innere Stimme, die mir sagte, das würde kein gutes Ende nehmen.

Und auch jetzt, nach der zweiten unterschriebenen Bürgschaft für Philipp, verschwand diese böse Vorahnung einfach nicht – im Gegenteil: das Gefühl, alles liefe komplett aus dem Ruder, verstärkte sich mit jedem Tag immer mehr und drückte wie Blei auf meine Schultern.

Völlig verzweifelt, mit einem Anflug von Panik, suchte ich mentale Unterstützung bei meinen Freundinnen. Ich spürte, dass etwas Unberechenbares in der Luft schwirrte. So, als ob mir demnächst mein Leben um die Ohren fliegen könnte.

Davor hatte ich Angst, extreme Angst sogar. Zumal ich mir keinerlei Vorstellungen davon machte, was mir bevorstand.

Bevor ich aber passiv in eine prekäre Situation schlittern würde, ohne Kontrolle darüber, was mit mir passiert, wollte ich das Ruder lieber selbst in die Hand nehmen. Ich fällte eine Entscheidung.

Es lagen gerade einmal 12 Tage zwischen der zweiten Bürgschaft und dem Tag, an dem ich mich dazu durchrang, alles auf eine Karte zu setzen.

Zwar war der letzte Junitag 1999 nicht unbedingt kalt, dennoch fröstelte es mich innerlich, weshalb ich mich entschloss ein heißes Schaumbad zu nehmen. Ich wollte mich gedanklich darauf vorbereiten, wie ich Philipp sagen könnte, was mich bedrückte, und es war enorm wichtig, hierfür die richtigen Worte zu finden.

Philipp kam an diesem Tag zeitig nach Hause, das hatte er angekündigt. Er rief nach mir, als er die Wohnung betrat, und ich gab zurück, ich sei im Bad.

„Um die Uhrzeit schon ein Bad? Geht es dir nicht gut, Schnecke?“, begrüßte er mich überrascht, als er den Raum betrat.

„Wie man's nimmt“, bestätigte ich bedrückt seine Vermutung. „Ich muss dir etwas Wichtiges sagen.“

„Was denn?“, hakte er neugierig nach und setzte sich ans Fußende der Badewanne.

Zum Rumdrucksen war es zu spät, ich wollte es auch gar nicht mehr länger. Dieses diffuse Hin und Her in meinem Kopf musste endlich ein Ende haben. Kurz und schmerzlos, Nägel mit Köpfen.

Ich holte hörbar tief Luft und hielt kurz den Atem an. Dann platzte es aus mir heraus: „Philipp, ich kann dich nicht heiraten!“

Das Badezimmer schien schlagartig zu vereisen. Selbst im warmen Badewasser erschauderte ich.

„Du kannst *was* nicht?“

„Ich kann dich nicht heiraten“, wiederholte ich langsam, bestrebt, mit fester Stimme zu reden.

Er stierte mich an mit seinen stechenden Augen und verzog keine Miene. Und er starrte und starrte – ohne ein Wort zu sagen.

Sein Körper verwandelte sich in Stein und ich wusste nicht, ob sein Herz überhaupt noch schlug.

„Sag doch was, Philipp!“, piepste ich, mein Gesicht bis auf die Augen in meinen Händen vergraben.

Er betrachtete mich. Mehr nicht. Er blinzelte nicht einmal.

Urplötzlich schoss er hoch, erreichte mit zwei großen Schritten die Badezimmertür, riss sie auf und preschte hinaus, ohne mich auch nur eines Blickes zu würdigen.

Ich weiß nicht, was mich mehr verunsicherte: sein zuvor intensiv durchdringender Blick oder dass er mich jetzt beim Verlassen des Bads gar nicht mehr ansah.

Ich rief ihm sofort hinterher: „Willst du nicht wenigstens *jetzt* wissen, was in mir vorgeht? Warum ich diese Entscheidung treffe? Interessiert dich denn von jetzt auf gleich nichts mehr?“

Es vergingen wieder ein paar Sekunden – oder Minuten –, in denen ich auf irgendein Geräusch lauerte, während ich noch immer im Wasser lag und nicht wusste, ob ich vielleicht doch besser aus der Wanne steigen sollte, um ihm nachzulaufen. Wenigstens hörte ich die Haustür nicht zuschlagen und vermutete, dass er unten im Wohnzimmer saß oder herumlief.

Die Badezimmertür öffnete sich unvermittelt und Philipp setzte sich mit ausdruckslosem Gesicht, wie schon zuvor, auf den Toilettendeckel, ohne mich eines Blickes zu würdigen.

„Okay. Erzähl. Warum kannst du mich von jetzt auf gleich nicht mehr heiraten? Warum fällt dir das *jetzt* ein? Zwei Monate vor unserer Hochzeit?", schleuderte er der weiß gekachelten Wand nachvollziehbar aggressiv entgegen.

Ich rang kurz mit mir und kramte hastig in den Schubladen meines Gehirns nach den Argumenten, die ich mir im Vorfeld so akribisch zurechtgelegt hatte. Von einem Moment zum anderen waren alle rationalen Gründe wieder präsent.

Ich rechtfertigte meine Entscheidung ausführlich, erklärte das unbestimmte Gefühl, in Bezug auf die Firma ginge nicht alles mit rechten Dingen zu. Dass ich nicht wüsste, wohin das Geld verschwände, das eingenommen wurde, und die Bürgschaften und Schulden mich kaum mehr schlafen ließen. Zudem wären wir abermals auf dem Weg, uns auseinanderzuleben. Die letzten Wochen waren eine Kopie der Zeit vor dem Heiratsantrag.

Dazu erklärte ich ihm, wie sehr meine Kräfte nach und nach schwanden, weil ich so viel arbeitete und ein „Lass mich das mal machen, Schnecke!" nun einmal nicht ausreichte, um mir ein Gefühl von Sicherheit zu vermitteln. Vielmehr hatte ich den Eindruck, dass ich meine ganze Energie in unser Leben hineinsteckte, aber nichts zurückbekam – weder finanziell noch emotional. Ich kämpfte gegen Windmühlen, und das auf verlorenem Posten.

Während meines Monologes stieg ich aus der Badewanne und schlang mir ein Handtuch um den Körper.

Ich schlug vor, wir könnten die Hochzeit zunächst verschieben und dann weiter sehen, wie es sich entwickelt. Aber da hatte ich mich verkalkuliert.

Mit einem enttäuschten Schnauben erhob er sich und warf mir im Vorbeigehen zu: „Das kannst du vergessen! Entweder ganz oder gar nicht. Du glaubst doch nicht, dass ich jetzt noch mit dir zusammen sein kann? Das hat sich erledigt."

Damit musste ich rechnen, das war mir im Vorfeld schon klar gewesen. Gleichwohl versuchte ich ihn davon zu überzeugen, dadurch nicht gleich unsere komplette Beziehung zu kippen. Lediglich zum jetzigen Zeitpunkt zu heiraten stellte ich in Frage.

Aber er war unerbittlich und stur, obendrein zutiefst verletzt und rief mir beim Verlassen der Wohnung nochmals zu, es hätte sich mit uns endgültig erledigt.

Die Bombe war geplatzt und ich fühlte mich auf eine merkwürdige Art erleichtert. Das Blei auf meinen Schultern war verschwunden und ich konnte wieder atmen.

Selbstredend hatte ich mir gewünscht, mit Philipp mehr und im Detail über alles reden zu können. Allerdings musste ich zugeben: dies war wohl eine absolut unrealistische Illusion.

Ich weiß nicht, wie meine Reaktion ausgefallen wäre, hätte man mich auf diese Art vor vollendete Tatsachen gestellt.

Als Erstes rief ich meine Freundinnen an und berichtete nüchtern von der Trennung. Es gab kein Triumphieren, keine Feierstimmung oder ähnliche, völlig unpassende, kindische Oberflächlichkeiten. Es ging hier einzig und allein um die Tatsache, die Hochzeit abgesagt zu haben und zum jetzigen Zeitpunkt nicht überblicken zu können, wie es mit Philipp und mir weiterginge.

Ich glaube, ich brauchte in dem Moment eine Art Bestätigung, dass meine Entscheidung die richtige war. Und ich beichtete meinen Freundinnen gegenüber, dass ich mich massiv entlastet fühlte.

Später griff ich erneut zum Hörer, um mit Mama zu telefonieren. Heute war ihr 44. Geburtstag. Ich wollte ihr gratulieren und bei der Gelegenheit die neuesten Entwicklungen erzählen.

Auch wenn unser Verhältnis bekanntermaßen eher schlecht war, so klang sie nach meiner Schilderung der Vorkommnisse in gewisser Weise betroffen: „Och Mensch, jetzt lass den Kopf nicht hängen. Das wird bestimmt wieder, oder?“

Und dann gab sie, ohne Luft zu holen, unverblümt ihr Unverständnis zu Protokoll, als habe man einen Schalter von „freundlich“ zu „vorwurfsvoll“ umgelegt: „Irgendwie verstehe ich dich nicht, Yvonne! Wie kannst du denn so einen großartigen Mann dermaßen vor den Kopf stoßen? Er hat ja wirklich alles, was man sich nur wünscht: ein eigenes Geschäft, prima Aussehen und er liest dir jeden Wunsch von den Augen ab. *Das* wäre ein erstklassiger Schwiegersohn!"

„Ach, so siehst du das, ja? Er als die beste Wahl, oder wie?", gab ich zugegeben zickig zur Antwort.

Mama überging meinen Einwand: „Willst du dir das Ganze vielleicht nicht lieber noch mal überlegen? Weißt du, wenn du dich bei ihm entschuldigst, gibt er dir unter Umständen eine zweite Chance! Wie wär' das?"

„Willst *du* nicht erst einmal hören, warum ich mich derartig entschied…"

Sie überhörte meinen Versuch, eine Begründung zu geben, und plapperte stattdessen unbeirrt weiter: „Ich kapiere sowieso nicht, was da wieder für ein Mist in deinem Kopf abgeht, von wegen Bauchgefühl und so. Alles Quatsch! Reiß dich jetzt mal zusammen und guck, ob er dich noch mal zurücknimmt! Was meinst du, was hier los ist, wenn das der Rest der Familie erfährt? Nach dem tollen Antrag! Da kannst du dich aber auf was gefasst machen, Fräulein, das kann ich dir gleich sagen!"

Es war nicht zu fassen!

So schnell wendete sich das Blatt bei meiner Mutter: gerade noch scheinbar aufrichtig um mich bekümmert – dann sofort der Schwenk auf das vermeintlich Wesentliche.

Denn, so erklärte sie mir, ich sollte nicht vergessen, was eine Heirat mit Philipp alles für Vorteile mit sich bringt – gerade bezüglich einer finanziellen Absicherung.

Jeder Versuch, meiner Mutter zu erklären, dass eben diese Absicherung in unserem Fall gar nicht gegeben wäre, scheiterte an ihrer Verbohrtheit.

Folglich beendete ich das Gespräch relativ zügig, denn Unterstützung konnte ich mir von ihr augenscheinlich nicht erhoffen. Im Gegenteil: ich wusste, sie würde kaum den Hörer aus der Hand legen und umgehend die innerfamiliären Buschtrommeln aktivieren, indem sie eine Tante nach der anderen über mein neuestes Hirngespinst informierte. Und höchstwahrscheinlich bliebe es nicht beim Familienkreis, doch das war mir egal.

Ich hatte meine Meinung und stand hinter meiner Entscheidung.

Vorläufig.

Denn in den Folgetagen und -wochen bekam ich eine Vielzahl von Anrufen von meinen Tanten, meinen Eltern und sogar meiner Großmutter, die sich alle mehrfach erkundigen wollten, ob ich mir diese Sache mit der abgeblasenen Hochzeit tatsächlich gut überlegt hätte. So einen Mann würde ich unter Garantie kein zweites Mal finden. Ohnehin könne niemand verstehen, welcher Teufel mich da geritten habe. Ich solle das besser gut überdenken und einen neuen Versuch starten, die Beziehung zu retten.

All die Erleichterung, die ich zuvor verspürt hatte, kippte mit jedem Telefonat und Gespräch, in dem auf mich eingeredet wurde, in Richtung Verzweiflung. Ich begann meine Entscheidung in Frage zu stellen. Hatten sie Recht? Hatte ich zu vorschnell gehandelt?

Unsicherheit breitete sich in mir aus und ich brütete über einem Ausweg aus dieser vertrackten Situation.

Mittlerweile waren ein paar Wochen ins Land gegangen und Philipp zurück zu seinen Eltern gezogen.

Wir sahen uns nichtsdestotrotz mehr oder weniger regelmäßig in unserem Billard-Café, wo sich die Nachricht über die Trennung des Traumpaares wie ein Lauffeuer verbreitete. Und auch hier traf ich auf Freunde und Bekannte, die mir ans Herz legten, meine Entscheidung nicht zu voreilig und endgültig zu treffen.

Hin und wieder kam Post für ihn in unsere, jetzt meine Wohnung, über die ich Philipp per SMS informierte, damit er sie sich abholen konnte. Eines Tages fiel mir ein Brief ins Auge, der außergewöhnlich bunt mit aufgedruckten, tanzenden Personen gestaltet war.

Als ich Philipp beim Abholen auf diesen Brief ansprach, verfinsterte sich seine Miene und er fauchte mich überaus gereizt an, ich dürfe ihn gerne öffnen. So, als habe ich unwissentlich einen besonderen Nerv getroffen.

Verwirrt lehnte ich ab und wich zurück, als handelte es sich um ein nicht einschätzbares, gefährliches Insekt.

Sofort riss er das Kuvert auf und warf mir alles zusammen energisch auf den Tisch. „Da! Hab ich gebucht, für uns beide. Hat sich ja jetzt erledigt!"

Ich schaute mir das Papier an und schluckte: Philipp hatte für uns einen Hochzeits-Tanzkurs reserviert, mit allem Drum und Dran.

Während der gesamten Vorbereitungen zur Hochzeit wimmelte er mich unnachgiebig ab, wenn ich darauf drängte, gerne mit ihm einen Tanzkurs machen zu wollen. Er weigerte sich über all die Zeit vehement und hätte auf so etwas nicht die geringste Lust, ließ er mich jedesmal aufs Neue wissen.

Jetzt hielt ich die Buchungsbestätigung für unseren Tanzkurs in meinen Händen.

„Sollte 'ne Überraschung sein", grummelte er vor sich hin, „muss ich auch stornieren."

Wie eine mächtige Lanze schossen mir seine Worte mit voller Wucht geradewegs mitten ins Herz und gaben dem Zweifel, der in mir tobte, Futter. Ich bemerkte die Tränen, die mir in die Augen stiegen.

Also suchte ich ein paar Tage später beim Billardtraining das Gespräch mit Philipp und kroch bei ihm zu Kreuze.

Ich gab reumütig meine Zweifel zu, mir nicht mehr sicher zu sein, ob mein Entschluss der richtige war, und ob wir es nicht noch einmal miteinander versuchen könnten.

Aber Philipp ließ mich verständlicherweise eiskalt und ohne jegliche Gefühlsregung abblitzen: „Du hast dich entschieden und ich habe keine Lust mehr auf sowas Ungewisses. Wer garantiert mir denn, dass du nächsten Monat nicht wieder mit so einem Mist ankommst? Die Sache ist für mich durch. Basta!"

Er drehte sich um und ging, um weiter für das nächste Billard-Turnier zu trainieren, während ich dastand wie ein Häufchen Elend. Jetzt stand es definitiv fest: nichts war mehr rückgängig zu machen.

Diese Erkenntnis gestand ich meiner Familie, wobei meine Mutter erwartungsgemäß in ihr typisches Schema verfiel und gleichgültig bemerkte, ich habe mir dies selbst zuzuschreiben.

Die Einzelheiten mit Philipps Firma und wie wir jetzt weiter verfahren würden, waren bislang nicht vollständig geklärt und kosteten bei jeder Diskussion erneut Nerven.

Mitunter zahlte er die Raten für das Auto überhaupt nicht mehr, weswegen ich ständig Anrufe der Leasing-Firma bekam und schlussendlich finanziell in Vorlage treten musste. Jede Monatsrate allein für das Auto kostete knapp über 700 Mark. Und ich kann nicht behaupten, ich hätte dieses Geld locker auf der hohen Kante liegen gehabt.

Infolgedessen arbeitete ich noch mehr und nahm ein paar Zusatzschichten im Supermarkt und beim Kellnern an.

Mitte September überwies ich dann auf intensives Drängen der Auto-Leasing-Bank über 2.600 Mark per Eilüberweisung und geriet dadurch sogar mit meinem Konto ins Minus. Ich wollte Philipp stinksauer über den Ablauf informieren, aber er war für mich nahezu nicht mehr erreichbar, ließ sich verleugnen oder ging einfach nicht ans Telefon.

Auch im Billardcafé traf man ihn kaum noch an.

Als er irgendwann einmal doch unangemeldet vor der Tür stand und entnervt fragte, was ich von ihm wolle, fuhr ich ihn an, die Rover-Leasing-Bank würde mir gerade die Türen einrennen.

Ich nahm ihm direkt die Schlüssel für den Lotus ab und motzte empört, dass der Lotus so lange vor meiner Haustür stehen bleiben würde, bis er mir mein Geld zurückgeben würde. Er solle endlich damit aufhören, auf meine Kosten einen auf dicken Macker zu machen und durch die Gegend zu protzen. Sobald er mir die Summe auf mein Konto überwiesen hätte, könnte er den Schlüssel wieder bekommen, zumal mir an diesem Auto rein gar nichts mehr lag.

Philipp versicherte mir, er würde sich ab jetzt um die Leasingraten für das Auto kümmern, und verschwand.

Nur ein paar Tage später hatte er tatsächlich das Geld auf mein Konto überwiesen und so gab ich ihm den Autoschlüssel zurück.

Parallel zum Hickhack um das Auto trafen bereits seit Anfang August nach und nach mehrere Schreiben der Raiffeisenbank bei mir ein. Sie informierte mich darüber, dass Philipp das Geschäftsdarlehen gleichermaßen nicht mehr bediente. Und das allem Anschein nach schon seit einiger Zeit, denn hier war mittlerweile ein Rückstand von grob gerechnet 4.500 Mark aufgelaufen.

Als in einem weiteren Bankschreiben das erste Mal davon die Rede war, an mich als Bürgin heranzutreten, geriet ich zugegebenermaßen ein bisschen in Panik. Die Bank sprach von einer verbürgten Schuld von aktuell über 65.000 Mark zuzüglich Zinsen, Provisionen und Kosten und mir blieb beinahe die Luft weg, als ich diese Aufstellung sah.

Aus dem Branchenbuch suchte ich mir die Telefonnummer eines Rechtsanwaltsbüros heraus und vereinbarte auf der Stelle einen Termin, um die Sachlage prüfen und einen Weg aus dem Schlamassel heraus finden zu lassen.

Nachdem ich dem Anwalt alle notwendigen Unterlagen und Informationen zur Untersuchung übergeben hatte, dauerte es noch mehr als einen vollen Monat, bis ich in der dritten Oktoberwoche die langersehnte Antwort erhielt.

Eine detaillierte, schriftliche Ausarbeitung – alles andere als positiv. Der Rechtsanwalt stellte hierin nämlich abschließend fest, eine Befreiung aus der Bürgschaft sei nach seiner Erkenntnis nicht möglich.

Ich war geschockt.

Und ich hatte Angst vor der weiteren Entwicklung, weil mich das Gefühl beschlich, dass ich steuerlos auf einem reißenden Fluss dahintrieb, ohne jeglichen Einfluss darauf, wohin es mich zog.

Da kam der Vorschlag von Lissi gerade recht, als sie mich eines Tages unerwartet anrief und fragte, ob ich Lust auf einen Last-Minute-Urlaub mit ihr zusammen in Ägypten hätte.

Ich fühlte mich ausgelaugt und ein bisschen Abschalten und sommerliche Wärme hatte ich mir nach eigener Einschätzung, und nach allem was passiert war und womöglich noch kommen würde, redlich verdient. Einmal durchschnaufen. Raus aus dem Arbeitstrott. Abstand gewinnen von allem, was in den letzten Wochen so immens Kraft gekostet hatte.

Der Großhandel, bei dem Lissi arbeitete, bot auch Pauschalreisen an. Sie bekäme zusätzlich zum Last-Minute-Tarif einen unglaublich großzügigen Mitarbeiter-Rabatt, den sie ebenfalls für meine Buchung mit einkalkulieren könne, verkündete sie mir euphorisch. Ein Vier-Sterne-Hotel wäre es, schon in zwei Wochen sei der Abflugtermin zu 14 Tagen Sonne und Erholung.

Ein Tauchcenter gehörte mit zum Hotel und hierdurch bot sich die Gelegenheit, meinen Traum vom Tauchschein trotz verpatzter Flitterwochen zu verwirklichen. Noch dazu zu solch einem extrem günstigen Preis, den ich auf andere Weise niemals bekommen hätte.

Aufgrund der Tatsache, dass Lissi und ich uns gerade gut miteinander verstanden, willigte ich völlig aus dem Häuschen ein und konnte es kaum erwarten, allem für kurze Zeit zu entfliehen. In Windeseile reichte ich überall Urlaub ein und erfreulicherweise wurde er bei jeder Arbeit oder Nebentätigkeit genehmigt, weshalb die Koffer fix gepackt werden konnten.

Viel zu schnell verflog der Urlaub. Aber ich hatte meinen Tauchschein gemacht, war aufgetankt und voll neuer Kraft für das, was jetzt zu Hause auf mich warten mochte.

Ich hatte nicht vergessen, dass die Banken mit Philipp in regem Kontakt standen und er unübersehbar in massiven Zahlungsschwierigkeiten steckte. Und ich war seine Bürgin.

Und mein Gefühl trog nicht: ich betrat meine Wohnung und ein Berg von Post, den meine lieben Mitmieter während meiner Abwesenheit für mich entgegengenommen hatten, türmte sich auf meinem Esstisch.

Darunter befand sich ein Umschlag mit einem amtlichen Erscheinungsbild, einer, der bei Entgegennahme quittiert werden musste. Diesen hatten meine Nachbarn extra etwas abseits des restlichen Postberges gelegt, da er schon von außen wichtig erschien. Eingetroffen und von meinen Nachbarn im Empfang bestätigt war er bereits am 6. November, das Schreiben war auf den Vortag datiert, was alles genau in meiner Abflugwoche lag.

Diesen Brief öffnete ich zuerst und es durchfuhr mich wie ein Blitz.

Ich musste mich schon beim groben Überfliegen des Schriftstückes setzen. Ein weiteres Mal las ich es, und noch ein drittes

Mal. Ich hatte den Inhalt in der Tat bereits beim ersten Lesen korrekt erfasst, die Aussage des Papiers blieb dieselbe:

„Forderung der Raiffeisenbank ... vertreten durch Treuhand-Gesellschaft ... Sie schulden aus selbstschuldnerischer Bürgschaft für Philipp ... 67.745,27 Mark zuzüglich weiterer Kosten und Zinsen. Da der Schuldner trotz Aufforderung seine Verpflichtungen nicht erfüllt, müssen wir Sie nun ersuchen, die gesamte Forderung bis 15.11.1999 an uns zu überweisen. Nach Ablauf der Frist ... leider veranlasst ... zwangsweise Beitreibung einzuleiten."

15. November? Das war heute!

Ich fühlte, wie sich mein Blut feige aus dem Kopf in die Beine zurückzog und mir schwindelig wurde. Der Schock kam zu plötzlich, um in Tränen auszubrechen. Ich saß auf dem Stuhl und starrte mit blankem Entsetzen das Papier in meinen Händen an.

Ich legte es auf den Tisch und die Hände in meinen Schoß, ohne den Blick davon abzuwenden. So, als würde es sich dadurch vielleicht auf wundersame Weise in Luft auflösen oder zu Staub zerfallen, wenn ich es loslasse, und der Alptraum wäre damit beendet.

Nichts dergleichen geschah.

Ich gaffte weiterhin auf die Buchstaben, die mir sagten, dass ich vor dem finanziellen Totalzusammenbruch stand. Was heißt „vor" – ich war schon mittendrin.

Sie hatten mir zehn Tage eingeräumt, in denen sie eine Reaktion von mir erwarteten. Heute war der Tag, der mir als letzte Zahlungsfrist für eine unvorstellbar hohe Summe gesetzt wurde. Als Nächstes würden sie sich das Geld zwangsweise holen. Nur: woher? Ich besaß nicht einmal einen Bruchteil dessen, was die haben wollten.

Mit dem Brief in der Hand ging ich vollkommen geschockt hinunter zu meinen Mitmietern und klopfte an ihre Wohnungstür. Ein überaus freundliches Paar, mit dem ich mich blendend verstand und die mir in der Trennungszeit von Philipp viel geholfen hatten.

Ich wusste, dass sie gerade zu Hause waren, und ich brauchte jetzt einfach jemanden, dem ich von dieser Ungeheuerlichkeit berichten konnte. Ich war ganz und gar durch den Wind.

Sie öffneten mir und nachdem mir der Schrecken offenkundig ins Gesicht geschrieben stand, baten sie mich sofort auf einen Tee herein.

Jetzt endlich brachen, zusammen mit meiner Verzweiflung, die Tränen aus mir heraus, die bereits darauf lauerten, vermeintliche Erleichterung zu bringen.

Später, als ich langsam wieder in der Lage war, rational zu denken, schrieb ich mir eine Liste, wie ich weiter vorgehen müsste; wen ich als Erstes und wen danach kontaktieren sollte.

An erster Stelle stand selbstverständlich Philipp, wobei ich mir in seinem Fall keine reellen Chancen ausmalte, ihn zu erreichen.

Als Nächstes musste ich mich mit der Bank, der Leasing-Gesellschaft und eventuell nochmals dem Rechtsanwalt in Verbindung setzen, was ich jedoch aufgrund der bereits fortgeschrittenen Uhrzeit erst am nächsten Tag angehen konnte.

Was ich trotzdem tun konnte und mir zugleich innerlich ein großes Bedürfnis war, war ein Anruf bei einigen Familienmitgliedern.

Unglaube, Erschütterung und beschämte Sprachlosigkeit schlugen mir entgegen, als ich meine Eltern, Oma und die Tanten mit den Fakten zur Sachlage bombardierte. Mit wenigen gezielten Sätzen entriss ich ihnen die rosarote Brille darüber, welch phantastischen Ausnahme-Schwiegersohn beziehungsweise potenziellen Traum-Ehemann ich doch vergrault hatte.

Ich berichtete bei dieser Gelegenheit auch das erste Mal gerade heraus über die von mir für Philipp übernommenen Zahlungen in den Vormonaten, weil er ja seit einiger Zeit weder die Kredite noch das Autoleasing mehr bediente. Und ich verschwieg nicht, dass ich zudem mehr als vorher arbeitete, um irgendwie auf einen grünen Zweig zu kommen.

Ich gab zu verstehen, dies sei fraglos erst der Anfang einer langen Odyssee, die mir der Märchenprinz eingebrockt hatte, worauf mir die vormals so treuen Philipp-Begeisterten ziemlich kleinlaut zustimmten.

In den folgenden Wochen und Monaten entfesselte sich eine Bürokratie-Schlacht. Ich versuchte die Wogen bei den Banken zu glätten, Philipp mit einzubinden und zur Verantwortung zu ziehen, um einigermaßen glimpflich aus der Sache herauszukommen.

Bloß gestaltete sich das schier unmöglich. Schon deshalb, weil Philipp nach wie vor unerreichbar war. Und wie ich herausfand, nicht ausschließlich für mich, sondern genauso für die meisten unserer gemeinsamen Freunde und Bekannten.

Im Dezember bekam ich über eine Bank mitgeteilt, Philipp habe am Anfang des Monats einen Offenbarungseid geleistet, bei ihm sei nichts mehr zu holen. Man würde sich demnach zukünftig mit *mir* über die Schuldenfrage unterhalten, denn mein Ex-Verlobter hätte sich aus den Vertragsangelegenheiten durch die eidesstattliche Erklärung amtlich zurückgezogen.

Zurückgezogen?

Ich lachte bitter und unbändige Wut preschte mit Hochdruck durch meinen Körper wie Cola aus einer Flasche, die man zu lange schüttelt. Klammheimlich und hinterlistig verpisst träfe es wohl besser!

Mein Ex hebt also die Finger in die Luft, sagt: „Von mir kriegt ihr nix, ich hab nix!" und damit ist für ihn die Sache erledigt? Es schien unglaublich – aber so, und nicht anders, entsprach es der Realität.

Als diese Neuigkeit im Bekanntenkreis, vornehmlich dem des Billard-Cafés, die Runde machte, kam wie aus heiterem Himmel der damalige Vorstand auf mich zu und bat um ein vertrauliches Gespräch.

Wir gingen in die hinterste Ecke des Raumes und setzten uns an einen ruhigen Tisch. Herbert eröffnete die Unterredung ohne Umschweife:

„Hör mal, Yvonne. Ich habe das mit Philipp und dir ja mitbekommen, eure Trennung und so. Ist bekanntlich kein großes Geheimnis. Wie ich die Vöglein zwitschern höre, geht es offenbar auch um finanzielle Probleme, die ihr noch zu klären habt."

„Ich weiß zwar nicht genau, welche Vöglein dir das zwitschern, allerdings haben sie Recht", bestätigte ich sein Herantasten.

„Ich will jetzt nicht unbedingt schlafende Hunde wecken, aber ich muss dich momentan damit behelligen, Philipp ist nicht mehr zu erreichen und ins Café kommt er auch schon ewig nicht mehr."

„Um was geht es denn, Herbert? Ich verstehe ehrlich gesagt nicht ganz, worauf du hinaus willst?", hakte ich nach und kniff misstrauisch die Augen zusammen.

„Nun jaaaaaa ....", druckste er herum, „von wem bekomme ich jetzt eigentlich das Geld für mein Auto, das Philipp für mich verkauft hat?"

Ich verstand nur Bahnhof.

„Was für ein Auto?"

„Naja, das Auto, für das ich Philipp den Fahrzeug-Brief gegeben habe. Er meinte, er hat jemanden, der den Wagen kauft, und er würde das vermitteln."

„Herbert, ich schwöre dir, ich habe null Ahnung, wovon du redest, und nichts dergleichen mitgekriegt. Ich weiß gar nichts davon, dass er dein Auto verkaufen sollte."

Da fiel bei ihm der Groschen. Langsam begriff er, dass er vermutlich von Philipp hereingelegt worden war.

An sich war ich in diesem Moment nur froh darüber, nicht noch jemanden auf der Matte stehen zu haben, der mich für den Mist bluten lassen wollte, den mein Ex mir hinterließ. Denn ich machte ihm eines unmissverständlich klar: ich hatte nicht die geringste Möglichkeit, für Philipp abermals irgendwelche Gelder vorzustrecken.

Das sah er diskussionslos ein und behelligte mich nicht mehr mit dieser Angelegenheit.

Ich weiß nicht, ob Herbert je sein Geld für das verkaufte Auto bekommen hat.

Mich plagten andere Sorgen.

Das Jahr ging zu Ende, der Jahrtausend-Wechsel stand ins Haus und ich hatte keinen blassen Schimmer, wie es weitergehen sollte.

Die Banken ließen sich noch einmal vertrösten, weil sie meinen Willen erkannten, eine Lösung zu finden. Sie gewährten mir erneut ein paar Wochen Zahlungsaufschub, in denen ich mehrfach versuchte, mit Philipp in Kontakt zu kommen.

Ich wandte mich ein ums andere Mal an seine Eltern, die mir aber nicht sagen konnten oder wollten, wo er sich aufhielt. Immer wieder versprachen sie mir, Philipp auszurichten, ich hätte angerufen und würde dringend auf einen Rückruf von ihm warten. Von anderer Seite kam mir hingegen zu Ohren, dass er zeitweise im Betrieb seines Vaters aushalf.

Deswegen schrieb ich Philipp Anfang Februar 2000 eine Nachricht und schickte diese an das Firmenfax seines Vaters. Ich hängte das aktuellste Forderungsschreiben der Rover-Leasing-Bank an, die darüber informierte, bereits eine Inkasso-Firma beauftragt zu haben. Die Leasing-Bank hatte den Vertrag über den Lotus zwischenzeitlich nämlich fristlos gekündigt und Philipp aufgefordert, das Auto bei einem BMW-Händler abzustellen, was er dessen ungeachtet nicht getan hatte.

Vielmehr forderte das Inkasso-Unternehmen mich nun auf, vier rückständige Raten und zwei Vorauszahlungen zu je 732 Mark zuzüglich Mehrwertsteuer zu zahlen, insgesamt ein Betrag von etwas mehr als 5.000 Mark. Und dies innerhalb von 14 Tagen.

Wann immer ich hoffte, es würde sich alles langsam einspielen und auflösen, auch ohne dass mein Ex sich bei mir meldete, kam ein weiteres Schreiben, das mir wieder einen Schlag in die Magengrube versetzte.

Der Gang zum Rechtsanwalt stand vorläufig an hinterster Stelle, denn allein mein erster Besuch im Oktober ein paar Monate zuvor zog eine saftige Rechnung von über 1.000 Mark nach sich. Diese stotterte ich bereits in einzelnen kleinen Raten ab. Eine erneute Rechtsberatung brächte weitere Kosten mit sich und das konnte ich mir nicht so einfach leisten.

Die Abwärtsspirale drehte sich und der Teufelskreis legte sich wie eine Drahtschlinge um meinen Hals, zog sich immer enger zu und begann mich tiefer und tiefer hinabzuziehen.

Der Mann, der den Berg abtrug, war derselbe,
der damit angefangen hatte, kleine Steine wegzutragen.

Aus China

5

Es wurde langsam Sommer und ich hatte es zumindest geschafft, die Rechtsanwaltskosten komplett in Raten abzuzahlen.

Dennoch folgte der nächste Dämpfer auf dem Fuße durch Briefe der Volksbank und der Raiffeisenbank, den Banken, bei denen sich zum einen das Motorraddarlehen und zum anderen das Geschäftsdarlehen befanden.

Im Kredit der Volksbank waren wir beide als Darlehensnehmer eingetragen und somit galt hier das Prinzip „mitgegangen, mitgefangen".

Die Volksbank teilte mir nüchtern in ihrem Schreiben mit, mir sei gewiss bekannt, dass mein Ex-Verlobter das Darlehen nicht mehr abzahlte. Demnach bestünden erhebliche Rückstände und man sei gezwungen, den Darlehensvertrag zu kündigen. Die Bankmitarbeiter baten in diesem Fall allerdings noch recht human um eine Kontaktaufnahme, um die Unannehmlichkeiten für alle Seiten befriedigend aus der Welt zu schaffen.

Eine telefonische Nachfrage ergab eine offene Restsumme von 24.067 Mark, für die ich mir nun eine Lösung einfallen lassen musste.

Ganz anders klang da das Schreiben der Raiffeisenbank bezüglich des Geschäftsdarlehens.

Auf die dramatische Nachricht hin, die mich im vergangenen November 1999 direkt nach meinem Urlaub erreichte, hatte ich Rücksprache mit der Bank gehalten. Der Sachbearbeiter hatte damals vorsorglich wieder etwas Druck aus der Sache genommen, damit ich versuchen konnte, die Dinge zu regeln. Die Bank hatte die Treuhand-Gesellschaft, die mit dem Eintreiben der Forderung betraut war, also vorerst zurückgepfiffen und mir etwas Zeit verschafft. Auf meine mehrfache eindringliche Bitte an Philipp per

Fax, Telefon und persönlich, sich um eine Lösung des Problems zu bemühen, war erwartungsgemäß gar nichts geschehen.

Um die Abwicklung des Vorgangs voranzutreiben, war die Bank nun gezwungen, erneut die Treuhand-Gesellschaft zu aktivieren. Und eben die startete im Juli 2000 die nächste Offensive.

Ich erhielt eine schriftliche Mitteilung, die Restforderung des Geschäftsdarlehens habe sich seit November weiter immens verzinst. Ich hätte letztmalig 14 Tage Zeit, den Gesamtbetrag von nunmehr 71.613,34 Mark zu überweisen. Fast auf den Pfennig genau noch einmal 4.000 Mark mehr als sieben Monate zuvor.

Ich hatte den Eindruck, mir würde der Kopf platzen vor lauter Zahlen. Wo sollte das hinführen?

Schon die Verzinsung, die sich in den letzten Monaten anhäufte, hätte ich nicht begleichen können, und die schnellte mit jedem verstreichenden Tag mehr in die Höhe.

Damit nicht der Eindruck entstand, ich würde diese Nachricht ignorieren, setzte ich ein Schreiben auf. In dem bat ich um eine Erklärung, warum man sich ohne Umwege an mich als Bürgin wand, und nicht zuvor versuchte, das Geld vom ursprünglichen Schuldner einzutreiben.

Immerhin wusste ich, dass der Citroen Transporter sowie die Reifenmontier- und Wuchtmaschinen als Basis für das Darlehen der Bank sicherungsübereignet wären und dazu da waren, die Schuldensumme bei einer Verwertung zu verringern.

Diese Maschinen wurden jedoch im letzten Sommer, als Philipp und ich noch ein Paar waren, aus dem LKW gestohlen. Das behauptete er jedenfalls, nachdem ich morgens auf dem Weg zu meinem Auto feststellte, dass die hinteren Scheiben am Transporter eingeschlagen waren.

Ich rannte völlig aufgelöst zurück in die Wohnung, um meinen Verlobten darüber zu informieren. Aufgeregt und hektisch bat ich ihn, sofort die Polizei zu informieren, und war extrem perplex, als Philipp vollkommen gelassen blieb.

„Fahr du jetzt erst mal auf die Arbeit, Schnecke, ich kümmere mich darum. Mach dir keine Gedanken, ich melde das der Versicherung."

„Aber du musst auch die Polizei rufen!"

„Jaja, lass mich mal machen!"

In den Folgetagen lagen meine Nerven blank, womit ich aber alleine dastand. Denn Philipp ließ sich nicht aus der Ruhe bringen, was mich total irritierte. Es ging hier doch nicht um eine Kleinigkeit, es ging hier um die Existenzgrundlage seines mobilen Reifendienstes!

Philipp kassierte die Versicherungssumme und es wurden dennoch keine neuen Maschinen angeschafft. Stattdessen führte er den Betrieb einfach als mobilen Kfz-Service weiter und erledigte Reifenmontieraufträge kurzerhand in der Werkstatt seines Vaters. Dazu lud er die Reifen beim Kunden ein, brachte sie zu seinem Vater, montierte sie dort auf andere Felgen und fuhr wieder zum Kunden zurück.

Das Ganze ergab für mich erst einige Zeit später ein Bild, als ich eine interessante Unterhaltung aufschnappte, die während eines Fußball-Freundschafts-Turniers stattfand. An dem nahm Philipp mit ein paar Geschäftspartnern eines Luxus-Autohauses kurz nach dem Auto-Einbruch teil.

Einer der Herren raunte meinem damaligen Verlobten auf der Ersatzbank zu, die Maschinchen würden sich gut in der Werkstatt machen und auch endlich mal richtig zum Einsatz kommen. Und im Herbst, wenn die Leute wieder auf Winterreifen wechselten, hätten die beiden sogar einen Ganztags-Job. Außerdem passe das knallrot gut ins Interieur. Und dann lachten sie alle verschworen miteinander und klopften sich gegenseitig auf die Schultern.

Mir wurde in diesem Moment heiß und kalt, wusste ich doch, dass die aus dem LKW gestohlenen Maschinen auffallend rot waren.

Ich sprach Philipp abends zu Hause darauf an und er winkte ab:

„Das ist nichts, worüber du dir Gedanken machen brauchst. Das ist alles schon mit der Versicherung geregelt. Lass es gut sein, Schnecke!"

Habe ich ihm das geglaubt? Ich denke nicht. Aber eventuell verschloss ich die Augen vor der Wahrheit, weil ich unbedingt wollte, dass mein Leben funktioniert.

Mir war die Tatsache der gestohlenen Maschinen folglich bekannt. Aber inwieweit der Bank?

Im Auftrag der Bank antwortete mir knapp eine Woche später die Treuhand-Gesellschaft auf meine Zuschrift. Jedoch, wie ich befürchtet hatte, nicht positiv. Die Fakten lauteten:

- die Verbindlichkeiten aus dem Darlehen beliefen sich per 24. Juli 2000 auf 75.309.75 Mark
- eine gegen meinen Ex am 16. März 2000 durchgeführte Pfändung fiel fruchtlos aus, da er ja bekanntermaßen am 9. Dezember 1999 die eidesstattliche Versicherung abgegeben hatte
- es ergaben sich aus dieser Pfändung keine verwertbaren Vermögensgegenstände
- der Gerichtsvollzieher fand den sicherungsübereigneten LKW Citroen in einem desolaten Zustand vor. Die Stand-, Abschlepp- und Aufbereitungskosten überstiegen die zu erwartenden Verwertungskosten, aus diesem Grund habe man es gleich bleiben lassen
- zudem verwies man darauf, ich habe mit meiner Bürgschaftserklärung auf die „Einrede der Vorausklage" verzichtet. Das bedeutet, die Bank war nicht verpflichtet, sich zuerst an den Hauptschuldner zu wenden, sondern konnte auch unmittelbar gegen mich vorgehen.

Und abermals räumte man mir eine letzte Zahlungs-Frist von 14 Tagen ein, bevor unverzüglich das gerichtliche Mahnverfahren gegen mich eingeleitet würde.

Nach allem Hoffen und Bangen, Strampeln und Kämpfen gestand ich es mir schlussendlich ein: ich schaffte es nicht mehr. Zumindest nicht ohne Hilfe.

Als ich meiner Familie die neuesten Entwicklungen meiner Schuldenkrise schilderte, zog dies lediglich ein Schulterzucken nach sich. Da müsse ich alleine durch, sie könnten mir dabei nicht helfen.

Ich hatte noch nicht einmal finanzielle Unterstützung erwartet, aber vielleicht, dass sie mir bürokratisch oder wenigstens moralisch zur Seite stünden. Schließlich hatte ich von alldem, diesem ganzen Juristenkram und der Amtssprache, keine Ahnung.

Dennoch: ich war auf mich gestellt.

Und rückblickend sehe ich, dass es Sinn machte. Denn hierdurch wahrte ich mir meine Eigenständigkeit und lernte unglaublich viel. Wenn auch bezahlt mit einer Menge Bitterkeit.

Zwischenzeitlich zog ich aus der großen Wohnung in eine kleinere. Zurück in den Ort, in den ich Jahre zuvor zu meinem ersten Freund Christian gezogen war. Ich musste alles daran setzen, meine Fixkosten zu senken.

Ich bewohnte zusammen mit meiner Freundin Elli ein sich im Umbau befindliches Haus. Sie mietete die untere Wohnung, ich die obere. Und weil wir einige Renovierungsarbeiten selbst vornahmen, bekamen wir einen bezahlbaren Mietpreis vorgeschlagen. Denn ich wusste, ich musste ziemlich bald meinen Gürtel enger schnallen.

Demzufolge galt meine nächste Kontaktaufnahme einem Rechtsanwalt in Kaiserslautern, den mir ein Freund empfahl. Ein alter Fuchs sei das, so hieß es. An sich wäre er schon längst in Rente, übernahm aber ab und zu aus Spaß ein paar Mandantschaften. Allerdings nur dann, wenn es sich für ihn interessant anhörte.

Und mein Fall schien ihn zu interessieren.

Bei einem ersten Gesprächstermin legte ich alle Fakten auf den Tisch und präsentierte einen Teil des bisherigen Schriftverkehrs. Herr Assel begutachtete alles grob. Wenn er mit mir sprach, siezte er mich grundsätzlich, konnte sich aber ein „Mädchen" in der Anrede ab und an nicht verkneifen. Das wirkte keineswegs abschätzig oder erniedrigend, eher mitfühlend und sympathisch.

„Mensch, Mensch, Mensch, Mädchen!", schüttelte er langsam den Kopf, während er sich die Unterlagen besah, „da haben Sie sich aber in einen ganz schönen Schlamassel reingeritten. Und der Schlawiner von Ex-Verlobter macht sich aus dem Staub. Schöne Bescherung! Hm, hm, hm ... was machen wir denn da? Ich muss mir das genau angucken. Wir machen einen neuen Termin aus, und dann treffen wir uns noch einmal, einverstanden?"

Und ob ich damit einverstanden war! Ich war froh darüber, Unterstützung mit Sachverstand zu bekommen. Immerhin ein Lichtblick.

Herr Assel sagte mir, ohne zu zögern, seine anwaltschaftliche Vertretung zu.

Mir fiel ein Stein vom Herzen, denn ich fühlte mich vom ersten Moment an gut beraten. Einerseits vermittelte er Respekt, andererseits einen besorgten Eindruck, als sei er mein Großvater.

Beim zweiten Termin begann mein Anwalt die Unterredung mit der Einschätzung der Sachlage. Seiner Erfahrung nach ließ die Gesamtsituation bloß einen sinnvollen Schluss zu: die Privatinsolvenz.

Den Ausdruck hatte ich schon gehört im Rahmen meiner Arbeit in der Versteigerungsfirma, konnte so recht aber nichts damit anfangen. Also klärte Herr Assel mich auf, und zwar bis ins kleinste Detail hinein.

Privatinsolvenz: das bedeutete, ich bekäme sieben Jahre lang einen Großteil meines Gehaltes gepfändet (nach heutiger Gesetzeslage sind dies nur noch sechs Jahre). Bleiben würde mir das sogenannte Existenzminimum, das sich aus einer Lohnpfändungstabelle ergab. Ein festgelegter Satz, der sich an Einkommen und unterhaltspflichtigen Kindern orientierte.

Dieses gepfändete Geld verteile ein Treuhänder dann zu vorher errechneten Anteilen an die Gläubiger. So nennt man die Leute, bei denen jemand anderes Schulden hat. Wobei kein einziger von denen seine vollen Forderungen bezahlt bekäme, aber jeder von ihnen einen Teil.

Weiterhin beschrieb mir mein Anwalt, wir müssten einen förmlichen Antrag stellen und einreichen. In diesem müsse alles, wirklich alles, aufgelistet werden: mein Besitz, welche Verdienste und Ausgaben ich hatte und wem ich wie viel schuldete. Folgerichtig müsse ich einen Offenbarungseid leisten, wie Philipp bereits im Dezember. Mit dem versichere ich, keinerlei weitere Vermögensgegenstände zu besitzen als die benannten.

Ein Gerichtsvollzieher nähme mit mir Kontakt auf, um die Vollständigkeit und Richtigkeit der Auflistung zu überprüfen. Bei ihm würde ich auch zu gegebener Zeit den Offenbarungseid ablegen, das könne aber noch dauern. Der Antrag müsse vom Gericht genehmigt werden, bevor das offizielle Insolvenzverfahren überhaupt startete.

Sieben Jahre lang müsse ich mich dann „wohl verhalten", so der Fachausdruck, und brav jeden Monat einen Teil meines Gehaltes abtreten.

Der größte Teil dessen, was ich nebenbei verdiente, flösse ebenfalls mit in das Insolvenzverfahren und unterläge der Pfändungstabelle. Deshalb sollte ich mir meine Nebentätigkeiten noch einmal gründlich überlegen, riet mir mein Anwalt. Hier bliebe verhältnismäßig wenig übrig, präzise gesagt drei D-Mark von zehn verdienten.

Wenn ich all diese Auflagen artig erfüllte und mir in all dieser Zeit nichts zu schulden kommen ließe, würden mir die restlichen Schulden, die nicht aus den Pfändungen beglichen werden konnten, erlassen. So weit die Theorie.

Ich überlegte nicht lang, denn diese Lösung erschien mir als die einzig richtige, um irgendwann wieder die Füße auf den Boden zu bekommen. Auch wenn es sehr lang dauern würde, das war mir klar.

Zusätzlich zu den Vorbereitungen für das Insolvenzverfahren kümmerte sich mein Anwalt um die aktuellen Fristen der Banken und legte überall vorläufig Widerspruch ein.

„Damit verschaffen wir uns ein bisschen Zeit", ließ er gewitzt durchblicken. „Außerdem werde ich schauen, ob ich das Ganze nicht unter dem Gesichtspunkt der Sittenwidrigkeit abschmettern kann. Ich schreibe den Herrschaften noch das Passende, kann aber nichts versprechen. Und ich werde denen auch gleich um die Ohren hauen, dass ich Ihnen den Schritt in die Insolvenz vorgeschlagen habe. Da werden die dann meist wesentlich diskussionsbereiter, weil sie wissen, was ihnen dabei an Geld flöten geht."

Meine Hausaufgaben standen fest: ich musste mich mit den Formalitäten der Insolvenz vertraut machen. Dazu zählte, Vermögens- und Schuldenverzeichnisse anzufertigen und alle mir vorliegenden Unterlagen, Schriftverkehr und Akten zu sortieren und an meinen Anwalt zu übergeben.

In mir breitete sich nach und nach Zuversicht aus. Ich hatte das Gefühl, dies war einer der wichtigsten Schritte meines bisherigen Lebens. Und vor allem einer, der mir wieder etwas Luft zum Atmen verschaffte.

Logischerweise würde das Ganze kein Zuckerschlecken werden, aber auf jeden Fall wäre dann alles geregelt. Die Dinge nähmen ihren Lauf und diese tägliche Angst, was wohl morgen im Briefkasten auf mich lauerte, würde aufhören. Ich könnte endlich ruhiger schlafen.

Mir war aber auch klar, dass außerordentlich harte Jahre vor mir lagen. Urlaube, Shoppen, Freizeitspaß – all das, was junge Leute normalerweise in vollen Zügen genießen, bliebe mir bis auf Weiteres verwehrt. Und das wegen dieser dämlichen Bürgschafts-Unterschriften.

Deshalb meinen Kopf in den Sand zu stecken oder gar aufzugeben, kam aber nicht in Frage.

Im vergangenen März hatte ich in Eigeninitiative meine Ausbilder-Eignungsprüfung vor der Industrie- und Handelskammer mit „gut" und „sehr gut" absolviert.

Ich plante, auf diese Weise jungen Auszubildenden einen besseren Berufsstart zu ermöglichen und eine Art Mentor sein zu können. Und hierbei könnte ich endlich auch meinen Wunsch, mit Menschen zu arbeiten, ausleben. Das wollte ich ursprünglich ja schon zu Schulzeiten, als ich mich über mögliche Berufe informierte.

Mit jungen Leute arbeiten zu können, sicherte mir zumindest mein damaliger Arbeitgeber zu, der sich freute, dass ich diese Ausbildung auf eigene Kosten und noch dazu während meiner Urlaubszeit durchführte. Wohlgemerkt neben der Buchhaltung für Philipp und den Nebenjobs, aber ich wollte einfach nicht mein Ziel aus den Augen verlieren.

Als diese Versprechungen ins Leere liefen, schaute ich mich nach einer neuen Arbeitsstelle um. Ich stieß auf eine Wormser Firma, die Spezial-Software für Krankenhäuser entwickelte und die mich im Sommer 2000 einstellte. Das Unternehmen bestand aus jungen Leuten, die teilweise parallel zum Job an der örtlichen Fachhochschule studierten, und die Arbeit machte mir ungemein Spaß.

Durch sie kam ich das erste Mal mit einer Hochschule in Kontakt und war ganz hingerissen von den Angeboten, die man auch als Nichtstudent nutzen durfte.

Es gab eine Vielzahl interessanter Kurse, Seminare und Fortbildungen, die man für kleines Geld belegen konnte, zum Beispiel ein ganzes Wochenende für 50 Mark. Denn andernfalls hätte ich mir diese Lehrgänge ja gar nicht leisten können. Darüber hinaus fanden diese fast immer an den Wochenenden statt, sodass ich nicht einmal Urlaub brauchte, um daran teilzunehmen.

Auf diese Weise brachte ich die Grund- und Aufbaustufen von Rhetorik- und Management-Seminaren unter Dach und Fach und belegte Kurse in Gedächtnis-Training, Autogenem Training sowie einige andere, die mich brennend interessierten. So viel wie möglich wollte ich noch in der verbleibenden Zeit lernen und belegen, bevor die Pfändungen losgingen und ich meine Nebenjobs würde aufgeben müssen.

Ich entdeckte den Spaß an der nebenberuflichen Weiterbildung und die wunderbare Chance, mich in viele unterschiedliche Richtungen zu entwickeln.

Gleich zu Beginn des Jahres im Januar 2001 waren die notwendigen Formulare zur Beantragung des Insolvenzverfahrens nahezu komplett. Was fehlte, waren die exakten Beträge der Schulden, da die aktuelle Höhe durch die ständigen Zinsaufschläge geklärt werden musste.

Der Gerichtsvollzieher kam mich nach Terminabsprache besuchen, um seine Arbeit zu erledigen. Er war ein wirklich netter Mann und tat, was er tun musste: er verglich meine geschriebene Liste mit dem, was ich tatsächlich besaß. Hierfür inspizierte er Kleider- und Küchenschränke, um sich zu versichern, dass ich weder hochwertige Markenkleidung noch Lebensmittelvorräte für mehr als vier Wochen versteckte.

Denn, so unglaublich es klingen mag, selbst diese Details waren als Grundlagen für eine Insolvenzgenehmigung vorgeschrieben. Ein weiterer Punkt, der die Strenge und Härte des Verfahrens zur Schuldenbefreiung aufzeigt.

Er besah sich mein altes Auto, das mehr durch guten Willen und Rost als durch irgendetwas sonst zusammengehalten wurde. Mein Motorrad hatte ich bereits einige Zeit zuvor verkauft, weil ich das Geld brauchte.

Als ich dem sympathischen Beamten bei einem Kaffee anbot, er dürfe gerne ebenso in meine Wohnzimmerschränke schauen, winkte er gütig lächelnd ab:

„Wissen Sie, ich habe dafür ein Auge. Ich komme in Ihre Wohnung und sehe keine Vorhänge oder Jalousien an den Fenstern, einen uralten Fernseher, keine Stereoanlage, sondern einen tragbaren CD-Player, wie auch einen erkennbar gebrauchten Kleiderschrank. Sie sitzen beim Essen an einem wackligen Billigholztisch mit vier sehr abgenutzten Bürostühlen. Und über das Auto müssen wir ja nicht reden. Da brauche ich nicht überall reingucken, um zu erkennen, was ich wissen muss."

Und anerkennend ergänzte er: „Außerdem finde ich das überaus mutig, wie Sie das durchziehen. Ich hab mich in ihren Fall ja ein bisschen eingelesen. Was glauben Sie eigentlich, wie viele in Ihrer Situation sagen: geht mich alles nix mehr an, ich lasse mich kündigen, lebe von der Stütze und verdiene mir unter der Hand ein bisschen was dazu! Das sind die allermeisten, sag ich Ihnen, weil Arbeitslosengeld oder Sozialhilfe nicht pfändbar sind. Insofern hat jeder meinen Respekt, der das Inso-Verfahren durchziehen will."

Zugegebenermaßen mit ein bisschen Stolz betonte ich, der Weg der Arbeitslosigkeit käme für mich nie als Flucht vor der Verantwortung in Frage. Wenn ich derart naiv gewesen war, die zwei Bürgschaften zu unterschreiben, musste ich jetzt halt die Suppe auslöffeln, die ich mir dadurch eingebrockt hatte.

In den Folgemonaten entwickelte sich die Bürokratie-Schlacht wegen der Schulden unentwegt weiter. Beide Banken, Raiffeisen- und Volksbank, reichten offiziell beim Landgericht Kaiserslautern Klage gegen mich ein und mein Anwalt reagierte darauf mit einer Klageerwiderung.

In seiner Schilderung der Sachlage führte er wahrheitsgemäß an, keines der Institute habe mich über die Risiken belehrt, insbesondere nicht in Bezug auf die Bürgschaft. Mein Einkommen von rund 2.000 Mark hätte rein rechnerisch nicht einmal gereicht, um die monatlichen Zinsen für das gescheiterte Geschäfts-Darlehen aufzubringen, geschweige denn die Hauptsumme zu tilgen. Hinzu kam das Motorrad-Darlehen, das der Raiffeisenbank ohnehin anhand der Schufa-Eintragungen hätte bekannt sein müssen.

Aufgrund dieser Fakten unterstellte er den Banksachbearbeitern Leichtfertigkeit und plädierte zudem auf Sittenwidrigkeit sowie „krasse wirtschaftliche Überforderung". Herr Assel beantragte des Weiteren Prozesskostenhilfe, die mir jedoch im späteren Verlauf verwehrt wurde.

Meine Familie interessierte sich oberflächlich bis gar nicht für diese ganzen Entwicklungen und hing ihren eigenen Problemen nach.

Die Beziehung meiner Eltern entwickelte sich nämlich zusehends ins Aus, was weder mich noch andere überraschte. Diese Ehe bestand seit Ewigkeiten nur auf dem Papier, auch wenn die beiden im Vorjahr offiziell Silberhochzeit gefeiert hatten. Wie etliches innerhalb der Familie, war ihre Partnerschaft im Endeffekt mehr Schein als Sein.

Das Verhältnis zwischen Papa und seiner Geliebten Maria flammte wieder auf, und um ihren Verdacht zu bestätigen, folgte Mama ihm irgendwann im Februar einmal mit dem Auto. Als sie ihre Vermutung bestätigt sah, rief sie kurzerhand Maria an und bellte ins Telefon, mein Vater könne sich seine Sachen abholen. Allerdings packte sie diese dann zu Hause selbst in große Müllsäcke und stellte sie, ohne zu zögern, vor deren Haustür.

Dieses Ereignis war der maßgebliche Auslöser dafür, weshalb Mama sich an einen Rechtsanwalt wand, um sich den Ablauf einer Scheidung erklären zu lassen.

Ich fand dies nachvollziehbar, wahrscheinlich hätte ich genauso gehandelt. Unter Umständen schon um einiges eher.

Papa hatte im Rahmen dieses aufkeimenden Scheidungskrieges den Plan, das Sorgerecht für meine siebenjährige Schwester Amélie einzuklagen.

Hauptsächlich begründete er das mit der Befürchtung, Amélie könnte früher oder später in dieselben fragwürdigen Kreise abrutschen wie Lissi in den letzten Jahren. So sah er jedenfalls die Entwicklung meiner mittleren Schwester, wobei ich selbst hiervon ja nichts mitbekam und es auch nicht einschätzen konnte. Aber ich vertraute seinem Urteilsvermögen.

Außerdem wollte er um alles in der Welt vermeiden, dass unsere Kleinste wie ich unter Mamas Desinteresse leiden könnte, schulisch und menschlich. Um seine Argumentation über ihre Gefühlskälte mir gegenüber zu untermauern, bat er mich um einen Gefallen. Ich sollte aus meiner Erinnerung ein paar Vorkommnisse zu Papier bringen, die zeigten, wie sie sich verhielt, als ich noch daheim wohnte.

Zuerst zögerte ich. Immerhin hatte ich mit der Scheidung nicht das Geringste zu tun und mehr als genug eigene Sorgen.

Ich muss zugeben, ich ließ mich wahrhaftig bequatschen und von Papa vor den Karren spannen – und verfasste schließlich diese Aufzeichnungen.

Nicht, dass diese Beschreibungen gelogen gewesen wären. Sie waren die absolute Wahrheit. Aber im Grunde genommen war ich damit kein bisschen besser als meine Tante Maya. Damals, als ich sie vor Jahren dafür verurteilte, wie sie sich von Mama anstiften ließ, mir ins Gewissen zu reden und im Laufe der Diskussion als Nutte zu bezeichnen.

Ich kann im Nachhinein nicht mehr nachvollziehen, wie ich den Bericht für meinen Vater verfassen konnte. Ich hätte mich ebenso aus den Angelegenheiten meiner Eltern heraushalten sollen, wie sie es bei meinen taten.

Nachdem meine Eltern in den Folgewochen innerhalb des Hauses getrennte Bereiche bezogen – Papa bewohnte das Kellergeschoss und Mama das obere Stockwerk –, kam es zum Eklat. Er wollte seine Stereoanlage aus dem oberen Stock in den Keller holen und Mama soll ihn dabei irgendwie provoziert haben. Das wiederum konnte ich mir lebhaft vorstellen, denn im Sticheln war sie immer sehr gut.

Jedoch beging Papa den unverzeihlichen Fehler, darauf anzuspringen, und wurde handgreiflich, was ich so bisher überhaupt nicht kannte von ihm, der uns Kinder niemals geschlagen oder irgendwie körperlich traktiert hatte. Hier muss das Maß für ihn voll und sein Frust überschäumend gewesen sein, sodass er Mama tatsächlich gegen die Flurkommode schubste.

Es folgte eine Anzeige wegen Körperverletzung gegen Papa und alles schaukelte sich innerhalb des Scheidungsverfahrens nach und nach hoch.

Lissi war in das Geschehen gezwungenermaßen eingebunden, da sie noch zu Hause lebte. Wie üblich schlug sie sich auf Mamas Seite, was ich in dem Fall sogar verstehen konnte.

Was mir hingegen nicht in den Kopf wollte, ist, wie meine Schwester sich mehrfach erdreistete, alle um sich herum nach Belieben wie Werkzeuge zu benutzen. Und das auch außerhalb der Familie.

Wann immer sie etwas von jemandem brauchte, zeigte sie sich ausgesprochen freundlich und zutraulich. Hatte sie, was sie brauchte, oder wurde es unbequem, dann ließ sie denjenigen fallen wie eine heiße Kartoffel.

Mehrere solcher On-Off-Zustände bezogen sich auch auf Papa.

Beispielsweise wollte Lissi im Herbst 2000 ein Auto kaufen und Papa stand ihr bei der Suche beratend zur Seite, damit sie nicht übers Ohr gehauen wurde. Diese Hilfestellung nahm sie gerne an.

Als es an den Kauf eines Wagens ging und Papa als Bürge einspringen sollte, lehnte er dies ab. Seinen Protest hatte er kaum ausgesprochen, da war er bereits wieder Luft für meine Schwester.

In dieser Art verhielt sich Lissi auch, als unsere Eltern gemeinsam ihre Bankangelegenheiten geradebogen, weil sie einmal von dort kein Geld mehr bekam und ihre EC-Karte gesperrt wurde. Kaum war die Kuh vom Eis, war Papa für sie augenblicklich nicht mehr existent.

Als Lissi einmal mit den Versicherungsbeiträgen für ihr Auto in Verzug geriet, bekam Papa die Mahnungen zugesandt, da das Fahrzeug auf seinen Namen lief. Er sagte, sie solle bezahlen und so lange den Wagen stehenlassen – was wie gehabt die sofortige Ignoranz von Seiten meiner Schwester nach sich zog.

Als sie dann für ihren Weg zur Arbeit Mamas Auto nahm und mit diesem einen schweren Unfall verursachte, ging sie zu Papa und verlangte, er solle die Reparatur zahlen. Er verneinte und war für Lissi damit aufs Neue gestorben.

Den Vogel schoss sie allerdings in eben diesem Sommer 2001 ab, in dem unsere Eltern innerhalb des Hauses getrennt wohnten. Lissi unterstützte Mama während der Trennungsphase moralisch und ließ Papa eindeutig wissen, was sie von ihm und seiner Beziehung zu Maria hielt.

Meine Schwester stattete ihm eines Tages in seinem Kellerbüro einen unverhofften Besuch ab und attackierte ihn verbal-aggressiv: „Wie lange willst du uns eigentlich noch verarschen? Hau endlich ab und verschwinde hier!"

Papa reagierte gewohnt rational und gab ihr kurz und knapp zu verstehen, er ließe sich wohl kaum von seiner Tochter aus seinem eigenen Haus werfen. Vielmehr hätte sie nun einen Monat Zeit, sich eine eigene Wohnung zu suchen, wenn sie nicht mit ihm unter einem Dach leben wolle.

Das tat sie dann, was blieb ihr anderes übrig.

Mama zog zwei Monate später zusammen mit Amélie in eine kleine Wohnung, die nur zwei Querstraßen von unserem Elternhaus entfernt lag.

Zu ihrem 46. Geburtstag im Juni rief ich Mama an, um ihr zu gratulieren.

Unser Verhältnis war extrem angespannt, denn sie verstand nicht, warum ich nicht, wie Lissi, voll auf ihrer Seite stand.

Nach ein paar Worthülsen und Geplänkel begann Mama, mir auf einmal Vorwürfe zu machen. „Du meldest dich auch kein bisschen bei mir. Gerade jetzt, wo es mir so dermaßen schlecht geht."

Ich antwortete betont gelassen: „Also wenn wir es mal genau nehmen, kann ich mich nicht an einen einzigen Anruf von *dir* erinnern, als es *mir* schlecht ging. Du erwartest von mir wohl kaum irgendwelche Pflichtanrufe, oder?"

Aber diesen Einwand schien sie geflissentlich zu überhören. „Naja, für mich war es ja schon immer klar, dass ich nur eine richtige Tochter habe, die zu mir steht und die mich besuchen kommt, und das ist Lissi."

Auch wenn es weh tat, versuchte ich ruhig zu bleiben, und bat sie, vernünftig mit mir zu reden und solche Bemerkungen zu unterlassen.

Ich fügte relativ nüchtern hinzu: „Meiner Erinnerung nach hast du es in den letzten acht Jahren gerade dreimal geschafft, mich zu besuchen. Zweimal davon auf Papas Initiative hin mit der ganzen Familie und einmal allein, weil du eine Übernachtungsmöglichkeit für den Weg zu Papas Kur gebraucht hast. Ist das normal für eine fürsorgliche Mutter? Und komm mir jetzt nicht damit, die Strecke wäre so weit. Nach Köln zu deiner Familie ist es exakt genauso weit und da fährst du auch öfter hin."

Sie wechselte auf der Stelle zickig das Thema: „Sag mal, stimmt das eigentlich, was ich gehört habe? Du willst für Papas Anwalt aufschreiben, wie es als Kind für dich zu Hause so lief? Willst du mich niedermachen, oder was?"

„Was hat denn das mit niedermachen zu tun? Ich bin gefragt worden, ob ich schriftlich ein paar Kindheitserlebnisse verfassen würde, und da hab ich „Ja" gesagt. Ich weiß nicht, worüber du dich aufregst, wenn doch deiner Meinung nach alles in Ordnung war. Die Wahrheit werde ich ja wohl sagen können."

„Weißt du was?", fauchte sie aggressiv wie ein in die Enge getriebenes Tier ins Telefon. „Du brauchst gar nichts mehr zu sagen! Auf sowas wie dich kann ich verzichten, von mir aus ist das hiermit alles erledigt! *Du* bist für mich erledigt. Du brauchst dich nicht mehr melden! Tschüss!!!" – und legte auf.

Etwas perplex stutzte ich und blickte auf den Telefonhörer. Ich war an solche Keifereien gewohnt und über kurz oder lang würde sie sich schon wieder beruhigen. Ich zuckte mit den Schultern und machte mir etwas zu essen.

Hätte ich geahnt, dass der 30. Juni 2001 das letzte Mal sein sollte, dass ich die Stimme meiner Mutter hörte, dann … tja, was dann? Ich weiß es nicht.

Kurze Zeit später schickte mir Lissi eine SMS.

Ich las sie und musste ein bisschen grinsen, so kindisch war sie. Sie lautete wortwörtlich: „Was du heute bei Mum abgezogen hast, finde ich ziemlich arm! Auch was Du vorhast. Hab Dich für schlauer eingeschätzt, aber naja ...! Eine Antwort erwarte ich nicht von Dir, wäre ja mit Sicherheit auch nur eine Pflicht-SMS! Möchte mit Dir nix mehr zu tun haben, da Du in meinen Augen feige und das Letzte bist!!! Tschüss!"

Ich schrieb ihr eine SMS zurück, dass wir das doch klären und uns vernünftig unterhalten könnten. Es kam keine Antwort.

In diesem Zeitraum begannen die Vorbereitungen zu den Verhandlungen zwischen den Banken und mir vor dem Landgericht Kaiserslautern.

Letztendlich waren die Bemühungen meines Anwaltes, mich aus der Sache herauszuboxen, von wenig Erfolg gekrönt. Gegenüber der Volksbank verdonnerte mich das Gericht zur Zahlung der Restschuld des Motorrad-Darlehens in Höhe von 24.681,64 Mark.

Ende September 2001 kam es zwischen der Raiffeisenbank und meinem Rechtsanwalt erneut zu einem Termin vor dem Kaiserslauterner Landgericht, bei dem man über einen Vergleich verhandelte.

Die Vertreter der Bank räumten ein, Fehler bei der Beratung sowie bei der Bewertung des schon aus der Schufa ersichtlichen Kredites gemacht zu haben. Sie erklärten sich dazu bereit, die Schuldensumme von mittlerweile weit über 80.000 Mark auf 30.000 Mark zu reduzieren. Diese sollte ich in Monatsraten zu je 250 Mark abbezahlen.

Herr Assel gab vor Gericht zu Protokoll, er sei nicht sicher, ob ich diese Zahlungen stemmen könnte, aber er empfehle mir den Abschluss des Vergleiches.

Alle Zahlungsverpflichtungen, zu denen man mich verurteilte, waren vollends vollstreckbar. Das bedeutet, ich könnte jederzeit diese Summen gepfändet bekommen. Ebenso hatte ich die Prozesskosten von knapp 4.000 Mark zu zahlen, da mir die Prozesskostenhilfe ja verwehrt wurde.

Die Privatinsolvenz war also definitiv unumgänglich. Inklusive aller Zinsen, Gebühren und Prozesskosten beliefen sich meine Schulden zu diesem Zeitpunkt auf insgesamt 71.734,44 Mark. Hätte die Raiffeisenbank nicht zuvor einem Vergleich zugestimmt, hätte sich alles sogar auf circa 150.000 Mark aufsummiert.

Dennoch erinnerte Herr Assel mich daran, dieser Betrag sei erst der vorläufige Schuldenberg. Welche Gläubiger im Endeffekt nach der öffentlichen Bekanntmachung der Insolvenz ihre Forderungen anzeigten, stand auf einem ganz anderen Blatt. Es könne sein, dass einige dies nicht taten. Es könne aber auch sein, dass noch etwas dazukäme, beides sei theoretisch möglich.

Man darf nicht vergessen: ich hatte ebenso für den Sportwagen gebürgt.

Für mich war diese Summe zumindest eine Hausnummer, mit der ich kalkulieren konnte. Etwas über 70.000 Mark.

Mein Anwalt versprach mir, er würde nun in Richtung Insolvenzantrag agieren. Auf diese Weise könne er noch einige Monate herausschlagen, in denen ich Zahlungsaufschub bekäme. Schlussendlich zahlen müsse ich aber, das sei klar. Spätestens dann, wenn das Insolvenzverfahren eröffnet würde.

Es gibt Menschen, die leben wie selbstverständlich mit weitaus mehr Schulden tagein tagaus ein vollkommen normales Leben. Mit gutem Schlaf, einem regulären Einkommen und so weiter.

Normalerweise ist es hierbei aber so, dass diesen Schulden ein Gegenwert in Form eines Autos, Hauses oder ähnlicher Anschaffungen gegenüber steht.

Bei mir war das anders. Ich hatte Schulden und wusste: alles, was ich zur Abzahlung leistete, fiel in ein schwarzes, bodenloses Loch. Einfach so, einfach weg, ohne dass ich irgendetwas davon hatte.

Das war einer der Gründe, weswegen ich nach nur knapp eineinhalb Jahren der Software-Firma den Rücken zukehrte. Im Hinblick auf meine bevorstehende Insolvenz und den damit verbundenen Pfändungen musste ich sehen, wo ich finanziell blieb. Ich bewarb mich auf eine aussichtsreiche Anstellung in einem großen internationalen Chemie-Konzern mit Sitz in Worms und bekam den Job.

Gleich zu Beginn meines Arbeitsverhältnisses spielte ich mit offenen Karten und klärte „Chef" über die bevorstehende Insolvenz auf. Dies wurde jedoch nicht als Problem gesehen, denn anscheinend kommt das öfter vor, als man vielleicht denkt.

Diese Firma barg ganz andere Chancen für mich, da ich hier als Assistentin für einen der vier Geschäftsführer arbeiten würde. Das Gehalt war bedeutend höher als das, was mir das junge Software-Unternehmen jemals hätte zahlen können.

Mein Fokus lag auf einem möglichst hohen Netto-Verdienst in meinem Hauptjob, damit ich meine Miete, Kfz-Kosten, Versicherungen sowie die sonstige Lebenshaltung bestreiten konnte.

Man kann sich das anhand der damals gültigen Pfändungstabelle grob vereinfacht wie folgt vorstellen: ab einem Netto-Einkommen von 940 Euro durfte gepfändet werden, soweit nicht eine Unterhaltspflicht für ein Kind bestand.

Von jeden weiteren 10 Euro, die ich netto mehr verdiente, würden 7 Euro gepfändet und 3 Euro gingen auf mein Konto, womit ich dann frei haushalten durfte. Ab jetzt machten auch meine Nebenjobs wenig Sinn, denn im Endeffekt rentierte sich das nicht mehr bei den kleinen Verdiensten, weshalb ich diese mit Beginn meiner neuen Anstellung kündigte.

Ich startete also im Dezember 2001 meine neue Beschäftigung als Geschäftsführungsassistentin und bereute diesen Schritt nicht. Mit dem höheren Gehalt begann ich, die vorgeschlagenen Raten an die Banken zu zahlen. Dies sollte so lange gehen, bis das Insolvenzverfahren offiziell eröffnet wäre.

Im selben Monat begegnete ich Milan.

Milan studierte zwar noch an der Universität in Kaiserslautern, war aber bereits 30 Jahre alt, also vier Jahre älter als ich. Und genau dort, auf einer Studenten-Party in der Uni-Stadt, traf ich ihn das erste Mal.

Ich bestellte mir an der Bar etwas zu trinken, als er sich neben mich stellte und mich ansprach. Ein sportlich-attraktiver Mann mit angenehmer Stimme. Es entwickelte sich keines der üblichen Anmach-Geplänkel, sondern eher ein witziger Schlagabtausch. Milans Lässigkeit und humorvolle Art machten mich neugierig.

Er fragte mich irgendwann, ob er mir mein eben bestelltes Radler ausgeben dürfte, was ich aber dankend ablehnte.

„Gut, dann eben nicht. Vielleicht könntest *du* mir dafür einen kleinen Gefallen tun? Würdest du mir deine Telefonnummer geben?", fragte er mit einem verschmitzten und selbstbewussten Grinsen. Er versprühte eine unbändige Lebenslust, was ihn sehr interessant machte.

Darum schrieb ich ihm mit einem Lächeln meine Büro-Nummer auf den 10-Mark-Schein, mit dem er gerade die Biere für sich und seinen Kumpel bezahlten wollte. Meine Handynummer wollte ich ihm nicht direkt geben. „Wollen doch mal sehen, wie betrunken du heute Abend noch wirst und ob du ihn nicht aus Versehen ausgibst", konterte ich.

„Bestimmt nicht!", gab er lachend zur Antwort und zog blitzartig den Geldschein von der Theke zurück, um ihn vor der Kassiererin zu schützen.

Und er behielt in der Tat Recht, denn bereits wenige Tage später rief er mich an.

In den folgenden Tagen schrieben wir uns mehrere SMS und telefonierten öfter miteinander.

Über alles Mögliche quatschten wir und er erklärte mir, er ließe das Lehramts Studium nebenher laufen, da er in mehreren kleineren Jobs arbeitete, mit denen er Geld verdiente. Außerdem hatte er seinem Vater in den letzten Jahren intensiv beim Hausbau unter die Arme gegriffen und dafür eine Menge Zeit abgezwackt.

Milan berichtete mir über seine kroatischen Wurzeln, ergänzte aber, er selbst habe nie in Kroatien gelebt. Er wirkte wie ein zu groß gewachsener Lausbub, der das Leben genoss und nach seinen Vorstellungen lebte. Mit viel Fußball, Skifahren und Partymachen.

Das erste Mal lud ich ihn unmittelbar nach den Weihnachtstagen zu mir ein und von Beginn an war spürbar, es könnte etwas Ernstes werden. Es prickelte und die Schmetterlinge in meinem Bauch schlugen Purzelbäume. Zumal auch er mir ständig signalisierte, über die Maßen in mich verschossen zu sein.

Milan eröffnete mir an diesem Abend, er würde für die folgenden acht Tage zum Skifahren nach Frankreich fahren. Denn er arbeitete als einer der Skilehrer, der den Studenten der Kaiserslauterner Uni den Sport beibrachte – ebenfalls einer seiner Nebenjobs. Somit konnten wir den Jahreswechsel zwar nicht gemeinsam verbringen, aber das war okay für mich.

Am Abend seiner Rückkehr stand er dafür völlig unerwartet und überraschend vor meiner Haustür und ich freute mich unglaublich darüber. Zeigte es mir doch irgendwie, dass ihm wahrhaftig etwas an mir lag, denn ich war sowieso schon bis über beide Ohren verknallt in ihn.

Im Laufe des Januars und Februars entwickelte sich dann mehr und mehr eine feste Beziehung, wobei er nie die ganze Nacht bei mir blieb.

Auf mein Nachfragen, warum er immer so früh abhaute, antwortete er mir, er wohne nach der Trennung von seiner langjährigen Freundin Dara wieder bei seinen Eltern. Diese Ex-Freundin galt sozusagen als die Wunsch-Schwiegertochter, weil sie ebenfalls eine Kroatin war. Milan wollte bei seinen Eltern keine schlafenden Hunde wecken und sie langsam an unsere neue Beziehung heranführen.

Das sei besser für uns beide im Hinblick auf eine gemeinsame Zukunft, seine Mutter sei in diesem Punkt extrem traditionell eingestellt. Das bedeutete, dass man nicht so schnell eine neue Freundin hat, wenn man vorher weit über zehn Jahre lang in einer festen Beziehung gelebt hatte.

Die Thematik einer Wunsch-Schwiegertochter beziehungsweise bei mir eines Wunsch-Schwiegersohnes kannte ich nur allzu gut. Und ich hatte es ja nicht eilig, schließlich führte ich mein eigenes Leben, das genug Aufregung beinhaltete. Da musste ich nicht noch zusätzlich irgendwelche anderen Unannehmlichkeiten provozieren.

Anfang März 2002 wurde nach all den zähen Verhandlungen endlich der formale Antrag für meine Privatinsolvenz eingereicht, damit die geregelte Schuldenabtragung bald beginnen konnte.

Die Banken erfuhren natürlich ohne Umwege davon und stellten den sofortigen Antrag, ich solle den Offenbarungseid bei meinem zuständigen Obergerichtsvollzieher abgeben. Dies war von vorneherein zu erwarten gewesen und der normale Lauf der Dinge, was bedeutet: weder schockte es mich noch gab es mir ein schlechtes Gefühl. Diese Sachen hatten in den letzten zweieinhalb Jahren derart prägnant beinahe täglich mein Leben bestimmt, weshalb es schlicht nur ein weiterer Schritt war, der gegangen werden musste.

Milan weihte ich von Beginn an in meine finanzielle Schieflage ein und er reagierte in seiner gewohnt unbedarften Art, als ich ihm die Neuigkeiten erzählte.

Er brachte gerade heraus das Thema Zusammenziehen auf den Tisch und fragte, wann genau ich mir eine gemeinsame Wohnung mit ihm vorstellen könne. Für ihn bedeutete das zwangsläufig, ich solle meine eigene Wohnung aufgeben und zu ihm ziehen. Wohlgemerkt in das Haus seiner Eltern.

Ich tat dies nach drei Monaten Beziehung als eine Spinnerei ab und setzte lachend entgegen, er sollte mich doch zuvor lieber erst einmal seinen Eltern vorstellen. Inwieweit diese inzwischen über uns Bescheid wussten, war mir nämlich immer noch schleierhaft. Und ich spürte: hier lag einiges im Dunkeln.

Es war Freitag, Mitte März, und im Büro lief alles seinen gewohnten Gang. Martina, meine Kollegin, saß mir gegenüber und hatte, wie meist am letzten Tag der Woche, einen Haufen Papierkram auf ihrem Tisch liegen. Wir freuten uns auf das bevorstehende Wochenende und unterhielten uns nebenbei über unsere Pläne, als mein Bürotelefon läutete.

Ich meldete mich mit dem firmenüblichen Einleitungstext für Extern-Anrufe. Am anderen Ende der Leitung meldete sich daraufhin eine ruhige und angenehme Frauenstimme – ohne sich mit Namen vorzustellen:

„Hallo. Kennen Sie einen Milan?"

Ich stockte. „Öhm ... mit wem spreche ich denn da bitte?", gab ich zugegeben überrumpelt zurück.

„Das ist jetzt erst einmal egal. Kennen Sie einen Milan?" Ihre Stimme klang jetzt intensiv drängend.

Verunsichert bestätigte ich ihre Frage, während Martina mich irritiert ansah: „Ja. Milan ist mein Freund. Wieso?"

Ein bitteres, leises Lachen in der Leitung und die darauf folgende Antwort ließ mir den Atem stocken: „Das ist interessant. Meiner nämlich auch!"

Die Unterhaltung entwickelte sich ganz langsam und vorsichtig. Und die Frau, die sich mir als Dara vorstellte, wusste zu viele Details über Milan, als dass es sich um einen Bluff handeln konnte.

So konnte sie mir beispielsweise von der auf dem 10-Mark-Schein notierten Telefonnummer berichten. Und Milan würde vehement abstreiten, von dieser Nummer irgendetwas zu wissen. Daher rief sie diese Nummer einfach an und gelangte zu mir.

Dara – das war doch seine kroatische Ex-Freundin, von der er mir erzählt hatte, dämmerte es mir langsam.

Dass sie offenkundig nicht die Ex, sondern die aktuelle Partnerin meines Freundes zu sein schien, erklärte auf einmal vieles. Unter anderem die Nächte, in denen er wegen Rücksichtnahme auf seine traditionsbewussten Eltern spät abends wieder „nach Hause" fuhr.

Ihren Angaben zufolge bewohnten die beiden eine gemeinsame Wohnung in Kaiserslautern. Sie gab zwar zu, dass die Beziehung im Moment etwas schwierig sei, jedoch wäre von einer Trennung zu keinem Zeitpunkt die Rede gewesen. Und im Übrigen sei sie nicht gewillt eine zehnjährige Beziehung einfach aufzugeben.

Ich versicherte ihr, ich hätte mich niemals wissentlich in eine bestehende Beziehung eingemischt. Dennoch seien wir jetzt auch seit ungefähr drei Monaten zusammen und ich wollte Milan darauf ansprechen.

Eine kaum beschreibbare Mischung aus Aufregung, Empörung und Wut stieg in mir hoch. Am liebsten hätte ich Milan direkt angerufen. Aber ich riss mich zusammen, weil ich versuchen wollte, diese prekäre Situation in einer Vieraugen-Unterredung zu klären. Und mir blieb dafür nur dieser Abend, da er am nächsten Tag frühmorgens wieder für eine Woche in eine Ski-Freizeit startete.

Im Gegensatz zu mir hatte Dara Milan bereits über unser Telefonat informiert, und er war stinksauer, als er bei mir in die Wohnung hereinplatzte.

Mir erschloss sich allerdings nicht, warum *er* dermaßen geladen war, und ich stellte ihn unmittelbar zur Rede.

Milan sah sich von Beginn an in der Opferrolle. Seine Erklärung basierte darauf, dass Dara sich nicht mit der von ihm ausgesprochenen Trennung abfinden und ihm sein neues Glück zerstören wollte. Immerhin plane er doch mit mir zusammenzuziehen und in eineinhalb Wochen an Ostern meinen Vater zu besuchen. Und seinen Freunden hätte er mich schließlich auch schon vorgestellt. Das würde er alles kaum tun, wenn er unsere Beziehung nicht ernst nähme, sprudelte es aus ihm heraus.

Das klang durchaus logisch und stimmig, trotzdem bat ich ihn um eine schnelle Klarstellung mit Dara, damit sie wusste, woran sie war. Die Rolle als betrogene Partnerin hatte ich nicht vergessen und ebenso nicht, wie gedemütigt man sich dabei fühlte.

Er versprach mir, mit ihr zu sprechen, und ich fühlte mich etwas besser.

In der folgenden Woche telefonierten wir täglich miteinander.

Mein altes Auto hatte einen Schaden an der Ölwanne abbekommen, den ich lediglich provisorisch flicken ließ. Milan wollte sich nach eigenen Angaben darum kümmern, sobald er zurückkäme.

Ich hörte nichts mehr von Dara und freute mich auf unseren Osterbesuch bei Papa und Maria, die zwischenzeitlich zu ihm in mein früheres Elternhaus gezogen war.

Am Ostersonntag starteten wir früh nach Guxhagen, um dort zwei geruhsame Tage zu verbringen. Bei der Gelegenheit stellte ich Milan vor.

Wir genossen alle gemeinsam die warme Frühlingssonne auf der Terrasse und ließen es uns mit üppigem Essen und lockerem Gequatsche gut gehen.

Papa wirkte mit Maria überaus glücklich. Ich hatte sie schon Monate zuvor in mein Herz geschlossen, als wir uns das erste Mal richtig kennenlernten. Eine äußerst liebe und großherzige Frau, eben eine typische, fürsorgliche Mutter.

Gegen halb acht am nächsten Abend fuhren wir wieder nach Hause.

Auf dem Parkplatz meiner Wohnung angekommen, stiegen wir etwas müde, aber gutgelaunt aus.

Plötzlich vernahm ich das Schlagen einer Autotür von der gegenüberliegenden Straßenseite und offenbar aus dem Nichts beschimpfte uns lauthals eine extrem aufgebrachte, mir völlig unbekannte Frau.

Ich weiß gar nicht mehr, was sie im Detail rief, aber mir war irgendwie sofort klar: es musste Dara sein, die hier fuchsteufelswild und vor Wut schnaubend auf uns zupreschte.

Milan reagierte blitzschnell und dirigierte mich in die Wohnung, während er gleichzeitig versuchte, Dara zu beruhigen.

Regungslos und geschockt stand ich wie angewurzelt an die Innenseite meiner Wohnungstür gelehnt und zitterte am ganzen Körper.

Woher wusste sie wo ich wohnte? Und warum ließ sie Milan und mich nicht in Ruhe? Hatte er nicht versprochen, er würde alles klären?

Nach einiger Zeit klingelte es und er stand vor der Tür.

Ich überlegte kurz, ob ich ihn reinlassen oder direkt zum Teufel jagen sollte. Aber dann öffnete ich ihm.

Rasend vor Wut fuhr ich ihn an: „Was war *das* denn bitteschön und weshalb steht sie hier vor meiner Wohnung?"

„Beruhig' dich erst einmal", versuchte Milan zu beschwichtigen, „sie muss mir hierher gefolgt sein, als ich gestern zu dir gekommen bin. Anders kann ich mir das nicht erklären."

Er nahm mich in den Arm und hielt mich fest: „Ich habe sie jetzt nach Hause geschickt und ihr gehörig die Meinung gesagt. Du hast nichts mehr vor ihr zu befürchten."

Das sollte sich als Irrtum herausstellen.

Denn bereits vier Tage später klingelte es abends um 22 Uhr Sturm, als Milan und ich gerade einen gemütlichen Fernsehabend verbrachten.

Das Spiel begann von vorne: er ging hinaus, beruhigte sie, schickte sie nach Hause und kehrte zu mir zurück.

Ich muss zugeben, ich hatte tatsächlich richtige Angst. Ich wusste nicht, zu was diese Frau fähig war.

Milan erklärte mir immer wieder, sie könne keiner Fliege etwas zuleide tun, aber das beruhigte mich nicht im Mindesten. Ich hatte ja gesehen, wie sehr sie ausflippen konnte.

Wiederum knapp eine Woche später klingelte bei mir zu Hause abends das Telefon. Nichtsahnend nahm ich den Hörer ab und erschrak bis in die Knochen, als ich feststellte, dass es Dara war. Sie hatte, weiß der Himmel wie, meine private Telefonnummer herausgefunden.

„Ich kann genau sehen, dass Milan bei dir ist!“

Das hieß, sie musste vor dem Hof mit den Parkplätzen stehen und von ihrem Handy anrufen.

Ich war wirklich baff. An diesem Abend war er wirklich nicht bei mir, sie konnte ihm demnach nicht hinterhergefahren sein. Am Tag zuvor hatten Milan und ich nämlich die Autos getauscht, damit er sich dem Problem mit der defekten Ölwanne widmen konnte.

Das erklärte ich Dara und bat sie, endlich Ruhe zu geben.

Als Milan zwei Tage später zu mir kam, platzte mir der Kragen. Ich flippte total aus und verlangte von ihm, er solle die Situation ein für allemal aufklären, oder er könne die Beziehung mit mir vergessen.

Er verteidigte sich damit, ich würde das nicht verstehen. In seiner Familie liefe das anders, da beende man nicht mir-nichts-dir-nichts eine langjährige Beziehung. Milan fühlte sich für Dara auch in gewisser Weise verantwortlich und lehnte es rigoros ab, den Kontakt komplett zu ihr einzustellen.

Ich ließ mich mit der Aussage nicht abspeisen und drängte vehement auf eine endgültige Klärung.

Er merkte augenscheinlich, dass es ernst wurde, und versprach, er würde die Sache in Ordnung bringen, ich solle ihm nur etwas Zeit geben.

Die konnte er meinetwegen haben.

Es beunruhigte mich nicht, in der folgenden Woche nichts von ihm zu hören.

Wohl aber, dass mir in dieser Woche von jetzt auf gleich mein Konto eingefroren wurde.

Ich bekam von der Volksbank die Mitteilung über ein „vorläufiges Zahlungsverbot". Mein Dauerauftrag für die Miete sei gelöscht und ich könne keinerlei Beträge mehr abheben oder Überweisungen tätigen. Gleichzeitig pfändete man sämtliches Guthaben, das sich auf meinem Giro-Konto befand, und überwies es auf ein Zwischenkonto der Bank. Ich stand also über Nacht ohne einen Cent Geld in der Tasche da.

In all der Zeit der finanziellen Berg- und Talfahrt empfand ich diesen Moment als den schlimmsten. Vermutlich deshalb, weil ich ohnehin nervlich durch die Sache mit Dara angeschlagen war.

Sofort kontaktierte ich meinen Anwalt und faxte ihm das Schreiben zu, woraufhin er umgehend eine Antwort an die Bank sandte.

Er wies das Geldinstitut darauf hin, mein pfändbares Einkommen sei bereits an andere Gläubiger abgetreten. Ebenfalls sei das Insolvenzverfahren in Beantragung. Im Klartext, sie müssten sich bitte hinten anstellen, wenn sie etwas haben möchten, und sollten diese Pfändungen unterlassen.

Gott sei Dank verfehlte der Brief seine Wirkung nicht und mein Konto war nach drei Tagen wieder für mich zugänglich.

Als sich Milan eine weitere Woche nur sehr spärlich meldete, begann ich innerlich, die Beziehung ad acta zu legen. Allem Anschein nach entschied er sich für Dara und dann sollte es eben so sein. Ich fühlte mich schrecklich, versuchte aber, darüber hinwegzukommen.

Doch an einem Sonntagabend stand er unverhofft vor meiner Haustür und ich gebe zu, ich freute mich unheimlich.

Wir gingen ins Kino und im Anschluss daran besprachen wir bis tief in die Nacht, wie es mit uns weitergehen würde. Dabei ließ Milan mich wissen, er wolle in jedem Fall mit mir zusammen sein. Es war jedoch aufgrund der langjährigen Beziehung zu Dara nicht so simpel, alles in seinem Umfeld derartig schnell zu bereinigen.

Da gab es die gemeinsame Wohnung, in der noch Sachen von ihm standen, und die nicht ganz fertige Wohnung im Haus seiner Eltern, in die er schnellstmöglich einziehen wollte. Denn dass er dort wohnte, so wie er es mir im Vorfeld geschildert hatte, entsprach nicht der Wahrheit.

Er bat mich um mehr Zeit und ich gewährte sie ihm. Ich machte ihm aber unmissverständlich klar, ich sei nicht bereit, ihn zu teilen. Die Beziehung wollte ich ganz oder gar nicht führen.

Mittlerweile war es Mai und schon mehrere Wochen sah oder hörte ich nichts von Dara.

Das änderte sich aber am Christi-Himmelfahrt-Donnerstag, nachdem ich mit Milan spät abends von einem langen Spaziergang und Eisessen zurückkam. Wir wollten es uns gerade bei mir gemütlich machen, als mein Telefon klingelte.

Mich beschlich schlagartig ein ungutes Gefühl, denn für gewöhnlich rief um diese fortgeschrittene Uhrzeit niemand mehr an. Ich nahm das Gespräch an und merkte, dass am anderen Ende der Leitung direkt aufgelegt wurde. Mir fiel ein Stein vom Herzen, scheinbar hatte sich jemand verwählt.

Ein Trugschluss.

Das Telefon klingelte erneut und die Leitung war tot, sobald ich das Gespräch annahm.

Diese Prozedur wiederholte sich, bis ich entnervt das Telefon ausschaltete. Offensichtlich die einzige Chance auf Ruhe, auch wenn es innerlich an mir nagte, dass Dara es ein weiteres Mal geschafft hatte, einen schönen Abend zu zerstören.

Am folgenden Tag dasselbe Spiel. Spät am Abend klingelte das Telefon, als Milan bei mir war, und ich reagierte nach dem zweiten Anruf noch rigoroser als am Vortag: ich zog die Leitung aus der Telefonbuchse.

Diese Telefonterror-Abende gipfelten dann darin, dass Dara uns nach drei Tagen draußen auflauerte, als wir von einem Abendspaziergang zu meiner Wohnung zurückkehrten.

Völlig außer sich tobte sie und entlud ihren Frust in Beschimpfungen. Wobei ich inzwischen einfach nur noch genervt war und etwas in der Art rief wie, sie solle es endlich akzeptieren: ihre Beziehung sei beendet. Fraglos war das nicht sehr taktvoll, aber ich hatte gleichermaßen nicht den Eindruck, dass Dara sich mir gegenüber in irgendeiner Weise taktvoll verhielt.

Eine weitere Woche ging ins Land, in der ich beinahe jeden Abend mein Telefon ausstöpselte, sobald ich nach Hause kam. Denn tat ich es nicht, ging der Telefonterror von Neuem los.

Langsam lagen meine Nerven wahrlich blank. Ich verlor die Beherrschung und stauchte Milan zusammen wie noch nie zuvor, damit er endlich etwas dagegen unternehmen solle, sonst bräuchte er überhaupt nicht mehr zu mir zu kommen.

Am nächsten Tag werde er dem ein Ende setzen, garantierte er mir.

Zu meiner Überraschung blieb das Telefon am nächsten Abend wirklich still.

Und auch in der Woche nach Pfingsten gab es nur vereinzelte ominöse Anrufe ohne Rückmeldung auf der Gegenseite. Aber sobald ich dies merkte, zog ich den Telefonstecker aus der Wand und hatte meine Ruhe.

Milan übernachtete seit einiger Zeit nun auch bei mir, ohne irgendwann mitten in der Nacht wieder abzuhauen.

Es schien sich in die richtige Richtung zu entwickeln.

Der Sommer startete und die erste Juniwoche zeigte dies mit etlichen warmen Tagen. Ich sog praktisch jede freie Minute auf, die mir Ruhe und Entspannung brachte. Abends sonnte ich mich öfter nach Feierabend auf dem Balkon und beobachtete meine Katzen, wie sie im Garten herumtollten, oder verbrachte die Zeit mit Milan.

Ab und an vergaß ich sogar für einen kleinen Augenblick, dass mein Leben aktuell aus schlaflosen Nächten wegen bevorstehender Lohnpfändungen, Telefonterror von Dara und den Reibereien mit Milan bestand.

Bis zum 6. Juni 2002.

Dem Tag, an dem ich früher nach Hause kam und mein Vater mich dringend um Rückruf bat.

Dem Tag, an dem ich erfuhr, dass meine Mutter ermordet worden war.

Fest und stark ist nur der Baum,
der unablässig Windstößen ausgesetzt war,
denn im Kampf festigen und verstärken sich seine Wurzeln.
Seneca

6

Frau bestialisch erstochen

Bluttat in Guxhagen: Unbekannter Täter auf der Flucht

Von Bettina Sangerhausen und Frank Thonicke

Guxhagen. Entsetzliche Bluttat in Guxhagen: Die 46 Jahre alte Sigrid Baumann wurde gestern in ihrem Wohnhaus in der Knüllstraße erstochen. Der bisher unbekannte Täter stach mehrmals zu. Die Tat geschah kurz vor 8 Uhr früh. Kurz zuvor hat die achtjährige Tochter von Sigrid Baumann das Haus verlassen, um zur Schule zu gehen. Die Getötete hinterlässt außerdem zwei erwachsene Töchter.

Der 66 Jahre alte Vermieter, der in der unteren Wohnung des Hauses lebt, hatte am Morgen im Flur Schreie gehört. Als er seine Tür öffnete, sah er, wie Sigrid Baumann blutüberströmt zusammenbrach. Der Täter schleuderte ein Messer auf den Vermieter, das aber nicht traf. Es wurde - wie auch ein zweites Messer - später im Flur des Hauses gefunden.

Der Täter flüchtete zu Fuß. Dabei wurde er von verschiedenen Zeugen gesehen. Ihre Beschreibung des Mannes: 1,70 bis 1,75 Meter groß, dunkle Haare. Zur Tatzeit war der Mann mit einer Baseballkappe und einer schwarzen Hose und einem schwarzen Hemd bekleidet. Teile der mit Blut verschmutzten Kleidung wurden später von der Polizei auf dem Guxhagener Sportplatz gefunden. Die Polizei löste eine Großfahndung aus, die bis Redaktionsschluss aber ohne Erfolg blieb. Sigrid Baumann war in Guxhagen vielen Menschen bekannt. Sie war dort unter anderem auch im Karnevalsverein aktiv. Hinweise an die Polizei Homberg unter 05681/7740.

Quelle: HNA | 07.06.2002

Keine Ahnung, wie lang ich mit dem Hörer in der Hand vor der Balkontür kauerte.

Minuten waren wie Stunden.

Ich muss raus hier. Luft – ich brauche Luft!!!, dachte ich.

Das Telefon trug ich weiterhin bei mir und stakste benommen aus meiner Wohnung, durch den Hausflur, aus der Haustür hinaus ins Freie, dorthin, wo ich wieder atmen konnte.

Atmen und denken.

Ich musste jemanden anrufen. Irgendjemandem Bescheid sagen.

Auf der Arbeit, ganz klar. Erst einmal „Chef" informieren, er wusste immer Rat. Er würde mir helfen, könnte mir sagen, was ich jetzt tun müsste.

Ich wählte die Nummer aus dem Verzeichnis des Telefons und meine Kollegin Martina nahm das Gespräch entgegen.

Ich glaube, ich stammelte so etwas wie: „Meine Mutter … wurde umgebracht … ist Chef da?"

Martina erschrak und hinterfragte zur Sicherheit, ob sie richtig verstanden hatte. Sie konnte es kaum glauben. Chef tagte gerade in einer Besprechung, aber sie versprach mir, ihm sofort Bescheid zu geben. Ebenso meiner befreundeten Arbeitskollegin Saskia. Und beide würden sich so schnell wie möglich auf den Weg zu mir machen.

Martina fragte, ob sie sonst noch irgendetwas für mich tun könnte, aber mir fiel nichts ein. Ich war ja schon froh, dass ich diesen Anruf auf die Reihe gebracht und mein Chaos im Hirn soweit sortiert hatte.

Als Nächstes rief ich Vanessa an.

Zwei Jahre zuvor hatte ich sie bei meiner Ausbildung zum Ausbilder in der IHK kennengelernt. Sie war neben Babe und meiner Freundin Elli meine engste Vertraute.

Ich wählte ihre Nummer und der Anrufbeantworter sprang an. Natürlich. Immerhin war es erst früher Nachmittag und sie arbeitete.

Der Signalton, der die Aufzeichnung einleitete, war wie ein Startschuss. Eine Welle der Verzweiflung überrollte mich und in einer Flut von Tränen schrie ich meine innere Hölle in den Hörer hinein.

In all meinen Erinnerungen verstand ich mich nie richtig gut mit meiner Mutter.

Fast exakt ein Jahr war es jetzt her, seit ich das letzte Mal mit ihr telefonierte, damals an ihrem 46. Geburtstag. Und dieser Disput endete darin, dass wir uns anscheinend nichts mehr zu sagen hatten, sie nichts mehr mit mir zu tun haben wollte, wie sie sagte.

Es hatte keine Aussprache mehr seitdem gegeben.

Und es würde auch keine irgendwann in Zukunft geben.

Diese Chance war heute morgen mit ihr gestorben. Zusammen mit ungesagten Gedanken und Fragen, Gefühlen und Sehnsüchten.

Warum ist es so viel einfacher, mit jemandem Streit zu haben, der noch lebt, obwohl uns das oft genug schon unerträglich scheint?

Ich bemerkte auf einmal, wie ich in Socken mitten auf der Straße vor meinem Parkplatz stand.

Milans Nummer war diejenige, die mittlerweile im Display stand. Ich informierte ihn wie in Trance und bat ihn, schnellstmöglich zu mir zu kommen.

An einen Drahtzaun gelehnt, zog ich meine Socken aus, schmiss sie ins Gras und lief barfuß die Straße auf und ab.

Immer wieder. Wie ein Tiger im Käfig, immer wieder. Als ob mir meine eigenen Schritte einen Ausweg zeigen könnten.

Ein Auto bog in die Straße ein und ich erkannte meine Kollegin Saskia.

Sie sprang aus dem Wagen, sammelte mich ein und brachte mich zurück in meine Wohnung. Nachdem sie mich auf die Couch verfrachtet hatte, brachte sie mir etwas zu trinken und versuchte, aus den einzelnen Wortfetzen, die ich ihr zuwarf, ein Gesamtbild zu basteln.

Nur kurze Zeit später traf Chef ein und ließ sich von Saskia auf den aktuellen Stand bringen, soweit sie es zusammenbrachte. Er schickte sie in die Apotheke und bat sie, ein Beruhigungsmittel zu holen.

Als Saskia zurückkam, telefonierte sie herum, um die zuständige Polizeidienststelle ausfindig zu machen, die uns allen weitere Informationen geben könnte.

Logischerweise gab man Saskia keine ausführlichen Auskünfte übers Telefon, wohl aber eine Uhrzeit, zu der ich beim zuständigen Kriminalhauptkomissar anrufen dürfte. Ich sollte zwischen 18 und 19 Uhr einen Herrn Volke kontaktieren und bekäme dann die Sachlage erläutert.

Als Nächstes stieß Milan hinzu und Chef und Saskia berichteten ihm, was sie wussten.

Vanessa kam am Abend dazu, sofort nachdem sie meine Nachricht abgehört hatte, und blieb zusammen mit Milan bis spät in die Nacht bei mir.

Chef sicherte mir zu, ich bekäme jederzeit Urlaub, wenn ich das wollte, er riete jedoch dazu, in die Firma zu kommen. Zu Hause würde ich nur vor mich hinbrüten. Und auch wenn ich wahrscheinlich nicht produktiv arbeitete, was niemand erwartete, so wäre ich zumindest nicht alleine.

Ich fieberte dem Telefonat mit dem Kommissar entgegen und hoffte, einige der Fragen, die mir im Kopf herumgeisterten, endlich beantwortet zu bekommen.

Was war überhaupt genau passiert? Und weshalb? Welches Motiv stand dahinter? Geht da irgendein irrer Killer um? Konnte schon ein Verdächtiger ermittelt werden?

Wo ist Amélie? Ist sie unverletzt? Warum kann ich meinen Vater immer noch nicht erreichen?

Herr Volke beantwortete mir diese und weitere Fragen, soweit er es vermochte und es der Ermittlungsstand der Sonderkommission „Sigrid" zuließ. Was passiert war, konnte er mir nur grob beantworten.

Kurz vor 8 Uhr morgens klingelte ein unbekannter Mann an der Haustür zur Wohnung meiner Mutter.

Sie öffnete ihm und er muss sie direkt und ohne Vorwarnung überfallen haben. Er stach viele Male mit einem Messer auf sie ein, in Hals und Brustkorb, und verletzte sie dadurch tödlich.

Der Vermieter meiner Mutter, der in der Erdgeschoss-Wohnung unter ihr wohnte, öffnete durch ihre Hilfeschreie alarmiert seine Wohnungstür zum Hausflur. Der Mörder wurde überrascht, schleuderte das Messer nach ihm, verfehlte ihn aber, und rannte davon.

Mit Hilfe der Zeugenaussage des Vermieters wurde ein Phantombild erstellt.

Mehr könne er mir zum Tathergang aktuell nicht berichten, da noch in alle Richtungen ermittelt würde. Obendrein blieb die Frage nach dem Motiv offen.

Amélie befände sich vorläufig in einer Pflegefamilie, bis sich die ersten Wogen glätteten, und es ginge ihr den Umständen entsprechend gut.

Allerdings sei es möglich, dass sie den Mörder gesehen hatte, ja sogar an ihm vorbeigelaufen war, als sie zur Schule ging. Denn die Tat passierte unmittelbar nachdem Amélie das Haus verlassen hatte, um in die Schule zu gehen.

Papa wurde an diesem Tag lange vernommen, damit die gesamte Lebenssituation meiner Mutter näher beleuchtet werden konnte. Er sei mittlerweile zu Hause und ich könne ihn dort erreichen.

Mehr war nicht aus ihm herauszubringen. Das musste mir fürs Erste reichen.

Die folgenden zwei Tage und Nächte verbrachte ich sediert durch Beruhigungsmittel und irgendwie lief alles an mir vorbei. Ich ging zwar zur Arbeit, aber nur, damit ich nicht allein zu Hause bleiben musste. Nette Menschen holten mich dafür von zu Hause ab und brachten mich abends nach Feierabend wieder zurück.

Jeden Augenblick erhoffte ich mir neue Informationen von der Polizei oder meiner Familie. Ich trug mein Handy und zu Hause auch mein Telefon bei mir, wo immer ich ging und stand.

Aber meine Hoffnungen bestätigten sich nicht, keinerlei neue Erkenntnisse drangen von der SOKO nach außen.

Die Zeitungen, sowohl regional als auch überregional, überschlugen sich mit den abenteuerlichsten Berichten.

Wie viel Glauben man manchen Medien in ihren teils reißerischen Reportagen schenken konnte, zeigte sich zum Beispiel darin, dass meine Mutter mehrfach falsch benannt wurde.

Sie hieß Sigrid. Wie die Sonderkommission der Kriminalpolizei. Völlig unkompliziert.

Mal entstand daraus Siglinde, was ihrem Namen noch am nächsten kam. Aber auch kreative Abwandlungen wie Gabriele oder Susanne waren zu finden.

Wenn diese leicht zu überprüfende Tatsache so verdreht wurde, was dann wohl noch alles?

Am Samstag, zwei Tage nach dem Tod unserer Mutter, vernahm die Polizei Lissi. Im Laufe ihrer Befragung behauptete sie, ich hätte schon immer Geld von meiner Familie zugesteckt bekommen.

Sie bezichtigte mich, ich hätte höchstwahrscheinlich ebenso finanzielle Zuwendung für den Bericht über Kindheits-Erlebnisse erhalten, den ich auf Bitten unseres Vaters verfasst hatte. Schulden hätte ich ohnehin seit jeher gehabt, selbst als ich noch zu Hause wohnte.

Zu diesem Zeitpunkt konnte ich mich nicht gegen diese bösartigen Unterstellungen wehren, weil ich gar nichts davon wusste.

Ob sie der Wahrheit entsprachen oder, wie in meinem Fall, eben nicht, egal: die Aussage stand im Raum und wurde zu Protokoll genommen. Das Prekäre daran war, dass ich von da an für eine Weile im Fokus der Ermittler stand. Und zwar als Tatverdächtige!

Es war für die Beamten natürlich ein Leichtes, meine beantragte Insolvenz festzustellen und mir somit ein vollkommen offenkundiges Motiv zuzuschustern: eine eventuell bevorstehende Erbschaft.

Davon merkte ich zunächst nichts. Es wurde gegen mich ermittelt.

Und auch als Lissi und ich wegen der Bestattungsformalitäten telefonierten, erwähnte sie nichts von ihren Anschuldigungen.

Ich beschrieb ihr, wie sich meine finanzielle Situation gestaltete und dass ich mir keine Riesensprünge leisten könne.

Sie kannte den Begriff der Insolvenz nicht und daher konnte sie meine Angaben überhaupt nicht zuordnen beziehungsweise glaubte sie mir nicht. Für sie war offensichtlich: ich wollte mich vor den anstehenden Kosten drücken, was nicht im Mindesten stimmte.

„*Der* hat sowieso mit dem Ganzen zu tun, das ist uns allen klar!", gab Lissi ihren Vermutungen Nachdruck. Mit „der" meinte sie unseren Vater und mit „uns allen" sich selbst und die Familie meiner Mutter.

„Ich kann mir das einfach nicht vorstellen", setzte ich kopfschüttelnd entgegen, „am besten wird es eh sein, wenn wir die weitere Entwicklung abwarten. Alles andere sind doch unnötige Spekulationen."

„Logisch, dass *du* dich wieder auf seine Seite schlägst. Das ist echt so krank, dass du immer noch zu ihm hältst!", zischte sie in den Hörer.

„Das tue ich gar nicht!", hielt ich dagegen, „ich sage nur, wir sollten abwarten. Eine Hexenjagd bringt doch nichts. So lange nicht irgendjemandem die Schuld bewiesen ist, ist das reine Mutmaßung. Das grenzt an Verleumdung, Lissi. Am besten wird es sein, wenn wir uns neutral verhalten."

Sie lachte bitter: „Du hast in den letzten Jahren nicht mitgekriegt, was hier abgegangen ist zwischen den beiden. Was das für ein Krieg war. Du warst ja schön weit weg. Du hast keine Ahnung! Macht aber nix, ist jetzt auch egal. Ich melde mich bei dir wegen der Bestattung!" Ohne ein weiteres Wort legte sie auf.

Und ich stand wieder allein in meinem Wohnzimmer. Ihre Worte rauschten wie ein Hochgeschwindigkeitszug durch den rationalen Filter meines Gehirns.

Hatte sie etwa Recht? Sollte Papa wirklich irgendwie seine Hände mit im Spiel haben bei solch einer grausamen Sache? Neutralität bedeutet auch, man muss mehrere Möglichkeiten in Betracht ziehen. Eine davon lautete: was, wenn ja?

Augenblicklich blitzte wieder mein durch ihn geprägtes Idealbild von Gerechtigkeit und Gewaltfreiheit vor Augen auf: das konnte einfach nicht sein! Der Vermieter bestätigte eindeutig, der Mörder habe ganz anders ausgesehen, und Papa war ja auch gar nicht vor Ort gewesen.

Es war ein ständiges Schweben zwischen Zweifeln und Hoffen, eine Gratwanderung zwischen Glauben und Warten auf Beweise.

Kurz darauf erhielt ich eine SMS, in der Lissi mir mitteilte, ich bräuchte mir keine Gedanken mehr um die Beerdigung machen.

Tante Gerlinde, die Schwester meiner Mutter, bei der ich so viel Zeit in meiner Kindheit verbrachte, würde sich um alles kümmern. Lissi hatte den Kontakt zur Familie meiner Mutter ja nie abgebrochen und anscheinend wollten sie alles gemeinsam und ohne mich regeln.

Ich antwortete, ich könne doch nicht komplett außen vor gelassen werden, aber sie gab zurück, das wäre nicht mehr meine Sache. Ab da war sie nicht mehr für mich zu erreichen.

In dieser Nacht setzte Dara ihren Telefonterror fort. Und dazu heftiger als jemals zuvor. Denn ich konnte und wollte mein Telefon selbstverständlich nicht ausschalten oder die Leitung kappen, da ich jeden Moment auf neue Hinweise wartete.

Dies wusste meine Familie sowie die Polizei. Beiden legte ich eindringlich nahe, mich ohne zu zögern zu jeder Tages- oder Nachtzeit zu informieren, wenn es Neuigkeiten gab. Ich ersehnte so sehr einen Anruf, der mir sagte, man habe den Mörder geschnappt und den Fall damit aufgeklärt, damit dieser Alptraum endlich ein Ende hätte. Damit ich endlich Antworten auf all die offenen Fragen bekam.

Stattdessen begann Dara um 3 Uhr nachts mit ihren Anrufen und hatte bis 10 Uhr am nächsten Morgen nichts Besseres zu tun, als mich in den Wahnsinn zu treiben. Auch ein Einschreiten Milans führte zu nichts.

Langsam aber sicher drehte ich durch, und nichts und niemand schien das aufhalten zu können. Ich nahm immer mal wieder das Gespräch an, nur um dann Stille in der Leitung zu hören. Irgendwann schrie ich außer mir ins Telefon, sie solle gefälligst so viel Anstand besitzen, gerade jetzt mit ihren Attacken aufzuhören.

Es nutzte nichts. Ich konnte nur darauf hoffen, dass sie bald die Lust daran verlieren würde, mehr nicht.

Die Polizeibeamten kontaktierten mich in der Folgewoche, um mit mir einen Termin zur Vernehmung abzustimmen.

Ich stellte klar, es sei mir nicht so ohne Weiteres möglich, nach Homberg zu kommen. Das bedeutete eine mehrstündige Autofahrt, der ich mich aktuell nicht gewachsen sah.

Die Ermittler schlugen mir vor, ihre Kollegen in Worms könnten ebenfalls eine Befragung durchführen, es handele sich ohnehin bloß um reine Routinefragen.

Den Vorschlag nahm ich gerne an.

Ein paar Tage später fuhr ich in die Polizeidienststelle in Worms und wurde dort äußerst freundlich und einfühlsam empfangen und im Anschluss in gleicher Weise befragt.

Ich erzählte, wie ich vom Tod meiner Mutter erfahren hatte, wie ich abends Herrn Volke angerufen hatte und von ihm einige Details mehr mitgeteilt bekam.

Ich erwähnte auch, dass er mich fragte, ob ich einen Bezug nach Düsseldorf herstellen könnte, und ich dies natürlich bejahte. Immerhin lebten meine Verwandten im Großraum Düsseldorf-Köln.

Bevor sie mir dann ein Phantombild vorlegten, das mir völlig unbekannt war, wollten die Beamten noch wissen, ob und wann ich in den letzten Tagen Kontakt zu meinem Vater gehabt hätte.

Ich gab wahrheitsgemäß zu verstehen, ich habe lediglich telefonischen Kontakt zu ihm gehabt. Zwischendurch hatte ich den Eindruck, als wüssten die Polizisten die Antworten bereits, wollten mich damit aber auf meine Ehrlichkeit überprüfen.

Als Nächstes fragten sie meine Einschätzung zu den Familienverhältnissen ab, und auch hier gab ich über alles Auskunft, was ich wusste. Ich beschrieb aufrichtig mein persönliches Verhältnis zu meiner Mutter, welches nie das beste war, und wie sowohl sie als auch Lissi den Kontakt zu mir vor einem Jahr abbrachen.

Zum Beweis zeigte ich die SMS meiner Schwester vor, die sie mir damals nach dem letzten Telefonat mit meiner Mutter schrieb und welche die Beamten wortwörtlich ins Protokoll übernahmen. Ich hatte sie die ganze Zeit nicht gelöscht. Vielleicht aus sentimentalen Gründen, ich weiß es nicht.

Danach schilderte ich den Besuch bei meinem Vater zusammen mit Milan an Ostern.

„Wie würden Sie Ihren Vater beschreiben, wenn es um Geldangelegenheiten ging? Können Sie uns dazu eine Einschätzung geben?", hinterfragten die Polizisten.

Die Antwort darauf nahmen sie mit einem Augenbrauenheben zu Protokoll: „Mein Vater ist ein knallharter Geschäftsmann, allerdings nicht um jeden Preis. Er hat ein Gewissen und zwar in jedem Fall!"

Bezüglich des laufenden Scheidungsverfahrens meiner Eltern konnte ich nicht viele Informationen geben. Ich bestätigte jedoch auf die Nachfrage der Beamten hin, es gäbe eine von mir verfasste schriftliche Stellungnahme zum Verhältnis zwischen meiner Mutter und mir.

Die Polizisten griffen diesen Punkt auf und fragten gezielt, ob ich hierfür Geldzuwendungen von meinem Vater erhalten hätte, was ich total perplex verneinte.

„Aber Ihre Familie steckte Ihnen schon des Öfteren Geld zu, oder nicht?"

Mein Kiefer klappte nach unten und ich riss ungläubig die Augen auf. „Nein, um Himmels Willen, wie kommen Sie denn darauf?"

Brüskiert und sarkastisch amüsiert fuhr ich fort: „Das einzige Mal, dass ich überhaupt Geld von meinen Eltern oder sonstwem aus der Familie geschenkt bekam, war letztes Jahr.

Oma gab jedem von uns Enkelkindern irgendwann einmal eine größere Summe. Sehr passend damals, weil ich diese 1.500 Mark für einen alten Kadett benötigte, den ich mit meinem Vater in Kassel bei einem Händler aussuchte. Mein uralter Golf hatte nämlich einen Motor-Totalschaden und so brauchte ich schnellstens ein neues Auto.

Das lag zeitlich um meinen Geburtstag herum, weswegen Oma mir sagte, dieses Jahr wäre ich dran, einen größeren Betrag zu bekommen. Natürlich freute mich das! Die Jahre vorher beschenkte sie beispielsweise meine Cousine Denise oder meine älteren Cousins. Mein Vater tankte das Auto als Geburtstagsgeschenk voll und das war's. Mehr nicht. Auch sonst nicht vorher oder später irgendwann.

Wissen Sie, seit ich 1993 ausgezogen bin, habe ich mich auf eigene Beine gestellt, was beileibe nicht immer einfach war. Es gab öfter zwischendrin Phasen, da musste ich mir zwei Tütensuppen mit Maggi strecken, damit sie für einige Tage hielten und ich was zu essen hatte.

Wenn also irgendjemandem ganz bestimmt *kein* Geld von der Familie zugesteckt wurde, dann mir!"

Gleichzeitig mit den Tränen aus Wut stiegen in mir bittere Erinnerungen hoch, wie meine Eltern mir bei meinem Auszug sagten: „Wenn du gehst, dann geh mit allen Konsequenzen – von uns siehst du keinen Pfennig!"

Wie ich mir mein erstes, altes Auto, den BMW, sozusagen vom Mund absparte. Und wie Lissi an ihrem 18. Geburtstag den Kfz-Brief des dunkelgrünen Polos meiner Mutter morgens auf dem Gabentisch fand. Ironischerweise besaß sie noch nicht einmal einen Führerschein, weil sie durch die Prüfung gerasselt war.

Und *ich* sollte nun diejenige sein, die von der Familie mit Geld überhäuft wurde? Wenn es nicht so traurig gewesen wäre, hätte ich wahrscheinlich laut gelacht.

Gegen Ende der Vernehmung wiesen die Polizeibeamten mich noch darauf hin, es habe aus der Familie meiner Mutter Drohungen gegeben, die Familie meines Vaters solle besser nicht zur Beerdigung erscheinen.

Dies würde mich ebenfalls mit einschließen und es gäbe aufgrund dessen eine separate Trauerfeier zur Verabschiedung meiner Mutter am kommenden Sonntag. An dieser empfahl man mir teilzunehmen und der eigentlichen Beerdigung am darauffolgenden Dienstag wenn möglich fernzubleiben – zur Sicherheit.

Von der Verabschiedung am Sonntag wusste ich zwar, kannte aber die Zusammenhänge bisher nicht. Nun wusste ich, woher der Wind wehte.

Ein paar Tage später fuhr ich zu meiner Tante Maya nach Neuss, um tags darauf meiner Mutter das letzte Mal in meinem Leben zu begegnen. In mir breitete sich unbeschreibliche Beklemmung aus. Je näher der Termin rückte, desto mehr wurde mir bewusst, dass es Realität war. Kein böser Traum; niemand, der mich aufweckte und sagte, alles würde wieder gut werden.

Ich hatte zuvor noch nie einen toten Menschen gesehen und ich muss gestehen, dass ich erschrak, als Maya, mein Vater, Amélie und ich die Aufbahrungshalle betraten. Ein eisiger Hauch schlug uns trotz der sommerlichen Wärme aus der abgedunkelten Trauerhalle entgegen.

Der Sarg stand in Brusthöhe der Länge nach an der linken Wand und Kerzen beleuchteten den Raum. Wundervolle Blumenarrangements in intensivem Weiß schmückten den offenen, dunklen Sarg.

Sie lag mit dem Kopf in Richtung Tür.

Ich erblickte schon beim Betreten ihre Haare und die Frisur. Doch ich erkannte sie nicht. Das war nicht meine Mutter!

Ich stockte und wollte auf der Stelle wieder umdrehen und hinausrennen. Hier war ich vollkommen falsch! Weiß der Teufel, wer dort lag, aber das war nicht meine Mutter!

Zumindest nicht so, wie ich sie in Erinnerung hatte.

Ihre dunkelbraunen Haare lagen glatt nach hinten gekämmt. So sehr ich überlegte, ich konnte mich nicht entsinnen, sie jemals auf diese Weise frisiert gesehen zu haben. Üblicherweise trug sie ihr Haar eher lockig, früher dauergewellt, später mit dem Lockenstab geformt, jedenfalls auf allen mir bekannten Fotos und auch in meinen letzten Erinnerungen an sie.

Die Erkenntnis traf mich wie ein Vorschlaghammer: sie muss in Litern ihres eigenen Blutes gelegen haben, als sie starb.

Ihr wurden deshalb ein letztes Mal die Haare gewaschen und anschließend frisiert. Ebenso, wie sie geschminkt wurde, damit sie nicht zu blass aussähe. Leichenblass eben.

Langsam und vorsichtig, als könne beim Betreten einer falschen Steinplatte der Boden unter mir aufreißen, schritt ich Stück für Stück näher zum Sarg, bis ich sie ganz sah.

Da lag sie.

Und, mein Gott, der Tod ließ es sich nicht nehmen, sich durch ihre enorm eingefallenen, geschlossenen Augen zu zeigen. Da half kein Make-Up. Dies konnte zum Einen an der fortgeschrittenen Zeit zwischen ihrem Tod und der heutigen Aufbahrung liegen; immerhin waren zehn Tage vergangen und der Gerichtsmediziner hatte sich eingehend mit ihr beschäftigt. Oder der Grund lag in ihrer extremen Gewichtsabnahme während des Scheidungskrieges, von der Lissi mir erzählte.

Ich hörte Amélie schluchzen, nahm sie an die Hand, und meine Augen füllten sich mit Tränen.

Die Hände meiner Mutter waren gefaltet.

In all meinen Erinnerung hatte ich sie nie einen Rollkragenpullover oder ähnlich hochgeschlossene Kleidung tragen sehen. Zumal meine Mutter auch nicht unbedingt der Typ dafür war. Früher jedenfalls ließ sie den oberen Knopf ihrer Blusen meist offenstehen, um dadurch beispielsweise eine schöne Halskette zur Geltung zu bringen. Sie trug gerne Schmuck und war immer sehr bedacht auf ein adrettes, hübsches Äußeres, sobald sie vor die Tür ging. Zumindest als ich noch zu Hause lebte. Eventuell hatte sich das seit meinem Auszug geändert.

Jetzt, als sie hier lag, trug sie ein weißes Hemd oder eine Bluse, die einen auffallend hohen, steifen Kragen hatte. Dieses Detail war so ungewöhnlich, dass es direkt auffiel. Langsam dämmerte mir, wie schlimm und ausgeprägt die Verletzungen an ihrem Hals sein mussten, dass man es vorzog, diese zu verdecken.

Ich stand hier an ihrem Sarg, und als ich sie durch den Tränenschleier betrachtete, wurde mir bewusst, dass ich in den letzten Jahren tatsächlich so gut wie gar nichts mehr vom Leben meiner Eltern mitbekommen hatte. Wie sie sich auseinanderlebten, wie sie sich entwickelten – jeder für sich. Und auch wie sie hinsichtlich der Scheidung miteinander umgingen.

Ich sprach ein leises Gebet, für Mama, für mich. Der verzweifelte Versuch, meinen Frieden mit ihr zu schließen.

In Gedanken entschuldigte ich mich bei ihr, dass ich diese saublöde Erinnerungsschilderung für den Scheidungsprozess verfasst hatte, auch – und darauf bestand ich in meinem geistigen Monolog – wenn alles der vollen Wahrheit entsprach. Und wenn sie ehrlich wäre, wüsste sie dies.

Dennoch hätte ich mich einfach heraushalten sollen. Ein Riesenfehler, für den ich sie nun um Verzeihung bat.

Wenigstens jetzt. Vielleicht könnte mir Mama dort, wo sie jetzt war, vergeben. Erfahren würde ich es nicht mehr.

Ihrer Beerdigung zwei Tage später blieb ich, wie von der Polizei empfohlen, fern.

Milan versuchte mich abzulenken und entführte mich an einen Badesee. Aber das Abschalten funktionierte nicht. Ständig musste ich an Amélie denken, die jetzt die Beisetzung an der Seite der Pflegefamilie durchlebte und die ich gerne unterstützt hätte.

Die Polizei beobachtete das Begräbnis aus respektvoller Entfernung und hoffte auf neue Erkenntnisse oder Einsichten, was allerdings nicht der Fall war.

Für den darauffolgenden Tag meldete sich die Kriminalpolizei aus Homberg für eine weitere Vernehmung bei mir an, die von zwei Beamten der SOKO selbst durchgeführt werden sollte. Bereits am Telefon waren sie ausgesprochen freundlich und boten mir an, mich zu Hause aufzusuchen, dann bräuchte ich nicht nach Hessen zu fahren.

Sie taten das höchstwahrscheinlich nicht aus Nettigkeit, sondern um sich ein Bild über meine Lebensumstände zu machen. Aber ich hatte nichts zu verbergen. Es ersparte mir zudem eine Menge Zeit.

Außerdem wollten sie auch Milan befragen, wobei er noch von allen am wenigsten an Informationen beitragen konnte. Er hatte ja gerade erst ein paar Monate vorher meinen Vater kennengelernt und meine Mutter überhaupt nicht. Trotzdem durfte keine Ermittlungs-Richtung vernachlässigt werden, das war nachvollziehbar.

Die Tatsache, dass er keinen meiner Eltern richtig kannte, wurde ziemlich als Erstes klargestellt, weswegen er zügig mit seinem Teil der Vernehmung durch war. Die Polizisten wollten von mir erwartungsgemäß ein paar Details mehr wissen, die sich explizit auf die Zeiten unmittelbar vor und nach dem Tod meiner Mutter bezogen.

Hierzu gehörte, dass sie sich schildern ließen, wie gegenwärtig die Kontakte zwischen mir und Lissi verliefen, gerade im Hinblick auf die Bestattung und die Trauerfeierlichkeiten. Der Punkt, der die Beamten jedoch am meisten interessierte, war erneut meine finanzielle Situation. Dabei schauten sie sich auch immer wieder sehr subtil in meiner bescheidenen Wohnung um, während sie ihren Kaffee tranken.

Ich erklärte alles ausführlich und wahrheitsgemäß: ich würde durch ein blindes, naives Vertrauen meinem Ex-Verlobten gegenüber demnächst in die Insolvenz geraten, die Beantragung hierzu liefe aktuell.

Und wieder versicherten sich die Polizisten, ob ich nicht öfter Geldgeschenke von meiner Familie empfangen hätte.

In dieser Sekunde kam ich an die Grenzen meiner Selbstbeherrschung. Am liebsten hätte ich so etwas geantwortet wie: „Selbstverständlich! Andauernd! Ich werde geradezu mit Kohle überhäuft. Sehen Sie denn nicht die goldenen Wasserhähne und den Tresor für meinen wertvollen Diamantschmuck?“

Stattdessen wiederholte ich mit Bedacht und möglichst präzise meine Aussage der vorherigen Woche und hinterfragte latent aggressiv, warum bitteschön ständig auf meinen Finanzen herumgehackt würde.

Es hob mich fast aus den Socken, als sie einräumten, Lissi habe diesbezüglich ein paar Hinweise vorgebracht, denen man nachgehen müsse. Im gleichen Atemzug räumten sie ein, ich sei hierdurch schon in einen gewissen Fokus der Ermittler als Tatverdächtige gerückt. Immerhin hätte ich eine Erbschaft zu erwarten, mit der voraussichtlich ein großer Teil meiner finanziellen Sorgen getilgt werden könnte.

Ich schaute wahrscheinlich wie jemand, der ein Gespenst gesehen hat. Sprachlos starrte ich die Beamten an und wusste für einen Moment lang gar nicht, was ich sagen sollte, so absurd erschien mir das Ganze.

Mit aller mir gebotenen Kraft unterdrückte ich den aufwallenden Impuls, mich über meine Schwester zu echauffieren und knirschte: „Ach, hat sie das? Ich habe Geld zugesteckt bekommen? *Ich*? Interessant!"

Die beiden Herren merkten sofort, wie ich mit mir und meinen Emotionen kämpfte und ruderten zurück: sie hätten erfahren, was sie wissen wollten. Ich solle aber für eventuell auftretende weitere Fragen zur Verfügung stehen.

Es war kaum zu übersehen und vermutlich auch nicht verwunderlich, dass meine Kraft mit jedem Tag mehr und mehr schwand. Umgangssprachlich ausgedrückt ging ich auf dem Zahnfleisch.

Mit ein Grund dafür war die Entwicklung hinsichtlich meiner Privatinsolvenz. Hier schwebte nach wie vor noch alles im luftleeren Raum und ging nicht weiter vorwärts. Konkret bedeutete das, jederzeit könnte einer der Gläubiger die Krallen nach meinem Konto ausstrecken und nach Belieben pfänden.

Und immer wieder kam genau dies in unregelmäßigen Abständen vor: mal handelte es sich um 150 Euro, mal um 750 Euro, die mir direkt vom Konto abgezogen wurden. Zwar wussten alle von der Beantragung des Insolvenzverfahrens, nur solange dieses nicht tatsächlich lief, galt ich als vogelfrei und war schutzlos der Willkür der Banken ausgeliefert.

Darum packte Milan die Gelegenheit beim Schopf und lud mich für das anstehende Wochenende zu einem zweitägigen Kurztrip nach Paris ein. Ich war hin und weg und wir entflohen für einen Augenblick allen Sorgen.

Ein paar Tage später hörte ich, Amélie wolle auf eigenen Wunsch aus der netten Pflegefamilie zurück zu meinem Vater und Maria gehen. Dem wurde unverzüglich entsprochen.

Niemand von uns erfuhr von der Befragung eines 22-jährigen Mannes aus Dormagen bei Düsseldorf. Dessen Vorstrafenregister bestand aus Kleindiebstählen und Drogenkonsum, aber bis dahin war er durchweg mit einer Verwarnung oder Geldstrafe davongekommen.

Bei der Gelegenheit nahm die Polizei seine Fingerabdrücke sowie eine DNA-Probe und setzten ihn danach wieder auf freien Fuß. Die Kripo hatte, was sie brauchte. Zusätzlich zu einer Fahrplanauskunft von Dormagen nach Guxhagen, die in der Nähe des Tatortes gefunden worden war.

Sind Illusionen einmal verflogen,
kommen sie nie wieder.
Giuseppe Mazzini (1805–72), ital. Freiheitskämpfer

7

In dieser Zeit der Wirren und Unklarheiten gab es dennoch ein familiäres Ereignis, auf das wir uns freuten: mein Cousin Oliver aus Leverkusen, der Sohn von Tante Luise, wollte heiraten.

Diese Hochzeit war, wie es für solche großen feierlichen Anlässe üblich ist, schon weit vor dem Tod meiner Mutter geplant. Selbstverständlich überlegte man in der Familie hin und her, ob man die Trauung nicht besser absagen sollte, aber zu guter Letzt entschied sich das Brautpaar, die Eheschließung samt Festlichkeit stattfinden zu lassen.

Als Termin stand der 5. Juli 2002 fest und bereits am Vortag versammelte sich ein Großteil der Familie bei Maya. Papa war zusammen mit Maria und Amélie am Tag vor der Hochzeit nach Neuss gefahren und fand sich bei meiner Tante ein.

Bis spät in die Nacht schwatzten und scherzten sie alle, und früh kam man für gewöhnlich bei solchen Anlässen nie ins Bett.

Gegen 22 Uhr telefonierte ich mit Papa. Ich informierte ihn, Milan habe nicht, wie ursprünglich geplant, früher Feierabend machen können. Daher würden wir erst früh am nächsten Morgen aufbrechen und kämen direkt zum Ort der Trauung.

„Dann kommt ihr heute gar nicht mehr? Das ist aber schade!", bedauerte Papa. „Nun gut, Hauptsache, ihr schafft das morgen. Und fahrt vorsichtig!"

„Ja klar, machen wir. Wir sehen uns morgen, schick und in Schale!", lachte ich ins Telefon.

„Genau, bis morgen, tschüss!"

Nachdem ich aufgelegt hatte, aktivierte ich den Anrufbeantworter, weil Dara an diesem Abend schon wieder mit dem Telefonterror begann und ich wirklich Schlaf brauchte. Wir planten, früh aufzubrechen, weil über zwei Stunden Autofahrt vor uns lagen, bevor dann die Feierlichkeiten begannen.

Mittlerweile war ich so daran gewohnt, dass irgendwann abends das Dauerklingeln begann, weshalb ich mir diesmal vorsorglich mit Ohrenstöpseln Ruhe verschaffte.

Vier lange Wochen hoffte ich inständig auf Nachricht der Ermittler, sie hätten endlich eine heiße Spur, die zum Mörder führte. Nahezu jede Nacht nahm ich das Telefon mit ins Bett und legte es nicht aus der Hand, damit ich bei einem Klingeln nicht erst lang im Dunkeln suchen müsste. Andauernd wurde ich während dieser Zeit von Daras Terroranrufen drangsaliert und nahm oft genug das Gespräch an. Immer in der Hoffnung, es könne vielleicht doch ausnahmsweise die Familie oder die Polizei sein.

Und jetzt, als ich eine einzige Nacht in Ruhe schlafen wollte, schaltete ich ausnahmsweise den Anrufbeantworter ein und ließ alles um mich herum mithilfe der Ohropax verstummen.

Ich erfuhr erst in aller Herrgottsfrühe am nächsten Morgen, dass es gegen 23:30 Uhr zur Festnahme von drei Tatverdächtigen gekommen war. Ungefähr vier Stunden zuvor verhafteten die Beamten einen jungen Mann, den sie in der letzten Woche zweifelsfrei den ermittelten Spuren zuordnen konnten, Jakob Geiger.

Als er in den Polizeiwagen stieg, schien er beinahe erleichtert und murmelte emotionslos: „Ich hab' gehofft, dass Sie mich nicht kriegen. Jetzt sag ich alles."

Auf die entscheidende Fährte kam die Polizei, als sie auf einer Zugfahrplanauskunft DNA-Spuren und Fingerabdrücke sicherstellen konnte. Diesen Zettel fand sie in der Nähe des Tatortes.

Ab Geigers Festnahme lief es wie im Krimi.

Nach einem mehr als zwei Stunden dauernden Geständnis des Verhafteten wurde ein Großaufgebot an Einsatzfahrzeugen zum Haus meiner Tante dirigiert. Drei Zivilfahrzeuge und fünf Funkwagen positionierten sich an strategisch günstigen Stellen in der Vorzeigesiedlung des beschaulichen Neusser Vororts und bereiteten sich auf den großen Zugriff vor.

Mein Cousin Hendrik, der zusammen mit seiner Frau Nadine in unmittelbarer Nähe seiner Mutter wohnte, machte sich gerade gutgelaunt auf den Heimweg. Er schloss Mayas Haustür hinter sich und ging in Richtung seines Autos, das er an der Straße geparkt hatte.

Blitzartig schossen auf einmal scheinbar aus dem Nichts mehrere Polizeibeamte auf ihn zu, überwältigten ihn und drückten ihn zu Boden – nahezu geräuschlos und präzise kontrolliert.

Nun ist Hendrik nicht das, was man als ein zartes Männlein bezeichnen würde. Mit seinen knapp zwei Metern Körpergröße und einer Statur, der man deutlich das jahrelange Leistungsschwimmen ansah, konnte man ihn nicht so leicht einschüchtern oder beeindrucken.

Der Pistolenlauf, der ihm ins Genick gehalten wurde, während er den kalten Asphalt an seiner Wange spürte, tat dies jedoch zweifellos. Die Beamten befahlen ihm, sich ruhig zu verhalten, denn er sei nicht das Hauptziel des Einsatzes.

Weitere Polizisten versammelten sich um Mayas Haustür und klingelten um 23:25 Uhr.

Nichtsahnend öffnete sie in der Vermutung, Hendrik habe irgendetwas vergessen. Ohne Vorwarnung wurde sie unsanft zur Seite gedrängt, damit die Beamten sich routiniert und behende Zutritt zur Wohnung verschaffen und ihre Arbeit erledigen konnten.

Mit ihnen zusammen betrat auch eine Mitarbeiterin der Jugendfürsorge das Haus, die sofort auf Amélie und Maria zustürmte. Sie riss ihr die Kleine aus dem Schoß und verließ innerhalb von Sekunden zusammen mit meiner jüngsten Schwester auf dem Arm in Riesenschritten den Ort des Geschehens.

Gleichzeitig klickten die Handschellen.

In Blitzgeschwindigkeit nahmen die Polizisten die drei Personen fest, die an der Ermordung meiner Mutter beteiligt sein sollten: meine Cousine Denise, ihren Verlobten Maris.

Und meinen Vater.

Maya schilderte mir, alles sei so unglaublich schnell gegangen. Alle hätten nur noch geschrien und das Ganze wirkte wie ein lebendiger Alptraum.

Amélie brachte man auf schnellstem Weg in die Jugendschutzstelle nach Dormagen und schirmte sie mit sofortiger Wirkung von der gesamten Familie ab.

Ich war wie gelähmt. Ich hatte das Gefühl, mir würde der Boden unter den Füßen weggerissen. Nicht einmal weinen konnte ich, zu geschockt, zu verwirrt war ich.

Aber wir sollten auf jeden Fall zur Hochzeit kommen, hieß es.

Die Worte, die ich während der mehr als zweistündigen Fahrt von mir gab, konnte man höchstwahrscheinlich an einer Hand abzählen. Zu sehr war ich damit beschäftigt, das Chaos in meinem Kopf zu sortieren.

Wenn schon der Tod meiner Mutter am Fundament der Vermählungspläne von Oliver und seiner Verlobten rüttelte, so taten dies die Verhaftungen erst recht. Trotz allem beschloss das Brautpaar: die Hochzeit würde stattfinden.

Ich weiß nicht, ob man sich überhaupt vorstellen kann, welch gespaltene Stimmung auf der Hochzeit herrschte. Einerseits sollte diese Hochzeit ein ausgelassenes Fest sein. Andererseits wurden ein paar Stunden zuvor drei Familienmitglieder des Bräutigams verhaftet. Alles war so surreal und ich hatte das Gefühl, jeder wollte die Hochzeitsfeier nur schnellstmöglich hinter sich bringen, was mir für das Brautpaar unglaublich leid tat.

Im Gegensatz zur Autofahrt und der Zeit davor konnte ich jetzt nicht mehr aufhören zu weinen und wäre am liebsten abgehauen. Ständig flüchtete ich nach draußen an die frische Luft, weil es mir vorkam, als würde ich in den Räumen ersticken.

Kurz vor der Trauung klingelte mein Handy. Im Display las ich Lissis Namen und ging dran.

Die Häme, die sie jubeln ließ, war unsagbar grausam: „Naaa? Schon gehört, dass sie das Schwein wegen Anstiftung zum Mord eingebuchtet haben?“ Selbstverständlich meinte sie unseren Vater.

Ich riss mich zusammen und würgte sie mit einem knappen „So lange sie einem die Schuld nicht beweisen können, ist man in Deutschland immer noch unschuldig!“ ab. Diesmal legte *ich* auf.

In mir brodelte es und mein Gehirn explodierte förmlich. Ich verstand die Welt nicht mehr.

Anstiftung zum Mord? Das konnte nicht sein! Oder etwa doch?

Wir brachten die Hochzeit hinter uns und ich war froh, als wir wieder den Heimweg antraten. Ich ertrug das alles einfach nicht.

Tante Maya, Tante Luise, Oma und Maria jedenfalls waren felsenfest von der Unschuld meines Vaters überzeugt und taten alles dafür, dies nach außen zu vertreten. Mehrmals pro Woche gab es Telefonate, die sich nur im Kreis drehten und zu keinem Ergebnis führten.

Für alle war sonnenklar, dass hier ein riesengroßer Irrtum vorliegen musste. Wild wurde spekuliert, dass aller Wahrscheinlichkeit nach Maris, der Verlobte meiner Cousine, der Drahtzieher der ganzen Sache war.

In gewisser Weise schien dies eine mögliche Denkrichtung zu sein.

Immerhin kämpfte er seit Beginn der Beziehung mit Denise um Anerkennung in der Familie. Seit nunmehr eineinhalb Jahren war er nach wie vor der Außenseiter, mit dem keiner so recht etwas zu tun haben wollte.

Dass er sich dabei zu Beginn allen unter falschem Namen als Oleg vorstellte, trug nicht im Entferntesten zur Vertrauensbildung bei. Er begründete die „Namensänderung" zu „Maris" nach einigen Monaten mit seinem Vorleben als russischer oder lettischer Geheimagent.

Ferner sei er mehrere Jahre beim Militär und dadurch in Afghanistan gewesen. Von dort habe er sich wieder bis nach Lettland zurück durchgeschlagen. Außerdem gab er vor, er besäße eine Spedition und Immobilien, was ihn zu einem vermögenden Mann mache. Zu offensichtlich war, dass er sich wichtig machen wollte, und mit seiner tatsächlichen Ausbildung zum Elektriker schien er dies nach eigener Ansicht nicht zu schaffen. Das Einzige, was von allem nachweislich der Wahrheit entsprach, war seine Abstammung aus Lettland.

Seine Motivation zur Tötung meiner Mutter könnte also gewesen sein, die Akzeptanz der Familie zu erlangen. Denn die Schlacht um Hab, Gut und Sorgerecht, die zwischen meinen Eltern tobte, war jedem hinlänglich bekannt.

Wollte er etwa damit beeindrucken, dass er in der Lage wäre, meinem Vater aus dieser Klemme zu helfen? Vielleicht hatte er allen zeigen wollen, dass er mehr drauf hatte als die Lügengeschichten? Vor allem nachdem er mit den Agentenspinnereien aufgeflogen war.

Doch allen inklusive der Polizei war ohne Zweifel klar, dass Denise mit all dem tatsächlich gar nichts zu tun hatte.

Sie war wie ein treues Schäfchen bis über beide Ohren verliebt in Maris und hatte von allem keine Ahnung. Deshalb kam sie noch in der Nacht der Festnahme frei, nachdem sie in ihrer Aussage wiederholt bestätigte, Maris und sie wären zur Tatzeit im Urlaub in der Eifel gewesen.

Denise berichtete von einigen Telefonaten und kurzfristigen Abstechern zurück nach Hause, die Maris vom Urlaub ohne sie machte. Mal habe er mit meinem Vater wegen eines Computer-Programmes telefoniert, mal mit seinem Freund Daniel.

Als die Beamten Denise um die Erlaubnis einer Hausdurchsuchung der gemeinsamen Wohnung baten, stimmte sie ohne Zögern zu.

Ab dieser Nacht drehte sich für mich alles nur noch um eines: die Zweifel daran, inwiefern mein Vater in diesen Fall verstrickt war. Ich bin mir nicht sicher, wie ich diese innerliche Zerrissenheit beschreiben kann, damit sie nachvollziehbar wird.

Der Mann, dem ich ein Leben lang vertraute, der Mann, der für mich in den Zeiten, in denen ich zu Hause lebte, die fleischgewordene Gerechtigkeit darstellte – dieser Mann sollte in einer noch ungeklärten Art und Weise schuldig am Tod meiner Mutter sein? Ich hätte mir in der Kindheit für ihn die rechte Hand abgehackt, er war in meinen Augen der Inbegriff der Rechtschaffenheit.

Aber mit jedem Jahr, das ich mein eigenes Leben fernab vom Elternhaus führte und viele Dinge mit Abstand beurteilen konnte, relativierten sich viele Dinge. Er verlor für mich zunehmend am Glanz des goldenen Ritters, zu dem ich als Kind aufschaute.

Dennoch wollte mir nicht in den Kopf, in welcher Form er mit der Tat in Verbindung stehen könnte. Und dass er überhaupt etwas mit der Sache zu tun haben könnte.

Die Medien überschlugen sich schier und infolgedessen wurde Maria knapp eine Woche nach der Verhaftung meines Vaters ihre Arbeitsstelle gekündigt.

In so einem Fall wird auch der größte städtische Vorort zu einem kleinen Bauerndorf, in dem der Klatsch und Tratsch sich wie ein Lauffeuer durch alle Straßen frisst. Und lediglich ein paar übergroße Hauptschlagzeilen in mittelmäßigen und primitiven Tageszeitungen waren nötig, um zu zeigen, wer die Lebensgefährtin des Monsters war, der mit dem Mord an der Ehefrau in Zusammenhang stand.

Aufgrund dieser Mutmaßungen zog Marias Chef rigoros seine Konsequenzen.

Maria selbst wiederum stand kurz vorm Nervenzusammenbruch, denn sie war emotional eher labil. Ein Herz so groß wie der Himalaya, aber der kleinste Windhauch brachte sie aus dem Gleichgewicht wie den Samen einer Pusteblume. Und hier handelte es sich beileibe nicht um einen Windhauch, ein Tornado wäre wohl die passendere Bezeichnung.

Sie war mir wirklich ans Herz gewachsen und es tat mir unglaublich leid, wenn ich sah oder hörte, wie sehr sie litt.

All das ließ sie in ein tiefes Loch fallen und sie suchte und fand Halt bei Maya, Luise und Oma.

Diese Ungewissheit zwischen Schuld und Unschuld meines Vaters war unerträglich. Und es fiel mir schwer neutral zu bleiben, so wie ich es mir auferlegt hatte.

Denn auf der einen Seite redete meine Familie mir ständig ein, das Ganze sei ein großes Missverständnis und würde geklärt werden. Auf der anderen Seite bekam ich leibhaftig mit, wie dreist Zeitungen und Boulevardmagazine sich mit selbstattestierter Seriosität am Tod meiner Mutter vergingen. Wieder entstellte die Presse ihren Namen bis zur Unkenntlichkeit, mal hieß sie Siglinde, mal

Gabriele. Die schamlosen Mutmaßungen, die Vergewaltigung der Fakten, alles schien derart absurd, fast lächerlich, wäre es nicht so bitter gewesen und hätte mich selbst betroffen.

Ein erster Besuch bei meinem Vater eine Woche nach seiner Inhaftierung in Düsseldorf wurde gestattet und so fuhr ich zusammen mit Maya und den anderen Frauen in die JVA.

Ich war nervös. Noch nie hatte ich jemanden in einer Justizvollzugsanstalt besucht und erst recht niemanden, der zur Familie gehörte.

Obendrein wusste ich noch gar nicht, was ich von meinem Vater überhaupt wissen wollte, was ich ihn fragen würde, wenn ich schon einmal hier war, und ich überlegte fieberhaft hin und her.

Natürlich bemühten sich die anderen in erster Linie um diesen Besuchstermin, um ihn zu unterstützen und ihm Mut und Zuversicht zu vermitteln.

Ehrlich gesagt, war dies aber nicht meine Motivation. Ich wollte so schnell wie möglich diesem emotionalen Eiertanz ein Ende bereiten und wissen, woran ich war.

Allen anderen schien die Schuldfrage auf seltsame Weise vollkommen gleichgültig zu sein. Für mich war dies allerdings der zentrale Faktor in der Sache: schuldig oder nicht schuldig. Denn von Anfang an stand für mich unbestritten fest: sollte er tatsächlich den Auftrag zum Mord gegeben haben, wäre das unverzeihlich.

Sollte ich also die Frage der Fragen in den Raum stellen? Sollte ich unverhohlen damit herausplatzen, ob er wahrhaftig irgendetwas mit dem Mord zu tun hatte? Und selbst wenn, konnte ich denn eine ehrliche Antwort von ihm erwarten?

Wir würden sowieso nie unter vier Augen sprechen, ein Vollzugsbeamter musste immer mit im Raum anwesend sein. Und ob mein Vater dann aufrichtig wäre, bezweifelte ich.

All diese hirnzerfetzenden Überlegungen waren schlussendlich umsonst, denn mein Besuch scheiterte an einer banalen Tatsache: ich hatte meinen Ausweis vergessen.

Ich hätte mir in den Hintern beißen können, aber die Vorschriften ließen sich nicht ändern: kein Ausweis – kein Zutritt. Gnadenlos, ohne Extrawurst.

Ich glaube, ich heulte eher vor Wut als aus Enttäuschung. Zu gerne hätte ich ihm in die Augen gesehen und aus seinem Mund gehört, was ich wissen wollte. Und wer wusste schon, wann sich mir erneut die Gelegenheit eines Besuches bieten würde.

Nebenbei glich mein Privatleben einem Trümmerhaufen: Milan versuchte in den ersten Tagen nach der Verhaftung zunächst zwar, mich emotional zu stützen und zu stärken. Nichtsdestotrotz lebte er sein eigenes Leben weiter. Nicht mehr, aber auch nicht weniger intensiv als vorher.

Er begann zum Beispiel wieder damit, nach abendlichen Besuchen nach Hause zu fahren. Ich wusste mittlerweile gar nicht mehr, was ich glauben sollte und was nicht. Er versetzte mich auch öfter, ohne auf Nachfrage eine plausible Begründung zu nennen. Wenigstens hatten Daras Anrufe nachgelassen, was mir in der Kombination mit Milans abendlichen Abwesenheiten aber ausnahmsweise nicht gefiel.

Im August begannen die Pfändungen der Raiffeisenbank und der Landesjustizkasse. Die im Jahr zuvor durch meinen Anwalt ausgehandelten Raten für die Bank und die entstandenen Gerichtskosten ließen sich nicht länger aufschieben.

Logischerweise war es einerseits ein Schlag in die Magengrube, als ich sah, dass von nun an jeden Monat 357 Euro in ein schwarzes Loch verschwinden würden; 206 Euro gingen an die Raiffeisenbank, 151 Euro an die Justizkasse Mainz. Auf der anderen Seite konnte ich endlich fix mit Einnahmen und Kosten kalkulieren, was mir so bis dahin kaum möglich war.

Herr Assel erklärte mir, dieser Pfändungsbetrag entspräche dem, was mir ohnehin nach der Insolvenzeröffnung abgezogen würde.

Es blieben mir von nun an monatlich netto ein bisschen mehr als 1.000 Euro, von denen ich mein Leben bestreiten musste. Nicht so wenig, um hungern zu müssen, dafür hatte ich ja vorausschauend durch den Jobwechsel und die Gehaltssteigerung gesorgt. Aber auch nicht unbedingt ein Verdienst, der mir ein sorgenfreies Leben bescherte.

400 Euro zahlte ich an Miete inklusive der Nebenkostenvorauszahlung und im Endeffekt blieben mir 600 Euro, um die Lebenshaltung zu finanzieren.

Den größten Batzen fraß dabei mein Auto, das ich nach ihrem Tod von meiner Mutter übernommen hatte. Das war mit meinen Schwestern abgestimmt, die zum Ausgleich je ein Drittel des Wertes laut Gutachten von mir ausbezahlt bekamen.

Der alte Opel Omega war nicht gerade das sparsamste Auto, aber ich konnte mir kein anderes kaufen. So sah ich zu, den alten Herrn zu hegen und zu pflegen, bis dass der TÜV uns schied. Jeden Monat verschlang er rund 150 Euro an Benzinkosten, da ich täglich 60 km zur Arbeit fuhr. Zuzüglich der Versicherungen und Steuer, die ebenfalls keine Schnäppchen waren.

Ein Leben in Saus und Braus war mit den restlichen 450 bis 350 Euro selbstredend nicht drin, aber ich kannte die Einschränkungen bereits und kam daher zurecht. Sehr oft war es knapp, dennoch hangelte ich mich irgendwie von einem Monat zum nächsten.

Dies wiederum Lissi zu erklären, glich einer unlösbaren Aufgabe. In ihren Augen drückte ich mich vor allem und stand generell auf der Seite meines Vaters.

Ich gestehe, das machte mich ungemein wütend, zumal ich ja wirklich versuchte, die Gesamtsituation so neutral wie möglich zu beurteilen. Das konnte ich so oft wiederholen, wie ich wollte, es kam nicht bei ihr an.

Eines Tages rief sie an und fragte, ob ich ihr fix mit einer Überweisung aushelfen könne. Es gehe um die Kosten zur Erstellung des Erbscheins. 181 Euro war der Betrag, bei dem es bei ihr hakte. Weil sie mir versprach, mir das Geld direkt zwei Tage später zurückzuüberweisen, tat ich ihr den Gefallen. Gleichzeitig bat ich sie aber auch um die Rechnung für den Erbschein.

„Klaro schick ich dir den rüber, mach ich gleich heute abend!"

Als nach einer Woche immer noch nichts passiert war – weder die Rechnung noch das Geld hatte sie mir geschickt – und indessen folglich sogar die Abbuchung meiner Tankkarte nicht ausgeführt werden konnte, hakte ich bei Lissi nach.

Daraufhin erwiderte sie dreist: „Weißt du, ich habe meinen Anwalt gefragt. Und der sagt, an sich muss ich sowieso nur ein Drittel des Gesamtbetrages bezahlen, weil das ja bei uns Erben alles durch drei geteilt wird. Mehr bekommst du deshalb von mir eh nicht."

„Aha. Das hättest du mir vorher sagen können, dann hätte ich das hier etwas anders organisiert. Kannst du mir denn wenigstens endlich die Rechnung rüberschicken, per Fax, oder so?"

„Nee, die hab ich nie bekommen!"

„Also ehrlich, Lissi, die ganze Chose ist doch von vorne bis hinten gelogen, oder nicht? Wenn es Zahlungen gibt, gibt es auch Rechnungen dafür. Vor allem von den Ämtern. Erzähl mir keinen Mist!" Ich war stinksauer und beendete ziemlich zügig die Unterhaltung. Was glaubte sie eigentlich, wer sie war und was sie sich erlauben konnte?

Nach nur einem Anruf auf dem zuständigen Amtsgericht erhielt ich eine Kopie der Rechnung, und damit ich die Tankkarte wieder freibekam, streckte Maria den Teil, der auf Amélie entfiel, vor.

Ein paar Wochen später rief Lissi überfreundlich erneut an: „Hör mal, da ist noch so 'ne Rechnung von der Bestattung. 140 Euro, irgendwelche Nebenkosten."

„Ja, und?"

„Najaaa, ich hab gedacht, du könntest mir das eventuell vorstrecken."

„Jetzt mal ganz im Ernst, Lissi, für wie bescheuert hältst du mich? Die Sache mit dem Erbschein reicht wohl nicht, oder was?"

„Was deeenn? Ich weiß gar nicht, was du hast, jetzt flipp doch nicht gleich aus", zickte sie, „das betrifft dich ja genauso wie mich, diese ganze Kacke."

„Ja, logo. Nur, wie du neulich schlauerweise von deinem Anwalt erfahren hast, brauche ich lediglich ein Drittel davon zu zahlen, oder liege ich hier falsch?", provozierte ich sie. „Und das natürlich nur, wenn du mir eine Rechnung dafür vorweisen kannst. Diese Leute, wer auch immer sie sein mögen, können bestimmt die zwei Tage abwarten, die es dauert, bis du mir die Abrechnung per Post zugeschickt hast, oder was meinst du?"

„Ich brauche das Geld aber jetzt *sofort*!", pampte sie mich an.

„Tja, Schwesterherz, da sind wir schon zwei, die *sofort* Geld brauchen. Mein Konto ist komplett blank. Und davon abgesehen: was weiß denn ich, was du mit dem Geld anstellst, wenn du mir keine Rechnung vorweist?"

Kurz darauf war die Unterredung dann beendet. Jedoch nicht ohne mir vorher ein weiteres Mal an den Kopf zu werfen, ich würde ohnehin zu dem Mörderschwein halten und sehen, was ich davon hätte.

Und als wäre das noch nicht genug, sorgte ich mich auch um Amélie.

Ich telefonierte und korrespondierte schriftlich mit dem Jugendamt, um wenigstens eine Besuchs- oder Telefonregelung zu erbitten, die den Kontakt zu ihr nicht abbrechen ließ.

Amélie war mittlerweile in dieselbe Pflegefamilie gekommen, in die sie schon nach dem Tod unserer Mutter gebracht worden war, und sie schien sich dort wohlzufühlen. Trotzdem trieben mich meine Tanten und Oma dazu an, aktiv zu werden.

Und ich übersah in meiner Fremdgesteuertheit, dass es einfach richtig gewesen wäre, alles so zu belassen, wie es war. Heute weiß ich: ich hätte diese Aufgabe nicht ansatzweise derart souverän und perfekt gemeistert, wie Amélies Pflegefamilie es tat.

Damals jedoch setzte ich alles daran, um irgendwie das Sorgerecht für Amélie zu bekommen. Ich war der festen Überzeugung, sie würde es bei mir besser haben als in der Familie, die sie betreute.

Sogar Chef unterstützte mich so gut er konnte und war ebenfalls der Ansicht, ich solle um meine Schwester kämpfen. Er bot mir an, arbeitsorganisatorisch eine Lösung zu finden, damit ich bei einem Zuspruch des Sorgerechts Arbeit und Privatleben unter einen Hut bekäme.

Wie zu erwarten war, verlor ich den Prozess vor dem Amtsgericht und Amélie blieb weiterhin in der vom Jugendamt zugeteilten Familie. Aus heutiger Sicht vollkommen zu Recht.

Wenigstens durfte ich sie ab und zu besuchen. Alle vier Wochen, mittwochs von 14 bis 15:30 Uhr, durfte ich Amélie in einem

Zimmer der Beratungsstelle des Jugendamtes unter Aufsicht treffen. Es war erlaubt, mit den vorhandenen Dingen zu spielen und uns miteinander zu beschäftigen. Jeglicher Ausflug, beispielsweise zum Eisessen oder ähnlichem, wurde leider nicht gestattet.

Für einige Zeit gelang es mir zwar, diese Treffen immer einzuhalten, trotzdem würde es auf Dauer kompliziert werden.

Diese Beratungsstelle lag ungefähr drei Auto-Fahrstunden entfernt. Und für jeden Termin einen Tag Urlaub zu nehmen, nur damit ich sechs Stunden Fahrt fix einplanen konnte, war langfristig nicht möglich. Und alleine ein Stau auf der Autobahn hätte mich an einem Treffen gehindert oder zumindest unpünktlich erscheinen lassen.

Zudem wusste ich aus Erfahrung, Amélie wäre in so einem Fall bitter enttäuscht gewesen. Sie freute sich unglaublich auf die Treffen mit mir oder Lissi, für die eine ähnliche Besuchsregelung galt. Lissi erschien einige Male nicht zu vereinbarten Besuchen, ohne diese abzusagen, und Amélie war deswegen tieftraurig und geknickt.

Ich bat das Jugendamt demnach schriftlich um eine Ersatzregelung, vorzugsweise samstags, damit ich die Anfahrten etwas flexibler und ohne den immensen Zeitdruck gestalten konnte. Nach anfänglichem Wehren und Zögern seitens der Betreuerin wurde meiner Bitte entsprochen.

Und nach einiger Zeit erweiterten sich die Besuche sogar, sodass wir gemeinsam kleine Stadtbummel machen durften. Zwar zunächst unter Aufsicht, aber das war okay.

In dieser Richtung lief nach und nach wenigstens alles in annähernd geordneten Bahnen.

Eine Woche vor Heiligabend bekam ich ein Schreiben der Rover Leasing Bank, die schlussendlich den Lotus bei Philipp sichergestellt und per Gutachter bewertet hatten.

Diese Stellungnahme war wichtig, weil von ihr abhing, wie hoch die Rover Bank ihre Ansprüche mir gegenüber deklarierte. Denn das hing vom Restwert des Autos ab.

Ich weiß nicht, was genau Philipp mit dem Sportwagen veranstaltet hatte, ob er seine Wut oder Frustration in irgendeiner Form abreagieren wollte.

Jedenfalls büßte der kleine gelbe Flitzer in nur dreieinhalb Jahren extrem viel seines Wertes ein und hatte augenscheinlich leiden müssen. Unzählige Lackschäden zählten da noch zu den kleineren Macken. Die zertrümmerte Windschutzscheibe allerdings rührte definitiv nicht von einem Steinschlag her.

Dadurch war das Auto nicht mehr annähernd das wert, was es nach der kurzen Zeit hätte sein können. Und das wiederum erhöhte die Forderungen der Rover-Bank gegen mich als Bürgin.

Das Jahr 2002 lag fast hinter mir.

Ich sehnte mich nach dem geplanten Ski-Urlaub der Kaiserslauterner Uni-Sportgruppe, an dem Milan und ich aufgrund seiner Arbeit als Skilehrer für einen Bruchteil der normalen Kosten teilnehmen konnten. Nur daher war es für mich überhaupt finanzierbar und ich hatte diese Erholung so dringend nötig. Außerdem bekam ich dadurch die Gelegenheit, Skifahren zu lernen.

Der Urlaub tat mir so richtig gut, ich konnte wunderbar abschalten und neue Energie tanken.

Eine Woche nach meiner Rückkehr erreichte mich eine relativ positive Nachricht: der Antrag auf Insolvenz war endlich genehmigt und so würde offiziell am 6. Januar 2003 das Verfahren eröffnet werden.

Gemischte Gefühle stiegen in mir hoch. Einerseits hatten diese unkontrollierbaren Pfändungen, gegen die mein Anwalt immer wieder Einspruch einlegte, ein Ende. Gleichzeitig wurden sämtliche noch laufende Klagen der Banken gegen mich mit sofortiger Wirkung eingestellt. Die bis dahin gezahlten einzelnen Pfändungen an die Raiffeisenbank und die Gerichtskasse wurden gestoppt.

Auf der anderen Seite war klar: es hieß ab jetzt, sich „wohl zu verhalten" – der Fachausdruck dafür, den Anweisungen der eingesetzten Treuhänder brav Folge zu leisten und jeden Monat den pfändbaren Teil des Einkommens abzutreten.

Vorher zahlte ich monatlich einen fixen Betrag, der mit der Bank und der Gerichtskasse ausgehandelt war. Ab jetzt orientierte sich der Pfändungsbetrag an meinem Gehalt. Sollte ich eine

Gehaltserhöhung oder Zulagen wie Weihnachtsgeld und Urlaubsgeld bekommen, so würden demzufolge in diesen Monaten die Pfändungen höher ausfallen.

Aber ganz sicher war: wenigstens eine Sache in meinem Leben lief nun in vollkommen geregelten Bahnen. Und das gab mir Zuversicht, auch wenn die nächsten Jahre hart werden würden.

Schon bald darauf lernte ich in einem persönlichen Gespräch die für mich zuständige Treuhänderin kennen. Eine angenehme Frau, der ich sogleich den Eindruck vermittelte, ich wolle in jeglicher Hinsicht kooperieren.

Sie erläuterte mir, meine erste Aufgabe wäre, die aktuelle Einkommensteuer-Erklärung fertigzustellen. Denn ab jetzt flossen jegliche Erstattungen voll in die Insolvenzmasse. Das bedeutete, ein großer Batzen an Steuer-Rückzahlungen, die von den langen Arbeitswegen herrührten, fiel ab jetzt weg.

Ich erzählte ihr einen Kurzabriss über meine derzeitige Lebenssituation sowie alle Geschehnisse und sie wies mich darauf hin, ich würde eine eventuelle Erbschaft zur Hälfte an die Insolvenzmasse abtreten müssen.

Dieser Hinweis verflüchtigte sich in der Folgewoche jedoch von ganz allein, als nämlich die Bank meiner Mutter ihre Forderungen anmeldete. Und die entsprachen dem Anteil ihrer Schulden, der als Erbin auf mich entfiel.

Meine Eltern hatten gemeinsam etliche Jahre zuvor drei kleine Ferienappartements an der Ostsee erworben. Die dienten als Steuersparmodell, waren bis zum Zeitpunkt ihres Todes aber noch längst nicht abbezahlt.

Unversehens schnellte die im September 2001 definierte Insolvenzsumme von ungefähr 70.000 Mark auf fast 140.000 Euro zum Stichtag im Februar 2003 in die Höhe. Man beachte die Änderung in der Währungseinheit.

Durch die einjährige Verzinsung bis zur Genehmigung der Insolvenz und die Kreditanteile meiner Mutter hatte sich die Schuldensumme grob gerechnet mal soeben vervierfacht.

Da die Hoffnung aber darauf lag, die Immobilien gewinnbringend verkaufen zu können, kam eine Ausschlagung der Erbschaft weder für meine Treuhänder noch für die Jugendamtsvertreter von Amélie in Frage.

Milan und ich beratschlagten, wie und in welchen Dingen ich in naher Zukunft Geld einsparen konnte. Ich überprüfte all meine Versicherungen und kündigte, was ich nicht mehr benötigte.

Milan schlug in diesem Zusammenhang erneut vor, ich solle doch zu ihm in das Haus seiner Eltern ziehen. Mir war nicht ganz wohl bei dem Gedanken, denn ich kannte seine Eltern ja immer noch nicht persönlich – nach über einem Jahr Beziehung.

„Das können wir ändern!“, gab Milan locker zur Antwort. „Zum Osterfest bringe ich dich einfach mit und stelle dich ihnen vor.“

Immerhin eine Perspektive, auch wenn mir dabei mulmig zumute war.

Ich wusste nicht, was Milan seinen Eltern über mich und das, was sich derzeit in meinem Leben abspielte, erzählt hatte. Aber egal, ich würde freundlich sein wie immer und alles auf mich zukommen lassen.

An besagtem Osterfest war ich zugegebenermaßen nervös.

Milans Vater empfing uns überaus offen und freundlich. Ein kleiner Mann, der dieselbe spitzbübische Art an den Tag legte wie sein ältester Sohn.

Milans jüngerer Bruder Jerko begrüßte mich gleichermaßen unkompliziert und ebenso seine Lebensgefährtin Julia.

Seine Mutter hingegen verhielt sich extrem distanziert und vermied jeglichen Kontakt mit mir. Dennoch wurde ich unaufhörlich von ihren Blicken schier durchbohrt.

Ich tat mein Bestes, um mich in die kleine Osterfeier zu integrieren, kam aber nicht im Geringsten an die Mutter heran. Sie schirmte sich mir gegenüber geradezu ab und ignorierte mich völlig. Einerseits war ich für sie Luft, andererseits gab sie mir durch ihre abschätzigen Blicke das Gefühl, ein kleiner unerwünschter Parasit zu sein.

„Gib ihr einfach Zeit, sie braucht da ein bisschen länger“, flüsterte Milan mir zu und ich hoffte einfach, dass er Recht hatte.

Ich war verunsichert und mein Bauchgefühl sträubte sich dagegen, demnächst in dieses Haus zu ziehen. Doch im Grunde genommen hatte ich nicht wirklich eine Wahl. Das Geld, das ich durch den Wegfall der Miete einsparen würde, könnte ich mehr als gut gebrauchen.

Ich kündigte also meine geliebte kleine Wohnung zum 30. Juni 2003 und bot an, mich in den verbleibenden drei Monaten um einen Nachmieter zu bemühen.

Ich hatte ein paar Schlangen, die ich nach der Trennung von Philipp von ihm übernommen hatte, da er kein Interesse mehr an ihnen hatte und ich die Tiere sehr mochte. Da mir klar war, dass ich mit den Reptilien wahrscheinlich bei seiner Mutter nur unnötigen Ärger provozieren würde, vermittelte ich die Schlangen in gute und erfahrene Hände weiter. Diese Tiere sind nicht jedermanns Sache und das respektierte ich, bereit, mich an die Gegebenheiten anzupassen.

Für meine Wohnung fand sich schnell ein Nachmieter und ich konnte somit früher ausziehen.

Als Milan mir dann allerdings eröffnete, ich müsse meine drei Katzen ebenfalls hergeben, war ich schockiert. Davon war bisher nie die Rede gewesen.

Höchstwahrscheinlich kann das nur jemand nachvollziehen, der selbst Haustiere hat und diese liebt. Für mich waren sie fast wie kleine Kinder und daher kam das nahezu der Entscheidung gleich, ich solle diese abgeben. Ich war keine dieser verschrobenen alten Katzentanten, aber meine drei Kuschelbären trösteten mich so manches Mal, wenn ich allein war und mich vor lauter Sorgen in den Schlaf weinte.

Milan und ich stritten uns deshalb so richtig, denn ich wollte absolut nicht einsehen, warum ich meine Lieblinge nicht mitnehmen durfte.

Auch hier war wieder seine Mutter die Begründung, und er meinte, ich würde damit sofort wieder einen Grund zur Ablehnung heraufbeschwören.

Letztendlich war ich gezwungen nachzugeben und so stinksauer auf Milan wie nie zuvor.

Mich beschlich die stille Vermutung, er habe bewusst so lange mit dieser Verkündung gewartet, bis er sicher war, ich konnte nicht mehr zurück. Denn er wusste nur zu gut, wie sehr ich an meinen Tieren hing.

Ich fand liebe Plätze für meine Tiger, aber was er hier von mir forderte, habe ich Milan nie richtig verzeihen können. Vor allem wenn ich überlege, was im Anschluss noch alles auf mich zukam – niemals hätte ich das tun dürfen. Von Beginn an hätte ich auf meine Eingebung vertrauen und nicht in dieses Haus ziehen sollen.

Das einzige kleine Lebewesen, das ich mitnehmen durfte, war mein Streifenhörnchen. Es lebte in einer transportablen Voliere und hiermit gäbe es Milans Meinung nach keine Schwierigkeiten.

Doch da täuschte er sich gewaltig.

Der Umzug gestaltete sich derart chaotisch, wie ich vorher noch nie einen erlebt hatte. Und das, weil ich mich auf Milan verließ. Ich hatte in den letzten Jahren nun schon viele Umzüge erfolgreich hinter mich gebracht und somit durchaus Erfahrung in dieser Sache.

Mitte Mai, bereits eineinhalb Monate eher als die reguläre Kündigungsfrist vorsah, konnte ich dank der gefundenen Nachmieter umziehen.

Meine Wohnzimmer-Schrankwand gab ich Babe und die Küche sowie den Kleiderschrank übernahm der Nachmieter. Deswegen verblieben nur wenige Möbel, die mit in Milans Wohnung gingen: meine Couch, mein Bett und mein kleiner Esstisch mit vier Bürostühlen. Die wenigen anderen Habseligkeiten waren vergleichsweise schnell in den Umzugskartons verstaut.

So saß ich am vereinbarten Tag auf gepackten Koffern und Kartons und wartete am frühen Nachmittag darauf, dass Milan wie vereinbart mit einem Kleintransporter käme. Er sagte, die Ladekapazität reiche locker aus, woran ich meine Zweifel hatte.

Die Zeit verstrich. Milan erschien nicht und war auch telefonisch nicht für mich zu erreichen. Auf seinem Handy konnte ich ihn auch nicht erreichen und mir wurde ganz mulmig zumute. Er würde mich doch hier jetzt nicht hängen lassen?!

Es war bereits dunkel, als Milan am Abend tatsächlich mit dem Transporter auftauchte. Ich war auf 180, aber gleichwohl froh, dass es jetzt endlich losgehen konnte.

Wir beluden das große Auto zu zweit und schnell wurde klar, dass meine gesamten Habseligkeiten definitiv nicht auf einmal in den Laster passten. Milan nahm das locker und sagte, er würde einfach noch ein zweites Mal fahren. Ich könnte derweil ausräumen und er nähme Jerko auf die nächste Tour mit.

Der Horror der nächsten Monate begann mit dem Betreten von Milans Elternhaus.

Mein Streifenhörnchen war in der ersten Beladung mitgekommen.

Als Milan mit Jerko den großen Käfig aus dem Auto ins Haus und die Treppe hochtragen wollten, schoss seine Mutter urplötzlich und scheinbar aus dem Nichts hysterisch kreischend auf uns alle zu und schrie: „Das Viehzeug kommt hier nicht herein! Lauter Ungeziefer! Nehmt das raus hier, raus *hier*!!! Weg damit aus meinem Haus! *Weg*!!!"

Sie preschte mit wutfunkelnden Augen auf mich zu und brüllte: „Und *du* auch, du kommst hier nicht rein, du hast hier nichts verloren!!! Hau ab, hau ab!!!"

Mein Blut sackte mir in die Knie und ich war zuerst starr vor Schreck.

Ein paar Sekunden später versuchte ich panisch und vermutlich aus einem Reflex heraus irgendwie aus dem Hausflur zu flüchten und fiel dabei fast die Treppe, die vom Haus zur Straße führte, hinunter.

Während Milans Vater und Jerko fieberhaft darum bemüht waren, sie in Schach zu halten und in die elterliche Wohnung zu drängen, suchte ich immer noch gehetzt wie ein wildes Tier ein Versteck im Garten. Ich kannte mich dort ja noch gar nicht aus. Um die Hausecke herum fand ich einen Platz, auf den kein Licht von innen fiel, sodass sie mich nicht sehen konnte.

Ich schluchzte auf und verstand überhaupt nicht, was hier gerade vor sich ging. Mein ganzer Körper zitterte. Was hatte ich falsch gemacht? Welches Ungeziefer meinte sie? Und dann diese Attacke gegen mich persönlich, was sollte das?

Nachdem alle zusammen den Streifenhörnchen-Käfig in seine obere Wohnung getragen hatten, kam Milan nach draußen, um nach mir zu suchen.

Ich zeigte leise, wo ich war, und er versuchte etwas hilflos mich zu besänftigen. Ich wiederholte immer nur dieselbe Frage:

„Was hab' ich denn gemacht? Warum ist sie so zu mir?"

Er gab sich betont gelassen: „Gib ihr Zeit, sie beruhigt sich wieder. Sie hat wohl gedacht, deine Katzen wären in dem Käfig oder sowas. Ich weiß auch nicht, was grad los war!"

Ich kann nicht behaupten, mich hätte diese Erklärung entspannt. Zumindest schaffte Milan es, dass ich in die obere, zukünftig unsere Wohnung verschwand und mich einigermaßen beruhigte. Ich konnte zwar immer noch nicht einordnen, was da gerade passiert war, aber auf jeden Fall war es nun ruhig im Haus.

Milan, Jerko und sein Vater würden die Mutter in Ruhe darüber aufklären, was in der Voliere lebte, und ihr sagen, sie bräuchte sich keine Sorgen zu machen.

Hätte ich gewusst, dass an diesem Abend nur die Auftaktveranstaltung zur großen Horrorshow präsentiert wurde und Milans Mutter sich niemals beruhigen, sondern sich in den folgenden Monaten alles dramatisch verschlimmern würde: ich hätte dieses Haus im Leben nicht betreten und wäre schon gar nicht eingezogen.

Ich bin für die Wahrheit,
egal, wer sie ausspricht.
Ich bin für die Gerechtigkeit,
egal, für wen sie ist oder gegen wen sie sich richtet.
Malcolm X (1925–1965), US-amerikanischer Führer der Bürgerrechtsbewegung

8

Das Strafverfahren gegen meinen Vater wegen Anstiftung zum Mord, Maris Cillers, inzwischen Denises Ex-Verlobter, als Vermittler und Jakob Geiger als Mörder sollte demnächst starten. Diese Information flatterte genau im Zeitraum des Umzugs ins Haus.

Ich war als Zeugin geladen, ebenso wie Milan, und mir war schon ein bisschen unwohl bei dem Gedanken, meinem Vater das erste Mal seit langem im Gericht gegenüberzustehen.

Die Verfahrenseröffnung war auf den 16. Juni 2003 datiert, fast genau ein Jahr nach dem Mord. Ich sollte zehn Tage später zur Zeugenaussage erscheinen.

Dass der Prozess gegen meinen Vater als mutmaßlichem Anstifter bereits im Vorfeld solch eine große Welle des Interesses lostrat, hätte ich nicht für möglich gehalten. Nicht nur regional, auch überregional berichtete man, sei es in Printmedien oder in Fernseh-Boulevard-Magazinen.

In der Firma sprachen mich verschiedene Kollegen an, die irgendetwas auf irgendeinem Sender gesehen hatten. Ich war dankbar für diese Informationen, folglich konnte ich nach Wiederholungen Ausschau halten.

Man kann sich das so vorstellen: Ich bekam von dem Prozess lediglich das mit, was mir erzählte wurde, denn meine Tanten und Maria besuchten vereinzelte Sitzungen als Zuschauer. Es versteht sich von selbst, dass ihre Berichterstattungen emotional eingefärbt und beileibe nicht wertfrei waren, ihrer Meinung nach war mein Vater absolut unschuldig.

Die Informationen, die ich aus den Medien erlangte, erreichten mich – bis auf vereinzelte Fernsehbeiträge – fast immer erst Wochen nach ihrer Ausstrahlung. Denn ich hatte keinen direkten Zugriff auf die hauptsächlich berichterstattende HNA, die regionale Tageszeitung Nordhessens. Die wenigen Online-Artikel der Hessische/Niedersächsische Allgemeine lieferten nur einen groben Verlauf.

Die Schwiegermutter meiner Kollegin Martina wohnte in Hessen und sie sammelte für mich liebenswürdigerweise sämtliche Zeitungsberichte, die sie über den Prozess finden konnte. Sie wusste, ich wäre anderweitig niemals an die Artikel herangekommen, da ich in der Nähe von Kaiserslautern wohnte – damit war sie mir eine Hilfe von unschätzbarem Wert.

Nach jedem Besuch, den Martina und ihr Mann der älteren Dame abstatteten, erhielt ich ein Sammelsurium an ausgeschnittenen Kurzreportagen.

Mittlerweile war klar, dass man längst nicht alles glauben sollte, was gedruckt wurde, das hatte ich bereits im vergangenen Jahr gemerkt, als über den Mord und die Fahndung berichtet wurde. Dennoch waren die Zeitungsberichte die einzige Möglichkeit für mich, über das Verfahren wenigstens in groben Zügen auf dem Laufenden zu bleiben.

Oft verschlang ich montags gebannt einen Ausschnitt nach dem anderen am Schreibtisch, wenn Martina das Wochenende zuvor ihre Schwiegermutter besucht hatte. Und häufig konnte ich nur den Kopf schütteln über das, was ich da las.

Viele Angaben unterschieden sich gravierend von dem, was mir persönlich berichtet wurde, und ich geriet damit in einen Sumpf aus Ungewissheit und Zweifel. Denn ich wusste nicht, was ich glauben konnte und was nicht.

Auf der einen Seite standen da sensationslüsterne Reporter, deren Interesse in erster Linie darin lag, die Leser bei Laune zu halten und mit möglichst brutalen Schilderungen und ketzerisch-rhetorischen Fragen zu füttern. Andererseits gab es da die Darstellungen meiner Familie, die einem Großteil der Verhandlung beiwohnten, die jedoch alles andere als neutral waren.

Ich selbst konnte mir nur Urlaub für die bevorstehende Zeugenaussage und den Tag der Urteilsverkündung nehmen, wann immer der sein würde, und nur an diesen Tagen den Verlauf persönlich beobachten.

Erst etliche Jahre später, im Sommer 2011 während der Recherchen für dieses Buch, fügten sich für mich auch die letzten Ungewissheiten in ein klares Gesamtbild. Die Kasseler Staatsanwaltschaft gewährte mir auf Antrag eine nahezu volle Akteneinsicht in ihren Räumen. Hier verbrachte ich mehrere Tage mit allen relevanten Polizei- und Verhandlungsprotokollen, die man mir bereitstellte.

Und aufgrund meiner Aufzeichnungen und Kopien dieser Unterlagen schildere ich im Folgenden den Prozessverlauf.

Damals, 2003 zu Prozessbeginn, erschien mir alles so vollkommen unwirklich. So etwas passierte doch sonst nur im Fernsehen, las man in Krimis oder wurde aus dem Leben in Großstädten berichtet. Anonym und weit entfernt.

Aber dies betraf *mein* Leben, ganz nah, ganz real.

Man stellte mir einige Interview-Anfragen, um mir eine öffentliche Stellungnahme zu entlocken. Auf keine einzige dieser natürlich mit Honorar verbundenen Ansuchen ging ich ein. Einzig den Kommentar: „Am Ende ist entscheidend, wie das Gericht urteilt – und das ist für mich als Einziges maßgeblich" gab ich einige Male an.

Wie erwartet war das für die Journalisten so ziemlich das Uninteressanteste, was sie sich wünschen konnten, und ich brachte mich aufgrund dessen schnell aus dem Fokus der Schlagzeilen.

Nicht so Lissi.

Sie ließ es sich nicht nehmen, verschiedene Fernseh-Interviews zu geben. Und ehrlich gesagt kann ich mir nur schwer vorstellen, dass meine Schwester die angebotene „Aufwandsentschädigung" ablehnte.

Diese Reportagen wurden zur Hauptsendezeit am Abend oder am Vormittag in den diversen Privatsendern ausgestrahlt:

explosiv, taff, RTL-Extra und wie sie alle hießen, jeder bekam ein Stück vom Kuchen ab, den Lissi ihnen anbot.

Ich gebe zu, es ärgerte mich maßlos, als ich merkte, wie sie solche Plattformen nutzte, um ihre Meinung unreflektiert und sensationsheischend hinauszuposaunen.

Die Hasstiraden gegen meinen Vater waren die eine Sache und mir egal.

Aber völlig falsche Informationen über mich im Fernsehen zu verbreiten, machte mich wütend. Überall verbreitete sie, sie habe von Beginn an gewusst, unser Vater würde hinter der Tat stecken und ich hielte bis heute felsenfest zu ihm. Das entbehrte allerdings jeglicher Grundlage.

Bereits bevor der Prozess begann, erkannte ich eines: Ich hatte weder ausreichend Ahnung über den Stand oder die Ergebnisse der Ermittlungen noch genügend Hintergrundwissen über das Leben meiner Eltern seit meinem Auszug, als dass ich mir ein Urteil hätte erlauben dürfen.

Aus dieser Einsicht heraus begann ich weit vor Beginn der Verhandlung den Kontakt zu meinem Vater nach und nach verebben zu lassen, um ihn schließlich komplett einzustellen.

Ein paar vereinzelte Briefe gab es hier und da 2002. Zuerst antwortete ich seltener auf seine Schreiben, zum Beispiel mit einigen belanglosen Urlaubsschilderungen, und irgendwann gar nicht mehr. Weder auf Weihnachts- oder Geburtstagskarten noch auf andere Kontaktversuche reagierte ich. Zu manipulativ waren seine Briefe mittlerweile meiner Ansicht nach.

Ich war schon lange kein kleines Kind mehr und längst in Rhetorik und Gesprächsführung geschult. So durchblickte ich mit Leichtigkeit die unterschwellig vorwurfsvollen Zeilen, in denen er appellierte, Blut sei dicker als Wasser und er habe gehofft, öfter von seiner Lieblingstochter zu hören.

Diese plumpen Versuche, bei mir ein schlechtes Gewissen einzunisten, scheiterten kläglich. Letztendlich wollte ich unbedingt unparteiisch bleiben und dies würde kaum gelingen, wenn ich den Kontakt zu ihm weiter pflegte.

Meine Tanten sowie Oma drängten mich unaufhörlich dazu, die Beziehung zu ihm aufrechtzuerhalten, aber ich wehrte mich vehement gegen diesen Druck.

Einmal sagte ich zu ihnen: „Wisst ihr, wenn irgendwann das Urteil gesprochen wird und es womöglich nicht so ausfällt, wie ihr es euch wünscht, dann möchte *ich* nicht im Zuschauerraum weinend zusammenbrechen, weil ich mich die ganze Zeit an einen Strohhalm geklammert habe. Ich rechne mit allem, auch wenn ich es mir im Moment nicht vorstellen kann oder will!"

Während der Haft besuchte ich ihn nach dem missglückten Versuch in Düsseldorf ein einziges Mal in Kassel und plante nicht im Mindesten, dies zu wiederholen.

Ich selbst hatte damals nur ein paar Minuten, um mit ihm zu reden, da war kein Raum für Schuldfragen. Wir tauschten unter Aufsicht eines Vollzugsbeamten ein paar nichtssagende Floskeln aus und dann war die Zeit auch schon vorbei und Maria oder Maya übernahmen das Gespräch.

Das Gericht würde ein Urteil fällen. Und ich war vollends bereit, dieses als die Wahrheit zu akzeptieren – wie auch immer es lautete.

Ich streite nicht ab, dass ich tief in meinem Inneren immer noch hoffte, er wäre vielleicht doch unschuldig. Aber ist das nicht normal? Würde nicht jeder bis zum Schluss einen kleinen Hoffnungsschimmer bewahren wollen?

Aus dieser Zerrissenheit heraus entstanden unzähligen Gespräche und Analysen zwischen Chef, Martina, Milan, meinen Freundinnen und mir. Unterm Strich bestätigten alle immer wieder, es sei besser, die Hoffnung im Keim zu ersticken und mit allem zu rechnen. Die Justiz würde sich intensiv mit dem Fall auseinandersetzen und zu einem Urteil kommen.

Die Verhandlung begann.

Direkt am ersten Tag gestand Geiger im vollen Umfang den Mord und Maris gab an, alle von ihm im Vorfeld gemachten Aussagen, unter anderem sein Geständnis als Vermittler der Tat, dürften ins Verfahren integriert werden.

Mein Vater hingegen gab nur eine kleine Erklärung ab, in der er mitteilte, er habe die ihm zur Last gelegte Tat nicht begangen und wolle ansonsten keine Angaben machen.

Pünktlich zum Auftakt des Gerichtsverfahrens wurden die regelmäßigen Besuche bei Amélie eingestellt. Vorläufig und bis zum Ende des Strafverfahrens, lautete die Angabe des Jugendamtes, um Amélie vor den Medien und damit verbundenen Konfrontationen zu schützen. Zudem wurde erklärt, dass sie dadurch vor einer emotionalen Beeinflussung durch die Familienmitglieder beider Seiten bewahrt werden sollte.

Zu Recht, denn die Zeitungen überschlugen sich wie schon im vorigen Jahr zu Zeiten der Fahndung. Es war zu erwarten, dass einer der spektakulärsten Kriminalfälle Nordhessens über den gesamten Prozess von den verschiedensten Medien dokumentiert wurde.

Am dritten Verhandlungstag, dem 23. Juni 2003, gab der vorsitzende Richter bekannt, das Verfahren müsse im Sommer eine einmonatige Zwangspause machen, sollte es nicht bis zum 18. Juli beendet sein.

Von vorneherein setzte man 13 Prozesstage an, die für dieses Verfahren ausreichend erschienen. Die Hoffnung auf eine zügige und unkomplizierte Abwicklung war unverkennbar.

Der zweite aufsehenerregende Prozess, der des Kannibalen von Rotenburg, Armin Meiwes, stand nämlich bereits in den Startlöchern und wartete auf freie Kapazität am Gericht. Den Vorsitz hatte hierbei derselbe Richter.

”

Ungerührt vom Tod seiner Frau?

Zeugen: Rüdiger B. zeigte am Tatort in Guxhagen keine Regung

Von Frank Thonicke

Kassel/Guxhagen. Er war ruhig, gefasst. Cool würde man das wohl heute nennen. Er stand einfach herum. Fragte nichts, war offensichtlich nicht verzweifelt. So reagierte nach Zeugenaussagen Rüdiger B., als er seine erstochene Frau in ihrem Blut liegen sah. Die Ankläger überrascht dieses Verhalten nicht: Sie sind überzeugt, dass Rüdiger B. im Innersten froh war, dass seine Frau tot ist. Denn er soll den Auftrag für den Mord an Sigrid B. aus Guxhagen (Schwalm-Eder-Kreis) gegeben haben.

Die Hände freilich machte er selbst sich nicht schmutzig. Den Mord vermittelte der Lette Maris C. (28), ausgeführt wurde er von Jakob G. (22). Beide Männer haben gestanden und belasten Rüdiger B. (49) als Auftraggeber schwer. Der schweigt. Das Trio muss sich zurzeit vor dem Kasseler Landgericht wegen Mord und Anstiftung zum Mord verantworten.

Das Verhalten von Rüdiger B. stand gestern im Mittelpunkt

des dritten Verhandlungstages. Der Wohnungsvermieter von Sigrid B., die von ihrem Mann getrennt lebte und auf die Scheidung wartete, hatte Rüdiger B. nach der Tat angerufen. Der Vermieter wurde Zeuge des Mordes, weil er im Flur Hilferufe hörte. Zuerst rief er den Notarzt an, dann die Polizei, dann Rüdiger B.

Der kam, so der Vermieter gestern vor Gericht, auch schnell zum Tatort. Sigrid B. lag noch in ihrem Blut, der Notarzt hatte keine Chance, sie zu retten. Zu heftig waren die zwölf Messerstiche in Hals und Brust gewesen, zu groß der Blutverlust. Rüdiger B. jedoch, so sagte der Vermieter, reagierte gelassen: „So, als habe ihn das gar nicht berührt." Auch ein Rettungssanitäter sagte, dass Rüdiger B. sich sehr ruhig verhielt: „Der stand da etwas teilnahmslos rum."

Der Notarzt, der damals gerufen wurde, wandte sich gestern als Zeuge an die Tochter von Rüdiger B. Sie ist Nebenklägerin gegen ihren Vater. Der Arzt: „Ich möchte Ihnen mein Mitgefühl ausdrücken. Ich wünsche Ihnen, dass Sie diese Tage gut überstehen." Rüdiger B. vernahm es ohne Regung.

Quelle: HNA | 24.06.2003

Am 27. Juni 2003 trat ich zur Zeugenaussage an und erlebte das erste Mal hautnah, wie schnell einem von den Medien die Worte im Mund verdreht werden können.

Wahrheitsgemäß schilderte ich auf Nachfrage des Richters das frühere Leben in meinem Elternhaus. Ich erklärte, die Aggressionen bei uns, verbal oder körperlich, wären nie von meinem Vater, sondern grundsätzlich von meiner Mutter ausgegangen. Als ich gebeten wurde, einige Beispiele für ihre verbalen Entgleisungen zu geben, führte ich unter anderem relativ emotionslos die Herabstufung zum Umzugsunfall an.

Ein Raunen ging durch den Zuschauerraum und vereinzelte „Ungeheuerlich!"- und „Unverschämtheit!"-Rufe flogen mir in den Rücken. Höchstwahrscheinlich galten die aber eher meiner Freimütigkeit, als der Aussage meiner Mutter.

Der Richter bemerkte, dies sei nicht gerade eine liebevolle Aussage gegenüber einem Kind, aber man müsse bedenken, meine Mutter sei nun tot.

„Und was bedeutet das? Sie haben mich doch gefragt! Nur weil sie auf eine furchtbar grausame Art ums Leben gekommen ist, muss ich sie jetzt in den Himmel loben und heilig sprechen, obwohl es nicht stimmt? Ich sollte hier die Wahrheit sagen – und das tue ich!", antwortete ich unnachgiebig.

„Natürlich sollen Sie die Wahrheit sagen, da haben Sie vollkommen Recht", erwiderte der Richter, „glauben Sie persönlich denn, Ihr Vater könnte der Anstifter zum Mord an ihrer Mutter sein?"

Ich überlegte und mein innerer Zwiespalt war so groß wie nie zuvor.

Ich wollte weitestgehend neutral und rational sein, aber auch klar machen, dass ich mir meinen Vater als Initiator einer solchen Tat einfach nicht vorstellen konnte. Das hatte rein gar nichts damit zu tun, dass ich ihn in Schutz nehmen wollte. Aber das Bild, das ich von ihm hatte, sah derartig kriminelle Handlungen nun einmal nicht vor.

Gleichwohl hatte ich in den vergangenen Monaten von Dingen erfahren, die sich zwischen meinen Eltern abspielten, von denen ich zuvor nicht den Hauch einer Ahnung hatte. Bloß: deswegen gleich einen Mord beauftragen?

„Nein, ich kann mir nicht vorstellen, dass er den Mord in Auftrag gegeben hat. Eventuell hat Herr Maris Cillers die Tat allein geplant, ich weiß es nicht."

Maris prustete auf meine Aussage hin ungläubig und das Publikum reagierte wie gehabt mit Getuschel.

Als Letztes sollte ich eine Einschätzung über die Einstellung meines Vaters zu finanziellen Dingen geben. Ich antwortete wieder ehrlich und punktgenau: „Mein Vater ist ein knallharter Geschäftsmann, das war er schon immer. Er weiß genau, wie er seine Interessen durchsetzen kann. Allerdings – das möchte ich betonen – nicht um jeden Preis!"

Wie sehr ich damit eine mir noch unbekannte Tatsache untermauerte, war mir damals überhaupt nicht klar.
Tags darauf schrieb die HNA jedenfalls unumwunden, ich würde zu meinem Vater halten. So einfach war das offenbar, diesen Eindruck hatte ich nach außen also vermittelt.

”

Tochter nimmt Angeklagten in Schutz

Guxhagener Mordprozess: Yvonne B. bezeichnet ihren Vater als ruhenden Pol bei Streitigkeiten

Von Frank Thonicke

Guxhagen. Der Riss, der durch die Guxhagener Familie B. ging, war alt und tief. Auf der einen Seite hielten Vater Rüdiger (49) und Tochter Yvonne (28) zusammen. Auf der anderen Seite standen Mutter Sigrid (46) und Tochter Alissa (24).

Die ist sich sicher, dass ihr Vater 1500 Euro zahlte, um seine Ehefrau Sigrid ermorden zu lassen. Deswegen sitzt der Vertreter nun auf der Anklagebank des Kasselers Landgerichts. Mit ihm angeklagt sind der mutmaßliche Vermittler des Mordes, der Lette Maris C. (28) und der eigentliche Täter Jakob G. (22). Letztere haben bei der Polizei die Tat gestanden. Sie belasten zudem Rüdiger B. schwer. Der schweigt.

Seine Tochter Yvonne, die zu ihm hält, redete dagegen gestern vor Gericht als Zeugin viel. „Eine Bilderbuchfamilie waren wir weiß Gott nicht“, sagt die blonde, schlanke Frau, die schon mit 18 das Elternhaus verließ. Der Grund: Sie sei nie mit ihrer Mutter klar gekommen. Yvonne B. schildert ihre Mutter als hysterische, cholerische und aufbrausende Frau, die keifte, ihrem Mann das Leben zur Hölle machte und auch ihr gegenüber grausam gewesen sei. Als sie elf Jahre alt war, so Yvonne B., habe ihre Mutter zu ihr gesagt: „Du bist doch nur ein Umzugsunfall.“

Und auch ihr Vater habe oft genug sein Fett weggekriegt, habe Beschimpfungen und Beleidigungen über sich ergehen lassen müssen. Rüdiger B. sei in diesen Streitigkeiten der ruhige Pol gewesen. Er habe nach dem Motto gehandelt „Du hast Recht und ich meine Ruhe“ und habe schließlich resigniert. Als die Scheidung ins Rollen kam, sei er zufrieden gewesen.

Dass ihr Vater der Anstifter des Mordes an der Mutter sein könnte, glaubt Yvonne B. offenbar nicht. Was wirklich dahinter stecken könnte, sei in der Familie „akutes Thema“, sagte sie. Vielleicht habe ja der vermeintlichte Vermittler Maris C., der mit der Nichte von Rüdiger B. zusammenlebt, allein die Tat geplant. Als der das hört, zeigt Maris C. seine erste heftige Reaktion in den bisher fünf Verhandlungstagen. Er reißt die Augen groß auf und kann ein ungläubiges Lächeln nicht zurückhalten.

Und auch Alissa B., die ihren Vater der Anstiftung zum Mord an ihrer Mutter anklagt, verfolgt die Äußerungen der Schwester mit Staunen. Vor und nach der Verhandlung würdigen sich die Schwestern keines Blickes. Man hat schon seit langem miteinander gebrochen.

Der Riss, der durch die Familie B. ging und geht, reichte bis zum Friedhof. Es gab für das Opfer Sigrid B. zwei Trauerfeiern. An einer, der ersten, nahmen die teil, die ihr nicht nahe standen. Zum Begräbnis zwei Tage später kamen dann die unmittelbaren Angehörigen und Verwandten von Sigrid B.

Tochter Yvonne nahm an der ersten Trauerfeier teil, der für die Außenstehenden. Dazu hatte ihr die Polizei geraten, sagte sie. Die Ordnungshüter befürchteten damals Übergriffe, würde Yvonne zu der Feier der Angehörigen ihrer Mutter gehen. Denn Yvonne hält zum Vater.

Der Prozess wird am kommenden Dienstag fortgesetzt.

Quelle: HNA | 28.06.2003

Ich stieß kräftemäßig an meine Grenzen. Die Akkus waren leer, alles zehrte an mir und ich musste dennoch weiter funktionieren.

Menschen stellten Behauptungen in den Raum, die ich nicht dementieren konnte, ohne mich selbst dadurch wieder ins Rampenlicht zu rücken. Und in Milans Familie, wo ich hoffte, auftanken zu können, wurde ich zumindest von seiner Mutter geächtet.

Jeden Morgen, wenn ich zur Arbeit ging, musste ich aus der oberen Wohnung die Treppe im Hausflur hinunter zur Haustür gehen.

Milans Eltern bewohnten die Wohnung im Erdgeschoss. Jeden einzelnen Morgen lauerte seine Mutter mir regelrecht auf, um dann urplötzlich wie ein Berserker aus der Tür hervorzuschießen und übelst auf mich einzuschimpfen.

Worte wie „Schlampe!", „Kleine, billige Hure!" und ähnliche Titulierungen konnte ich heraushören, und ich wusste, sie rührten daher, dass ich nicht die Traumschwiegertochter Dara war. Was genau sie mir dazu in kroatisch entgegenwarf, möchte ich lieber nicht wissen.

Und doch reifte aufgrund dieser nahezu täglichen Eskalationen eine Idee in mir heran, die möglicherweise helfen konnte, einen Zugang zur Familie zur bekommen. Es schien ganz simpel: ich könnte kroatisch lernen.

Nicht nur, dass ich somit zukünftig die Beschimpfungen würde verstehen können, was fast schon sarkastisch war. Vielmehr barg dies eine Chance, Milans Mutter und allen anderen zu zeigen, wie sehr mir an einer guten Atmosphäre im Haus gelegen war und dass ich bereit war, auf alle zuzugehen.

Kurzentschlossen besorgte ich mir Selbst-Lernprogramme und gab mein Bestes, was Milan überraschte, aber auch freute.

Er half mir, auf meinen Wunsch hin ein paar relativ moderne kroatische Lieder zu besorgen und ich übersetzte diese quasi als zusätzliche Übungseinheiten. Meist waren das langsame Schmuse-Lieder, weil hier der Text sehr deutlich zu verstehen war. Das machte Spaß, ich kam auf diese Weise gut voran und es lenkte mich darüber hinaus vom täglichen Wahnsinn ab, der im Haus tobte.

Meine Freundin Vanessa riet mir seit längerem dazu, eine Psychotherapie in Anspruch zu nehmen, damit ich mein Leben unter fachlicher Anleitung einmal geordnet aufarbeiten könnte. Nun schien es tatsächlich an der Zeit zu sein.

Mit viel Glück und Schilderung der Dringlichkeit ergatterte ich kurzfristig einen Therapieplatz bei einem niedergelassenen Psychotherapeuten in Worms.

Die wöchentlichen Gesprächstermine ab Juli taten mir unglaublich gut und Herr Dr. Walter war von Beginn an erstaunt darüber, in welch guter Gesamtverfassung ich mich trotz der komplexen Lebenssituation befand.

In erster Linie galt es also nicht, mich als kleines Häufchen Elend wieder stabil auf die Beine zu bringen, denn das war ich nicht. Vielmehr konnte ich endlich strukturiert meine Zerrissenheit und Sorgen ordnen und sortieren. In Bezug auf meinen Vater und der restlichen Familie, der Beziehung zu Milan inklusive kompliziertem Zusammenleben sowie der laufenden Insolvenz und dem damit verbundenen Druck. Es gelang mir nach und nach, das Gefühl zurückzugewinnen, mein Leben selbst zu steuern und zu beeinflussen.

Und auch im Prozess gegen meinen Vater ging es weiter voran.

Im weiteren Verlauf der Verhandlung flog Lissi schließlich ihr Hang zu den Medien um die Ohren. Denn die Richter fanden es in höchstem Maße unpassend und geschmacklos, sich während eines laufenden Prozesses derart in der Öffentlichkeit darzustellen, und ließen sie das deutlich wissen.

So wurde neben den üblichen Zeugenladungen am 8. Juli und am 11. Juli ein Zeitungsinterview mit ihr verlesen sowie eine Videosichtung eines RTL-Beitrags vorgenommen, in denen sie ohne Hemmung ihre Meinung kundtat.

”

„Der soll lebenslänglich weg“

Die Tochter der ermordeten Sigrid B. empfindet nur noch Hass für ihren Vater

Von Frank Thonicke

Alissa B. (24) aus Guxhagen ist im Mordprozess um den Tod ihrer Mutter Sigrid B. Nebenklägerin. Die junge Frau klagt vor allem ihren Vater Rüdiger (49) an. Für sie ist er der Hauptschuldige. Wir sprachen mit Alissa B.

Was empfinden Sie, wenn Sie im Gerichtssaal Ihrem Vater Auge in Auge gegenübersitzen?

Alissa B.: Missachtung und Hass.

Hass?

Alissa B.: Ja, blanken Hass.

Sie sind überzeugt davon, dass Ihr Vater Ihre Mutter hat töten lassen?

Alissa B.: Ja. 100-prozentig ja.

Viele Leute fragen sich, was denn eigentlich das Motiv Ihres Vaters war. Was steckte dahinter?

Alissa B.: Mein Vater wollte sich um die Folgen der Scheidung winden. Er wollte keinen Unterhalt zahlen. Für meine Mutter nicht und für meine kleine Schwester nicht. Mein Vater ist sehr materialistisch eingestellt. Geld, das war für ihn immer das Ein und Alles. Die Zahlung von Unterhalt wäre für ihn so etwas wie Verschwendung gewesen.

Aber das sind ja keine Unsummen, keine Millionen. Musste Ihre Mutter für vergleichsweise wenig Geld sterben?

Alissa B.: Ja, das ist richtig. Aber es geht ja gar nicht um eine Summe. Es geht darum, dass er Geld zahlen soll. Da ist die Summe egal. Meine Mutter hat immer gesagt: Bevor er mir einen Pfennig gibt, bringt er mich um.

Und das war nicht einfach so dahingesagt?

Alissa B.: Nein. Wir haben schon befürchtet, dass irgendetwas passiert. Aber dass so was kommt, damit konnte doch keiner rechnen.

Nun deutet Ihr Vater an, dass das Scheidungsverfahren doch ganz normal lief.

Alissa B.: Nein. Auf keinen Fall. Das war ein Hauen und Stechen - aber nur von ihm aus. Meine Mutter ist immer ganz ruhig geblieben. Sie hatte beantragt, was ihr halt zusteht. Er war immer gegen alles. Das fing schon an, als meine Mutter ausgezogen ist. Da stand ihr die Hälfte der Wohungseinrichtung zu. Da hat er dann gegen sie geklagt.

Sie haben ja noch eine kleine Schwester die neun Jahre alt ist. Würden Sie sagen, Ihr Vater hat auch deren Leben zerstört?

Alissa B.: Auf jeden Fall.

Was wünschen Sie Ihrem Vater?

Alissa B.: Der soll für immer weg. Lebenslänglich. Der darf nicht mehr raus. Auf keinen Fall. Der soll lebenslänglich weg. Der soll all das doppelt und dreifach wiederkriegen, was er uns angetan hat. Ich hoffe, dass er im Gefängnis in richtig schöne Gesellschaft kommt.

Quelle: HNA | 26.06.2003

Bereits eine Woche zuvor konfrontierte das Gericht sie mit einer Geschichte, die sie sich kurz nach dem Tod unserer Mutter zurechtphantasiert hatte.

Was auch immer in ihr vorging, ist mir unverständlich. Aber sie war allen Ernstes der Ansicht, sie könne die Polizei wie selbstverständlich mit in ihre Lügengebilde einflechten und nach Belieben wie Puppen tanzen lassen.

Konkret ging es darum, dass Lissi ein bisschen Ruhe vor einem guten Freund haben wollte, der sich in den Tagen nach dem Mord intensiv um sie kümmern wollte. Anstatt ihm mitzuteilen, sie bräuchte etwas Abstand, erfand sie ihm gegenüber einen Anruf von der Polizei. In dem sei ihr mitgeteilt worden, die Fahndung wäre aktuell ausgesetzt.

Weil diesem Freund diese Sache jedoch nicht ganz geheuer erschien, drängte er sie dazu, sich in seinem Beisein beim ermittelnden Hauptkommissar rückzuversichern. Der Kommissar konnte diesen erfundenen Anruf verständlicherweise nicht bestätigen und hinterfragte, ob Lissi sich sicher sei, dass es ein Polizeibeamter gewesen wäre. Sie bestätigte dies inbrünstig.

Drei Wochen später gestand sie auf intensives Nachfragen des Hauptkommissars, sie habe den Anruf erfunden.

All diese Lügen und die massive Medien-Präsenz warfen nicht unbedingt das beste Licht auf Lissi. Aber jeder konnte sich hierdurch selbst ein Bild von ihrer Handlungsweise und ihrem Umgang mit der Wahrheit machen.

Besonders erstaunlich fand ich innerhalb des weiteren Prozessverlaufes, dass mehrere Familienmitglieder eine Vereidigung ablehnten, darunter Maya und mein Cousin Hendrik. Maya machte sogar von ihrem Aussageverweigerungsrecht Gebrauch. Später erst verstand ich, warum beide sich gegen eine Befragung vor Gericht wehrten.

Für mich war das absolut unverständlich, denn das, was ich aussagte, hätte ich genauso unter Eid wiederholt. Diese Tatsache brachte mich immer mehr zum Grübeln und es stellte sich immer dringender die Frage, wer hier wie in diesem Krimi involviert war.

Kurz darauf wurde ich durch einen Zeitungsartikel von einer fatalen Tatsache erschlagen, die mir meine Verwandtschaft bis dahin tunlichst verschwieg. Am Verhandlungstag des 8. Juli 2003 kam es auf den Tisch: mein Vater hatte bewusst und systematisch Geld beiseite geschafft. Auf diese Weise reduzierte er sein

Vermögen, damit die Unterhaltszahlungen an meine Mutter und Amélie niedriger eingestuft wurden.

Und dabei half ihm augenscheinlich Maya.

"

Angeklagter schaffte Geld ins Depot der Schwester

Guxhagener Mordfall: Polizei deckte Finanztransfer zu Frankfurter Bank auf

Von Frank Thonicke

Guxhagen. Rüdiger B. (49), der 1500 Euro für den Mord an seiner Ehefrau Sigrid (46) gezahlt haben soll und dafür auf der Anklagebank des Kasseler Landgerichts sitzt, war ein Jahr lang ständiger Gast am Geldautomat. Genau 86-mal hob er Geldbeträge von 1000 Mark, später 500 Euro, ab. Das ermittelte die Kripo. Das Geld stammte vor allem aus Lebensversicherungen, die er beliehen hatte. Baumann erhielt knapp 40 000 Euro, insgesamt hob er von Februar 2001 bis März 2002 genau 52 800 Euro in bar ab. Die Hälfte des Geldes hätte bei einer Scheidung seiner Frau zugestanden, Sie wurde am 6. Juni 2002 getötet.

Nach den Erkenntnissen der Polizei landete das Geld auf einem Depot der Frankfurter Bank. Besitzerin des Depots: die Schwester von Rüdiger B., Maya.

Bei der gingen von Februar 2001 bis März 2002 regelmäßig Banküberweisungen auf dem Girokonto ein. Das Geld – jeweils zwischen 1500 und 5000 Euro – wurde dann auf ein Festgeldkonto überwiesen, dann wieder aufs Girokonto zurück transferiert, ehe es schließlich im Depot landete. 57 000 Euro gingen als Bargeld bei der Frau ein, 54 800 wanderten ins Depot.

In derselben Zeit hatte Rüdiger B. 52 800 Euro von seinem Konto abgehoben. Auf den Geldtransfer, so ein Kripokommissar gestern als Zeuge vor dem Landgericht, sei die Polizei aufmerksam geworden, weil sie ein mögliches Motiv von Rüdiger B. suchte. Der soll laut Anklage den Mordauftrag erteilt haben, weil er nach einer Scheidung hohe Unterhaltszahlungen fürchtete.

Ins Bild passt, dass er zu einem Bankangestellten gesagt haben soll, er müsse wegen möglicher Unterhaltszahlungen Schulden machen. Die Tat vermittelte der Freund der Nichte von Rüdiger B., der Lette Maris C. (28). Dessen Freund Jakob G. (22) tötete schließlich Sigrid B. Beide Männer haben inzwischen gestanden und belasten Rüdiger B. als ihren Auftraggeber.

Der Prozess wird länger dauern als geplant. Mit einem Urteil ist Ende September, Anfang Oktober zu rechnen. Heute werden die psychologischen und psychiatrischen Gutachten über den Täter Jakob G. vorgestellt.

Quelle: HNA | 11.07.2003

Ich war fassungslos.

Wieder ein menschlicher Abgrund, in den ich ungläubig schaute, und abermals eine Facette meines Vaters, die erst jetzt herauskam.

Mich packte echte Wut, weil ich einfach nicht begreifen konnte, wie ich mich so sehr in ihm hatte täuschen können. Und nicht nur in ihm, auch in meiner Tante, die bekanntermaßen früher mein großes Vorbild war. Nach und nach bröckelte der Putz von der Vorzeigefamilie-Wand und gab schonungslos den Blick auf die unschönen und wahren Grundmauern frei.

Erneut sah ich, dass ich den Prozess und alles, was damit ans Tageslicht befördert wurde, erst mit reichlich Verzögerung und nur in gefilterter Version erfuhr. Ebenso schienen sich einige Punkte hinsichtlich des Tatablaufs und der Planung des Verbrechens nach und nach aufzuklären. Kleine Mosaiksteinchen fügten sich zu einem ersten schemenhaften Bild zusammen.

Am Verhandlungstag des 14. Juli 2003 verlas Maris' Anwalt dessen Aussage. Als mutmaßlicher Vermittler gab er somit für die Außenstehenden einen ersten Überblick über das Geschehen.

Und mit dieser Aussage sollten sich ganz neue Abgründe in meiner Familie auftun, die ich nie für möglich gehalten hätte.

Im Familienkreis hatten – wie schon geschildert – von Anfang an alle Maris gemieden und ihn mit Argwohn betrachtet. Seinen Phantastereien hatten weder Denises Eltern noch ihr Bruder Hendrik Glauben geschenkt.

Allein weil Denise unsterblich in ihn verliebt war und er offenbar genauso in sie, wurde die Beziehung geduldet, aber beileibe nicht gutgeheißen.

Im März 2002 habe sich Maris, wie er über seinen Anwalt vor Gericht angab, völlig unvorhergesehen die Chance geboten, sein Ansehen und die Beziehung zur Familie zu verbessern. Mein Vater habe ihn während einer Familienfeier beiseite genommen und unverblümt gefragt, ob er nicht jemanden wüsste, der sich mit Mord auskenne. Er spielte auf seine osteuropäische Herkunft und eventuelle kriminelle Verbindungen aus seiner Vergangenheit an.

Mein Vater habe noch erläuterte, er wolle nicht, dass man ihm Amélie wegnehme und sie womöglich so ende wie Lissi. Damit wies er auf ihre angeblich zahlreichen Männerbekanntschaften hin, von denen ich persönlich selten etwas mitbekam.

Maris – geschmeichelt, weil man ihn für kompetent und vertrauenswürdig hielt – gab zurück, er wolle sich nach einer passenden Person umhören.

Um dem Auftrag, nach einem geeigneten Täter zu suchen, Nachdruck zu verleihen, habe mein Vater ihm ungefähr einen Monat später 500 Euro als „Anschubfinanzierung" übergeben. Er habe dabei durchblicken lassen, er erwarte bei erfolgreicher Suche keine Rückzahlung des Betrages.

Dass Maris und Denise in angespannten finanziellen Verhältnissen lebten, wussten alle in der Familie. Von daher war klar, sie konnten das Geld gut gebrauchen und eine Rückzahlung würde entsprechend schwerfallen.

Als Frist sei die Zeit vor dem 20. Juni 2002 angegeben gewesen, innerhalb derer die Tat geschehen müsse. Danach wäre die

Scheidung durch und eine Tötung würde für meinen Vater keinen Sinn mehr machen.

Im Nachhinein wurde bekannt, dass dieses Datum jeglicher Grundlage entbehrte und vermutlich dazu diente, Maris Druck zu machen.

Das Verhältnis von Denises Bruder Hendrik und meinem Vater zu Maris sei in der Folgezeit merklich freundlicher geworden. Zumal beide oft nachgefragt hätten, ob sich bei der Suche nach einem Täter schon etwas tue.

Er habe versucht beide hinzuhalten, was aber nicht lange funktionierte. So habe er sich gezwungen gesehen, aktiv zu werden, um beiden Männern Ergebnisse vorweisen zu können.

Maris fuhr dazu am 3. Mai 2002 nach Guxhagen, um Digital-Fotos vom Haus anzufertigen, in dem meine Mutter wohnte. Die Angaben wie Straße und Beschreibung des Hauses habe er zuvor von meinem Vater bekommen. Nach der Heimkehr habe er die gesamte Kamera mit den darauf befindlichen Bildern dann unmittelbar an Hendrik übergeben.

Anstatt dass sich der Druck auf ihn durch die Lieferung der Fotos wie erhofft verringerte, sei dieser von Hendrik und meinem Vater eher noch erhöht worden. Die Männer bekamen anscheinend mehr und mehr den Eindruck, Maris vertröste sie.

Ab dem 3. Juni 2002 plante Maris mit Denise in einen zweiwöchigen Urlaub in der Eifel zu fahren und hoffte, hierdurch ebenfalls etwas Zeit schinden zu können.

Am 31. Mai habe Maris zufällig in einem Dormagener Hinterhof beim Autosäubern Geiger getroffen. Die beiden kannten sich ungefähr seit Juni 1996.

Geiger, der aufgrund einer frühkindlichen Hirnschädigung unter Koordinationsstörungen litt, bewunderte Maris und seine wilden Geschichten, die er erzählte. Für ihn sei Maris ein großes Vorbild gewesen, fast schon eine Vaterfigur.

Bei diesem ungeplanten Aufeinandertreffen habe er Geiger gefragt, ob der jemanden kenne, der sich etwas Geld nebenbei verdienen wolle. Geiger habe daraufhin geantwortet, er selbst habe Interesse an einem Nebenverdienst.

Maris habe dies zunächst abgelehnt, da er Geiger eine Tötung wegen seiner instabilen Feinmotorik nicht zutraute. Geiger habe trotzdem nicht lockergelassen und so sei Maris auf das Angebot, Geiger wolle den „Job" erledigen, eingegangen.

Erst jetzt habe Maris ihn darüber unterrichtet, um was für eine Tätigkeit es sich handele, nämlich um die Tötung einer Frau. Trotzdem wollte Geiger den „Job" immer noch tun.

Maris habe ihm alle benötigten Informationen gegeben, unter anderem die Wegbeschreibung vom Bahnhof zur Wohnung meiner Mutter mit Straßen- und Hausnummerangabe. Außerdem dürfe der kleinen Tochter nichts geschehen, er solle unauffällige Kleidung tragen und Wechselkleidung parat haben, instruierte Maris Geiger.

Von einem konkreten Geldbetrag, der als Honorar für den Auftrag gezahlt würde, sei zu diesem Zeitpunkt keine Rede gewesen.

Einen Tag vor Antritt des gemeinsamen Urlaubes mit Denise habe Maris mit Hendrik besprochen, dass beide am Morgen vor der Eifelreise nach Guxhagen zu meinem Vater fahren würden. Dieser wolle ein Gespräch mit Maris führen, um das Vorhaben zu beschleunigen.

Gegenüber Denise habe er eine Ausrede erfunden, er müsse noch etwas erledigen und man könne daher erst gegen Mittag in den Urlaub aufbrechen. Denise habe von all dem nichts gewusst, sie habe Maris einfach vertraut.

Im Haus meines Vaters angekommen, sei die Sprache auf die Suche nach einem Täter gekommen und ob Maris diesbezüglich Fortschritte verzeichnen könne.

Dieser bestätigte, er habe mittlerweile jemanden gefunden, erwähnte Geiger aber nicht namentlich, da Hendrik ihn kannte. Maris habe meinem Vater von Beginn an gesagt, er müsse für ein solches Vorhaben bereit sein zwischen 10.000 und 15.000 Euro zu investieren.

Der solle unumwunden gekontert haben, so viel Geld habe er nicht beziehungsweise sei er nicht bereit zu zahlen, und er würde lediglich 1.000 bis 1.500 Euro zur Verfügung stellen. Diesen Betrag, 1.000 Euro, habe er dann in einem braunen Kuvert an Maris übergeben.

Als dies alles erledigt war, sei man wieder zur Rückfahrt nach Neuss aufgebrochen.

Unterwegs sei Maris durch Hendrik aufgefordert worden über das Autotelefon „seinen Mann", der die Tat durchführen würde, anzurufen. Höchstwahrscheinlich, um sich zu vergewissern, ob seine Angaben auch der Wahrheit entsprächen und er tatsächlich jemanden gefunden habe.

Maris sei dieser Aufforderung nachgekommen, nannte am Telefon aber nicht Geigers Namen. Er habe den Eindruck vermitteln wollen, dass er zu einem Russen Kontakt aufgenommen habe.

Direkt im Anschluss an das mit Geiger geführte Telefonat habe Hendrik meinen Vater angerufen, um zu bestätigen, es gäbe wahrhaftig einen ausgesuchten Täter.

Einen Tag später, am Dienstag, habe Maris Hendrik aus dem Urlaub in der Eifel angerufen und um ein Treffen gebeten. Er sagte ihm, er habe Angst und wolle aussteigen und zur Polizei gehen, wenn sie ihn nicht in Ruhe ließen.

Hendrik sei ausgeflippt und habe Maris damit gedroht, die Beziehung zu Denise zu zerstören, wenn er nicht genau überlegen würde, was er tue.

Zwei Tage später habe Geiger den „Job" wie geplant erledigt.

Am Freitag derselben Woche, einen Tag nach dem Mord vom 6. Juni 2002, habe Maris an Geiger die 1.000 Euro übergeben. Kurz vorher habe er sich mit Hendrik auf einer Autobahnraststätte getroffen, der die Geldscheine gegen andere austauschte.

Dienstags darauf hätten Maya und Hendrik nach Maris' Angaben ihn und Denise an ihrem Urlaubsort aufgesucht. Dafür habe Maya den Vorwand benutzt, es ginge um Autopapiere. An sich habe sie aber Denise persönlich über die Tötung ihrer Patentante informieren wollen.

Hendrik allerdings habe von Maris wissen wollen, wer der Täter sei und wo er wohne, denn dieser habe eine Vielzahl an

Spuren hinterlassen und müsse verschwinden. Maris habe zur Antwort gegeben, der Mörder sei bereits über alle Berge und nichts müsse getan werden.

Im Anschluss an die Verlesung von Maris' Aussage wurde Hendrik in den Zeugenstand gerufen. Eine Vereidigung lehnte er eigenartigerweise von vorneherein ab, seine Befragung vor Gericht dauerte sagenhafte fünf Stunden von ungefähr 11 bis 16 Uhr.

Hierbei stritt er alles ab, was Maris zu Protokoll gegeben hatte, und schob dessen Schilderungen in die Schublade der blühenden Phantasie.

Hendrik beschrieb, er sei an besagtem Tag ausschließlich aufgrund eines Versicherungsabschlusses für sein neues Fahrzeug nach Guxhagen zu meinem Vater gefahren. Dass Maris ihn an diesem Tag begleiten würde, habe erst nach der Terminabsprache mit meinem Vater festgestanden. Somit habe der gar nicht von der Begleitung wissen können.

Während Hendrik die Versicherungsangelegenheit im Kellerbüro mit meinem Vater klärte, sei Maris mit Hendriks Wagen durch die Gegend gefahren. Weder sei Maris mit im Haus gewesen, noch habe irgendeine Geldübergabe stattgefunden.

Damit gaben sich die Richter und Anwälte jedoch nicht zufrieden und drehten Hendrik stundenlang bis zum Ende des Tages durch die Mangel.

”

Mord-Vermittler unter Druck gesetzt?

Kassel. Im Prozess um den Mordfall an der Hausfrau Sigrid B. (46) aus Guxhagen (Schwalm-Eder-Kreis) hat der Vermittler der Tat, der Lette Maris C. (28), den Ehemann des Opfers, Rüdiger B. (49) und dessen Neffen Hendrik K. (34) belastet. In einer Erklärung, die Verteidiger Hans Regner für seinen Mandanten verlas, erklärte Maris C. , Rüdiger B. habe ihn angesprochen, ob er nicht einen Mörder besorgen könne. Als er das herauszögerte, habe ihn dessen Neffe Hendrik K. immer wieder unter Druck gesetzt. Er habe ihm Schläge angedroht und gesagt: „Ich kann dich auch im Keller verschwinden lassen.“

Hendrik K., der anschließend vom Kasseler Landgericht als Zeuge gehört wurde, bezeichnete die Erklärung von Maris C. als „Schwachsinn“. Sie sei blühende Fantasie und stimme „in keinster Weise“, sagte der Gastronom aus Neuss. Der Prozess wird heute fortgesetzt. (THO)

Quelle: HNA | 15.07.2003

Am darauffolgenden Verhandlungstag des 15. Juli 2003 stand die Aussage von Geiger auf dem Plan. Er bestätigte im Prinzip alles, was Maris bereits am Tag zuvor über die Kontaktaufnahme zu ihm in dem Hinterhof und der Art und Weise des Nebenverdienstes ausgeführt hatte.

Ein Freund habe Schwierigkeiten mit seiner Frau, habe Maris ihm gesagt, und diese müsse aus dem Weg geräumt werden. Sie fordere Geld von ihrem Mann und außerdem ginge es auch um das Kind, das bei der Mutter wohne. Dem dürfe aber keinesfalls etwas passieren.

Geiger erklärte, er habe alle nötigen Informationen von Maris bekommen: wie alt das Kind ungefähr sei und den Vornamen der zu tötenden Frau, Sigrid. Obendrein detaillierte Daten, wie den Straßennamen und die Hausnummer nebst Beschreibung des Wohnhauses. Auch wo er zu klingeln habe, sei ihm genau diktiert worden.

Sigrid bewohne das Haus nicht alleine, sondern zusammen mit ihrem Vermieter, dessen Wohnung im Erdgeschoss lag. Und falls sie schrie und er rauskäme, solle er ihn ebenfalls erledigen.

Die kleine Tochter ginge zwischen halb und viertel vor acht zur Schule und danach solle er die Frau töten.

Zusätzlich führte der mutmaßliche Mörder aus, Maris habe ihm befohlen, auf welche Weise er die Frau zu töten habe: mit einem Messer ins Herz stechen, damit könne man hundertprozentig sicher sein, dass sie tot wäre. Wenn er nicht richtig träfe, solle er so lange bohren, bis sie kein Lebenszeichen mehr von sich gäbe. Geiger sei davon ausgegangen, Maris wisse, wie man einen Menschen töte. Immerhin sei er ja bei einer Spezialeinheit des Militärs in Lettland gewesen.

Außerdem solle er sein Äußeres verändern, sich rasieren und die Haare schneiden. Bei der Tat solle er Handschuhe anziehen, was er in der Aufregung aber vergaß, und unauffällige Kleidung tragen. Das habe er gemacht: schwarze Schuhe, schwarze Hose, grauer Kapuzenpulli und ein schwarzes Hemd mit einer schwarzen Jacke darüber. Außerdem eine graue Baseballkappe. Diese Kleidung solle er nach der Tat wechseln und in einen nahegelegenen Bach werfen.

Maris habe ihm das Datum der Tat vorgeschrieben: Donnerstag, der 6. Juni 2002.

Mit zwei Messern, einem Küchenmesser mit schwarzem Griff und langer Klinge und einem beidseitig geschliffenen sogenannten Survivalmesser mit abgeknicktem Griff, sei er dann nach Guxhagen gestartet.

Das Survivalmesser könne man besser in der Hand halten und damit bohren, wenn es sein müsse, habe Maris ihm beschrieben, weil der Griff mit dem schwarzen Klebeband rechtwinklig fixiert war.

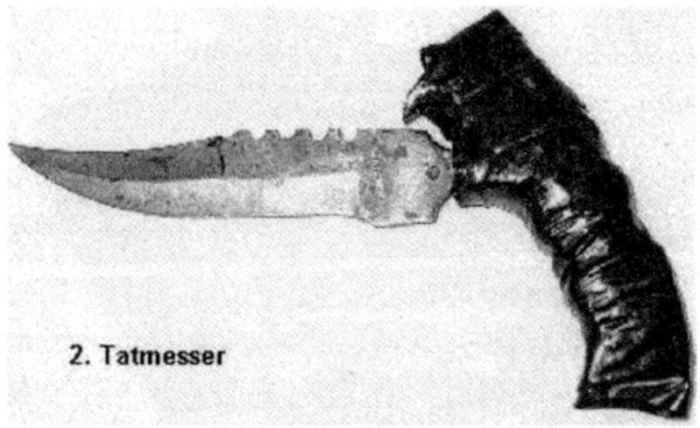

Quelle: Aufnahme der sichergestellten Tatwaffen, veröffentlicht im offiziellen Fahndungsaufruf der Kriminalpolizei Nordhessen

Wie genau er nach Guxhagen käme, habe er sich am Auskunftsschalter der Bahn am Vorabend des Mordes erklären und ausdrucken lassen.

Er habe direkt die durch seinen Behindertenausweis vergünstigten Fahrkartenzuschläge von Düsseldorf nach Guxhagen gelöst, ansonsten war die Fahrt kostenlos. Er sei ein paar Mal umgestiegen und habe in Hamm drei Stunden Aufenthalt gehabt, führte er aus. In Guxhagen angekommen, sei er aus dem Zug gestiegen und wie angewiesen gelaufen.

Er habe die vorgegebene Wegbeschreibung einfach abgespult: erste Straße links rein, immer geradeaus, an der Schule vorbei, bis zur allerletzten Straße ganz oben. Hier rechts in die angegebene Straße abbiegen und zur richtigen Hausnummer, wo ein rotes Auto in der Einfahrt stünde.

Schräg gegenüber gab es einen Spielplatz, wo er zunächst einmal eine geraucht und kurz auf den richtigen Zeitpunkt gewartet habe, denn er sei etwas zu früh dran gewesen.

Dann sei er zum Haus gegangen, habe auf das Namensschild geschaut und geklingelt.

Sigrid sei runtergekommen, und während sie die Tür öffnete, habe er in die Stofftasche gegriffen, das Küchenmesser zu fassen bekommen und sofort zugestochen. Auf das Herz habe er gezielt, es aber nicht getroffen, weil die Tür im Weg gewesen sei und als sie hilfeschreiend nach hinten taumelte, habe er weiter auf ihren Hals eingestochen.

Insgesamt zwölfmal, das ergab später die Obduktion. Wobei die Lunge schwer verletzt wurde und ein Stich die linke Halsschlagader durchtrennte, was zum Tod führte.

Plötzlich sei der Vermieter in den Flur getreten und habe erschrocken gerufen, was er da tue. Geiger sei dermaßen durch den Wind gewesen, dass er nur noch das Messer nach ihm geworfen habe und weggerannt sei. Die Tasche mit dem anderen Messer und den Handschuhen habe er auf den Boden geschmissen.

Er sei einfach drauf losgerannt, schilderte er weiter, und könne sich an den Weg zurück nicht mehr erinnern. Unterwegs habe er irgendwo die Sachen ausgezogen und weggeworfen und sei dann in einen Zug eingestiegen. Irgendwann am späten Nachmittag sei er zu Hause in Dormagen angekommen.

Von dort habe er Maris aus einer Telefonzelle angerufen, ihm in knappen Worten Bescheid gegeben, alles sei erledigt, und wieder aufgelegt.

Mit dem Geld, den 1.000 Euro, die Geiger am Tag nach dem Mord von Maris erhalten habe, habe er seine Schulden bei zwei Drogendealern abbezahlt, die ihm bereits Schläge angedroht hätten. Des Weiteren habe er sich für 75 Euro ein Mofa gekauft und der verbleibende kleine Rest sei in die Lebenshaltung geflossen.

Dass die zu Beginn angesetzten 13 Prozesstage nicht für eine Gesamtbeurteilung des Falles, geschweige denn für eine Verurteilung reichen könnten, wurde spätestens jetzt klar.

Zwar stimmten die Aussagen von Maris und Geiger fast gänzlich überein, dennoch beharrte mein Vater vehement auf seiner

Unschuld und empörte sich, Spielball der Justiz und Opfer von Verleumdungen zu sein. Auch dass Hendrik heftig all dem widersprach, was Maris anführte, machte die Sache kompliziert.

Lediglich ein Verhandlungstag stand vor der angekündigten einmonatigen Sommerpause an und noch immer schien viel zu viel ungeklärt oder verwirrend.

An diesem Tag wurden Nachbarn meiner Eltern sowie Frank, Mayas Mann, als Zeugen geladen. Der wiederum hatte keinerlei Probleme mit einer Vereidigung, stimmte ihr zu und gab bereitwillig Auskunft auf ihm gestellte Fragen.

Die Nachbarn, die ungefähr 15 Jahre lang eng mit meinen Eltern befreundet waren, befragte man nach ihrer Einschätzung des Zusammenlebens der beiden und ob sie Angaben zu deren Charakteren machen könnten.

So beschrieben sie meine Mutter als jemanden, der gut austeilen, aber schlecht einstecken konnte, jemand, der gerne stichelte und Kraftausdrücke benutzte. Wenn es nicht nach ihrer Nase gegangen sei, habe sie schnell von freundlich auf patzig umschalten können, so ihre Aussage. Meinen Vater charakterisierten sie als lustigen und freundlichen Mann.

Ungefähr 1998/1999 habe meine Mutter sich mehr und mehr verändert und sich immer öfter von einer unangenehmen Seite gezeigt. Sie redete wiederholt gegenüber vollkommen Unbeteiligten schlecht über meinen Vater und daher zogen sich die Nachbarn zunehmend von meiner Mutter zurück.

Damit schloss der letzte Verhandlungstag vor den Ferien und eine Fortsetzung des Prozesses war für den 18. August 2003 festgesetzt.

Was zu diesem Zeitpunkt noch niemand wusste: Es würde noch weitere 13 Tage prozessiert werden, bis es endlich zu einem Urteil käme.

Milan und ich hatten uns wirklich ein bisschen Erholung verdient. Und seine guten Kontakte zum Hochschulsport der Uni Kaiserslautern ermöglichten es uns, für kleines Geld viel Abwechslung zu genießen. Jetzt im Sommer bot die Sportgruppe einen Kurs an, in dem man verschiedene Bootsführerscheine während eines rustikalen Camping-Urlaubes in Frankreich absolvieren konnte.

Den buchten wir. Und auch wenn wir Pech mit dem Wetter hatten, so brachte es uns doch Abstand und wir konnten unsere Akkus wieder aufladen.

Denn die nächste Runde des Prozesses stand bevor und noch immer wagte ich nicht zu spekulieren, in welche Richtung das Urteil gehen würde. Es zehrte an meinen Nerven, dass zwei Menschen, von denen ich so etwas nie erwartet hätte – nämlich Maya und mein Vater –, ihre Finger in kriminellen Machenschaften im Spiel hatten.

Die beiden Verhandlungstage am 18. und 28. August drehten sich hauptsächlich um eine mögliche Fehlfunktion von Hendriks Autotelefon. Dieser behauptete, Maris habe aufgrund dessen überhaupt nicht aus seinem Auto telefonieren können, wie dieser ausgesagt hatte.

Letztlich konnte geklärt werden, dass das Telefon zwar ab und zu Startschwierigkeiten bei der Freigabe durch den PIN hatte, generell aber funktionstüchtig war.

Am 8. September 2003 wurde Maris' Strafregister sowie der Lebenslauf meines Vaters verlesen.

Maris hatte unter dem Namen Oleg Ivanov bereits einige eingetragene Vorstrafen, die sich von 1997 bis 2002 aus Ladendiebstahl, Nötigung und falscher Eidesstattlicher Erklärung zusammensetzten.

Mein Vater war strafrechtlich völlig unbescholten.

Im Verlauf des Verhandlungstages vom 16. September 2003 wurde es noch einmal spannend. Ein wichtiges Detail stand nämlich noch ungeklärt im Raum.

So behauptete Maris, mein Vater habe ihm die 1.000 Euro Honorar in einem Kuvert im Esszimmer übergeben, an einem dunklen, fast schwarzen Tisch.

Diese dunkelbraune Essgarnitur bezeugte eine Woche später ebenfalls eine Polizistin und ließ sich für diese Aussage sogar vereidigen.

Genau genommen leistete die Beamtin damit einen Meineid. Denn Fakt war, dieser dunkle Tisch mit dazugehörigen Stühlen stand seit dem Auszug meiner Mutter im August 2001 nicht mehr im Esszimmer, sondern eingelagert unten im Keller des Hauses. Sie hatte sogar ein paar der dunklen Stühle mit in ihre neue Wohnung genommen.

Mit ihrem Einzug bei meinem Vater brachte Maria 2001 ihre helle, buchefarbene Sitzgruppe mit, die ab da als Essecke genutzt wurde.

Dies belegten zahlreiche Fotos, die zum Beweis vorgelegt wurden und die meinen Vater mit Maria und Amélie an Weihnachten 2001 und zu anderen Gelegenheiten an diesem Tisch zeigten. Milan und ich aßen an Ostern 2002 zusammen auch an diesem hellen Tisch und wir beide konnten uns sehr genau an die Farbe und Form der Möbel erinnern, weil sie uns gut gefielen.

Nachbarn wiederum sagten aus, Ende 2002 seien dunkle Stühle und ein Tisch aus dem Haus getragen worden.

Dies stimmte und stand nicht im Widerspruch zur Schilderung des hellen Mobiliars. Für die dunklen, unvollständigen Essmöbel gab es keine Verwendung mehr und daher inserierte Maria sie nach Rücksprache mit meinem Vater, woraufhin sie verkauft wurden.

Durch diesen Einwand wollte die Verteidigung meines Vaters die Unglaubwürdigkeit von Maris untermauern und zeigen, dass seine Aussage erlogen war. Ein eher fragwürdiger Versuch und irgendwie wirkte es wie das letzte Zucken eines Ertrinkenden, bevor ihm bewusst wird, dass er jetzt stirbt.

Derselben Ansicht schien auch Geigers Anwalt zu sein und forderte am folgenden Prozesstag, am 22. September 2003, die Abspaltung des Verfahrens gegen seinen Mandanten. Er habe immerhin gestanden und es gäbe keine Unklarheiten bezüglich der ihm zur Last gelegten Schuld.

Dem Antrag wurde stattgegeben und zwei Tage später hielten die Anwälte 3 Stunden lang bis 12:30 Uhr ihre Plädoyers, die einstimmig „lebenslang" für Geiger wegen Mordes forderten.

Die Richter stimmten dem zu und so lautete das Urteil für ihn: lebenslange Freiheitsstrafe wegen Mordes mit dem besonderen Mordmerkmal der Heimtücke.

"

Blutgeld auf hellen Möbeln?

Guxhagener Mordprozess: Bald Urteil auch gegen Maris C. und Rüdiger B.

Von Frank Thonicke

Guxhagen / Kassel. Auch nach der Verurteilung von Jakob G. zu lebenslanger Haft wegen Mordes an der Hausfrau Sigrid B. (wir berichteten) geht der Guxhagener Mordprozess weiter. Denn noch immer sitzen zwei Männer auf der Anklagebank des Kasseler Landgerichts. Rüdiger B., der Ehemann der Getöteten, und der Lette Maris C., der im Auftrag von Rüdiger B. die Tat an Jakob G. vermittelt haben soll.

Kurz vor Prozessende - 19 Verhandlungstage gab es inzwischen – wird die Auseinandersetzung im Gerichtssaal schärfer. Es stehen sich zwei Fronten gegenüber: Auf der einen Seite die Anklage sowie der Verteidiger von Maris C., Hans Regner, auf der anderen Seite Rüdiger B. mit seinen Anwälten Klaus Brand und Hermann Berg.

Die entscheidende Frage lautet: War Rüdiger B. der geistige Vater des Mordes, war er der Auftraggeber? Rüdiger B. bestreitet das. Maris C. und die Anklage sagen dagegen: Ja, der fast 50-Jährige war es. Damit droht auch Rüdiger B. eine lebenslange Haftstrafe.

Darum ist seine Verteidigung fast verzweifelt bemüht, aus dem persönlichen und familiären Umfeld Entlastungszeugen zu präsentieren. Bisher mit äußerst bescheidenem Erfolg. Ein Paradebeispiel dafür ist die langjährige Geliebte und jetzt Verlobte von Rüdiger B., Maria M. Sie bemühte sich als Zeugin, für Rüdiger B. Pluspunkte zu sammeln. Aber die 49-jährige Arzthelferin verstrickte sich in Widersprüche und andere

Zeugen hatten zuvor das Gegenteil gesagt (Maria M.: „Dann haben die sich eben geirrt.“). Vollends pulverisiert wurden ihre Beteuerungen durch die Aussage einer Polizistin. Sie beschwor die Aussage obendrein unter Eid. Der Vorsitzende Richter Ralf Zwiesel: „Dadurch wird die Position der zuvor vernommenen Zeugen nicht besser.“

Inhaltlich geht es in dem Geplänkel um Möbel. Genauer gesagt um die Frage, ob im Erdgeschoss des Hauses von Rüdiger B. nun dunkle oder helle Möbel standen. Maris C. sagt, es waren dunkle. Die Polizistin, die die Einrichtung bei einem Ortstermin sah, beschwor dies sogar. Rüdiger B. und seine Verlobte beteuern, dass helle Möbel im Haus waren.

Warum das alles wichtig ist? Mit dem Möbel-Streit wollen die Verteidiger von Rüdiger B. beweisen, dass ihr Mandant nicht hinter dem Mord steckt, sondern dass Maris C. lügt: Da er falsche Angaben über die Möbel macht, war er wohl gar nicht im Haus. Also habe Maris C. auch dort nicht den Lohn für den Mord von Rüdiger B. erhalten, wie Maris C. behauptet. Zu diesem Thema werden heute weitere Zeugen befragt. Mit einem Urteil ist im Oktober zu rechnen.

Quelle: HNA | 25.09.2003

Ab da lief der Prozess nur noch gegen Maris und meinen Vater und zielte in erster Linie darauf ab, die Darstellung der umstrittenen Möbel zu beleuchten.

Milan und ich erhielten eine weitere Zeugenladung für den 30. September und er war mehr als genervt, weil er an sich seine Ruhe vor der ganzen Sache haben wollte. Er musste an diesem Tag unter Eid bezeugen, welche Farbe und Form die Möbel hatten, und er bestätigte die sechseckige Buchegarnitur.

Meine Vernehmung verschob sich von ursprünglich diesem Tag nochmals auf einen späteren Termin und deshalb musste ich erneut vor Gericht antreten. Das war alles sehr mühsam und kräftezehrend.

Am 1. Oktober 2003 verlas man die Kontounterlagen meines Vaters und rief noch zwei Zeugen auf. Neue bahnbrechende Erkenntnisse gewann man hieraus allerdings nicht, es wurde nur bereits Bekanntes bestätigt. Dennoch galt es, die Esstisch-Problematik zu klären.

"

Wer lügt im Mordprozess?

Unterschiedliche Aussagen im Verfahren um den Tod von Sigrid B.

Von Frank Thonicke

Kassel. Wer lügt im Guxhagener Mordprozess, wer sagt die Wahrheit? Die Lage in dem Verfahren um die Ermordung der Hausfrau Sigrid B. (46) war gestern verworrener denn je. Es gab eine wahre Vereidigungsflut der Zeugen. Und obwohl fast alle die Hand hoben und schworen, waren die Aussagen höchst verschieden.

War der Esstisch im Wohnzimmer des Angeklagten Rüdiger B. (49), der den Mord an seiner Frau angezettelt haben soll, dunkel oder hell? Gab es eine helle oder fast schwarze Schrankwand? Was stand im Keller? Klarheit gab es nicht.

Zunächst konnte die Verteidigung von Rüdiger B. punkten. Mehrere Zeugen aus seinem Bekanntenkreis und dem familiären Umfeld seiner Verlobten Maria M. sagten gestern unter Eid aus, dass in dem Haus von Rüdiger B. ein heller Esstisch gestanden habe.

Damit bezichtigten sie indirekt den mitangeklagten Maris C. (28), zu lügen. Denn der Lette hatte bei der Polizei gesagt, er habe im Haus von Rüdiger B. den Lohn für die Vermittlung des Mordes an Sigrid B. (46) bekommen. Zum Beweis dafür beschrieb Maris C. die Wohnzimmer Einrichtung: Im Zimmer hätte unter anderem ein dunkler Esstisch gestanden.

Die Esstisch-Problematik ist aus folgendem Grund wichtig: Glaubt man den Angaben von Maris C., dann folgt daraus, dass die Geldübergabe auch wirklich stattgefunden haben könnte. Mithin hätte Rüdiger B. den Mord angestiftet - ihm droht damit lebenslang.

Mit der Beteuerung einiger Zeugen, der Esstisch sei hell gewesen, wurde gestern aber auch eines deutlich: einer oder mehrere Zeugen mussten einen Meineid geschworen haben. Denn zuvor hatte eine Polizistin unter Eid erklärt, dass sie im Wohnzimmer – wie Maris C. – einen dunklen Esstisch gesehen hatte.

Den Punktevorsprung verlor die Verteidigung von Rüdiger B. auch gestern wieder, als am späten Nachmittag ein Nachbar der Ermordeten aussagte. Der war sechs Tage nach dem Mord an Sigrid B. (am 6. Juni 2002) mit seiner Ehefrau im Hause B., um dem Witwer sein Beileid auszusprechen. Dabei habe er einen dunklen Esszimmertisch gesehen, versicherte er. Auf Fotos erkannte er die dunklen Möbel wieder. Und: Der Mann hob die rechte Hand und schwor. Der Prozess wird heute fortgesetzt.

Quelle: HNA | 01.10.2003

Ich wurde am 7. Oktober 2003 zu den Fotos von Weihnachten 2001 befragt. Während man mir diese vorlegte, gab ich zu Protokoll, Ostern 2002 an exakt diesem Tisch gesessen zu haben. Von einer Vereidigung sah man bei mir ab, wobei das für mich irrelevant war. Ich wäre dazu bereit gewesen und hätte nichts anderes ausgesagt.

Der Prozess neigte sich dem Ende zu und ich glaube, niemand war böse darum. Spürbar jedem, der damit zu tun hatte, ging langsam die Puste aus, und ich muss zugeben, auch ich wollte endlich eine konkrete Entscheidung haben.

Die wenige Kraft, die ich besaß, musste ich auf verschiedene Baustellen aufteilen. Es gab nämlich noch ein Leben außerhalb des Prozesses und das lief bekanntermaßen wenig märchenhaft.

Das einzig Stabile, neben meiner Arbeit, war in dieser Zeit der Ablauf der Insolvenz. Die Pfändungen gingen gleichbleibend vom Gehalt ab, und alles war berechenbar. Es war kurios: gerade die Insolvenz, die mich im Grunde genommen an den Rand der Existenz drängte, war damals die einzige Routine, auf die ich mich verlassen konnte. Da gab es keine bösen Überraschungen, alles lief in geregelten Bahnen und wurde durch die Treuhänder überwacht.

Mussten irgendwelche Formulare unterschrieben oder die Steuererklärung gemacht werden, erledigte ich das und fertig. Auch die Treuhandgesellschaft schätzte meine Kooperation und ließ mehrfach durchblicken, sie wünsche sich mehr derart disziplinierte Schuldner.

Dabei war es ganz einfach: es galt das Prinzip „Wie es in den Wald hineinruft, so schallt es heraus". Sollte sich von meiner Seite aus nämlich doch einmal irgendetwas verzögert haben, sah man mir dies generell großzügig nach.

Die Beziehung zu Milan wiederum war alles andere als stabil.

Seine Mutter lehnte mich nach wie vor ab und jeglicher Versuch von meiner Seite, Kontakt aufzunehmen, wurde im Keim erstickt und abgeschmettert. Ebenso wie meine Bemühungen, ein paar Brocken kroatisch zu demonstrieren, nachdem ich so fleißig gelernt hatte.

Um so erfreuter war ich, als Milan mir erzählte, Leute, die er teils noch aus Schulzeiten kannte, hätten gemeinsam ein Segelschiff gechartert – ich meine, es wäre in der Türkischen Ägäis gewesen.

Zufälligerweise hätte ein Pärchen abgesagt, wodurch jetzt ein Doppelplatz frei sei. Er würde gerne zusammen mit mir für das Pärchen einspringen. Und es würde schon nächste Woche losgehen! Durch die Gruppenbuchung würde es für jeden einzelnen extrem günstig sein und lag tatsächlich in einem für uns locker bezahlbaren Rahmen.

Ich war total aus dem Häuschen und reichte direkt am folgenden Tag Urlaub ein. Der Antrag wurde genehmigt, und ich konnte es kaum erwarten.

Ich wollte noch ein paar Vorbereitungen treffen, unter anderem typische Urlaubsutensilien wie Mini-Fläschchen von Shampoo, Sonnen- und Zahncreme besorgen. Der Platz in einer solchen Doppelkabine war begrenzt und da musste man sich vorher gut überlegen, was man mitnehmen wollte und was besser zu Hause blieb.

Bei der ganzen Euphorie hatte ich einen Riesenspaß am Organisieren und Einkaufen und sah mich förmlich schon in einer Hängematte auf Deck in der Sonne schaukeln.

Dann waren es nur noch zwei Tage, sozusagen zweimal schlafen, wie man als Kind immer sagte, und ich verabschiedete mich freitags nachmittags äußerst gut gelaunt im Büro von Martina.

„Einen schönen Urlaub und komm gesund zurück", sagte sie und umarmte mich.

„Klar, mache ich. Und ich bringe viele Fotos mit, versprochen!"

Ich bin niemand, der erst auf den letzten Drücker die Koffer vor einer Reise packt, ganz im Gegensatz zu Milan. Für ihn war es durchaus normal, nachts um 2 Uhr damit zu beginnen, wenn gegen 7 Uhr zum Beispiel der Bus in den Ski-Urlaub startete.

Aber gerade weil ich mich so sehr auf diesen ganz besonderen Urlaub freute, begann ich zu packen, sobald ich von der Arbeit nach Hause kam. Immerhin würde es endlich ein paar erholsamen Tage ohne die täglichen Anfeindungen von Milans Mutter geben und meine Stimmung war auf dem Höhepunkt.

Unerwartet früh kam Milan plötzlich zur Wohnungstür herein und knirschte vor sich hin, er müsse mit mir reden.

Ich vermutete instinktiv, es müsse um die Reise gehen und setzte mich. Verschob sich der Start um ein paar Tage oder sie fiel womöglich komplett aus? Das konnte nicht sein, bitte nicht!

Aber was er mir zu sagen hatte, war etwas gänzlich anderes.

„Du, hör mal zu, wegen der Segeltour", druckste er herum, „das klappt nicht."

Meine Enttäuschung konnte und wollte ich nicht verbergen.

„Och, schade. Warum nicht? Was ist denn passiert?"

„Na, ich hab dir ja erzählt, dass wir da zusammen mitfahren könnten, weil ein Kumpel mit seiner Freundin abgesprungen ist."

„Ja, und?"

„Naja, der ist jetzt doch wieder dabei."

„Hmmm. Das ist ja doof", seufzte ich. „Na gut, kann man nichts machen, immerhin hatten die beiden das zuerst gebucht.

Dann bleiben wir halt hier und machen uns ein paar ruhige Tage. Wir können doch kleine Touren in die Umgebung machen, muss ja nicht viel kosten. Was meinst du?“ Fast schon automatisch versuchte ich bereits aus der unausweichlichen Situation das Beste zu machen und ließ mich nicht entmutigen.

„Ähm ... nee nee, das hast du jetzt falsch verstanden. *Du* kannst nicht mitfahren, *ich* schon. Der Kumpel fährt ohne seine Freundin mit und daher ist noch ein Platz frei.“

Mir klappte die Kinnlade herunter.

„Das meinst du jetzt aber nicht ernst, oder?“

Der Versuch, mich zu beherrschen, scheiterte kläglich. „Soll das heißen, du fährst in den Urlaub und ich habe die Qual der Wahl, allein in diesem Gefängnis mit deiner Mutter zu bleiben oder lieber arbeiten zu gehen? Sag mal, tickst du noch ganz sauber???“

„Jetzt reg dich ab, was ist denn dabei? In einer Woche bin ich doch wieder da. Meine Mutter wird dich schon nicht umbringen.“

Für Milan kam eine andere Lösung gar nicht in Frage und er zeigte nicht das geringste Verständnis für meine Wut.

„So sicher wäre ich mir da an deiner Stelle nicht, du weißt genau, wie schräg sie drauf ist. Vor allem, wenn sie weiß, dass du weg bist.“ Ich konnte es nicht fassen. Er wollte, ohne mit der Wimper zu zucken, mal eben locker eine Woche abhauen und mich hier im Stich lassen.

„Und was soll ich dann deiner Meinung nach machen?“, fragte er patzig.

„Äh, wie wäre es mit: hier bei mir bleiben und einfach gemeinsam ein paar Tage frei machen?“, fauchte ich ihn an.

„Sehe ich gar nicht ein“, schüttelte er entschlossen den Kopf, „ich fahre mit und basta.“

Mit diesen Worten stand er auf und die Diskussion war für ihn erledigt. Für mich allerdings noch lange nicht. Ein Wort gab das andere und wir steigerten uns in einen ausgewachsenen Streit hinein.

Zwischendurch mutmaßte ich sogar, er würde die Tour zusammen mit Dara antreten.

„Oder ist *sie* etwa dabei? Nimmst du Dara mit? Sag's ruhig, wenn es so ist, ich gehe sowieso davon aus!", zischte ich ihn mit blitzenden Augen an.

„Spinnst du jetzt völlig, oder was? Nein, ich fahre nicht mit Dara da hin, verdammt noch mal! Jetzt hör endlich mit dem Mist auf!"

Wir kamen auf keinen grünen Zweig, weil Milan nicht einen Millimeter von seinem Entschluss, den Urlaub anzutreten, abrückte.

Mir blieb also die Entscheidung, ob ich eine Woche allein in der Wohnung verbringen oder lieber arbeiten gehen wollte. Und weil ich gern ins Büro ging und damit von Grund auf Konfrontationen mit Milans Mutter entging, entschied ich mich für diese Variante.

Martina war überrascht, als ich ihr alles am Montagmorgen erzählte und konnte nur den Kopf schütteln: „Also was macht der Kerl denn? Du hast echt immer irgendwie Ärger mit ihm, das gibt's doch gar nicht."

Egal, ich stürzte mich wieder in die Arbeit und die Prozess-Verfolgung, sofern möglich.

Am 10. Oktober 2003 gab Maris vor Gericht seine Erklärung ab, die praktisch einem Geständnis glich.

Auch mein Vater verlas eine Stellungnahme, in der er allerdings darauf beharrte, nichts mit der Tat zu tun zu haben.

Er erzählte, seine Ehe sei seit langem in einer Krise gewesen und er habe seit Jahren eine Beziehung zu Maria aufgebaut. Eine Scheidung lehnte er zunächst aus Rücksicht auf Amélie ab, da er abwarten wolle, bis diese aus dem Gröbsten heraus sei. Die möglichen Folgen der Scheidung schätzte er selbst als „nicht dramatisch" ein, er konnte damals im Familienkreis bereits einige Scheidungen verfolgen und konnte sehen, alles wäre regelbar.

Als Grund für Hendriks Besuch gab er an, dieser habe allein zur Unterschrift der Versicherungsunterlagen stattgefunden und Maris habe weder sein Haus betreten, noch von ihm irgendwann Geld erhalten.

Mein Vater erläuterte detailliert das distanzierte Verhältnis zu Maris und seine Meinung über den „Schaumschläger". Er argumentierte, Maris seien wohl durch die allgemeinen Gespräche im Familienkreis alle Einzelheiten über den Scheidungsverlauf bekannt gewesen.

Hinsichtlich des Scheidungsverfahrens ließ mein Vater durchblicken, er sei die treibende Kraft gewesen, wenn es darum ging, Ruhe in die Sache zu bringen. Zudem sei es sein Vorschlag gewesen, eine Eheberatung aufzusuchen, was meine Mutter aber nach einigen Sitzungen abgebrochen und er ab da die Sitzungen alleine wahrgenommen habe.

Die festgesetzten Unterhaltszahlungen habe er immer anstandslos geleistet, ein Dauerauftrag sei dafür eingerichtet gewesen.

Betreffend der Sorgerechtsstreitigkeiten um Amélie gab mein Vater an, beide Parteien seien über ein gemeinsames Sorgerecht übereingekommen, wobei das Aufenthaltsbestimmungsrecht bei meiner Mutter gelegen habe.

Die Scheidung sei nach Ansicht meines Vaters demnach im üblichen Rahmen abgelaufen und habe ihm keinen Grund geliefert, die ihm vorgeworfene Tat zu begehen.

”

Lette belastet Ehemann schwer

Im Guxhagener Mordprozess meldeten sich gestern erstmals die beiden Angeklagten zu Wort

von Frank Thonicke

Kassel. Im Guxhagener Mordprozess um die Tötung der Hausfrau Sigrid B. (46) meldeten sich am 23. Verhandlungstag erstmals die Angeklagten zu Wort: Der Lette Maris C. (28) beschuldigte gestern den Ehemann von Sigrid B. schwer. Rüdiger B. (49) habe ihn beauftragt, einen Mörder für Sigrid B. zu besorgen. Seine Frau – das Paar stand kurz vor der Scheidung – mache ihm das Leben zur Hölle, habe Rüdiger B. gesagt.

Rüdiger B. bestritt jede Beteiligung an dem Mord. Er verlas eine Erklärung, in der es hieß: „Ich habe diese Tat nicht begangen.“ Er habe dazu auch keinen Grund gehabt. Das

Scheidungsverfahren mit seiner Frau sei in normalen Bahnen gelaufen. Er habe die Scheidung erst gewollt, nachdem die jüngste Tochter Amélie (heute 9 Jahre alt) „aus dem Gröbsten raus war".

Maris C. habe den Mord in Eigenregie geplant, so Rüdiger B. „Ich hatte von seinem Tatvorhaben keine Ahnung und habe ihm auch kein Geld gegeben."

Maris C. liebte Denise K., die Nichte von Rüdiger B. Der sagte nun, Maris C. habe sich in die Familie seiner Schwester einnisten wollen. Doch der Lette sei ein Lügner, den die Familie abgelehnt habe: „Wer will seine Tochter schon an einen solchen Schaumschläger verlieren?" Auch Maris C. erklärte seine Bereitschaft, bei der Tat als Vermittler aufzutreten, mit seinem Bemühen, in die Familie aufgenommen zu werden. Aber Anstifter, Auftraggeber und Initiator für den Mord sei Rüdiger B.

Der habe ihn im Frühjahr 2002 gefragt, ob er nicht jemanden kenne, der seine Frau umbringen könne. Er habe zunächst Nein gesagt, beteuerte Maris C. gestern vor Gericht. „Wie sollte ich auch so jemanden kennen?" Doch auch der Neffe von Rüdiger B., Hendrik K., habe ihn unter Druck gesetzt: „Was ist denn nun? Du musst doch jemanden kennen?" Gegen Hendrik K. wird inzwischen wegen Nichtanzeige einer Straftat ermittelt.

In der Folge sei er sowohl von Hendrik K. als auch von Rüdiger B. ein bis zweimal in der Woche unter Druck gesetzt worden, erklärte gestern Maris C. Der Mord müsse bis spätestens 20. Juni 2002 über die Bühne gegangen sein. An diesem Tag stand die Scheidung an, von der Rüdiger B. wohl hohe Unterhaltszahlungen befürchtete. Vor allem aber wollte er die jüngste Tochter Amélie (9) haben.

Den Mörder fand Maris C. schließlich in Jakob G., einem guten Freund, der in Maris C. so etwas wie einen Vater sah. Jakob G. brauchte auch Geld um Schulden an Drogenhändler zu bezahlen. Jakob G. ist vom Kasseler Landgericht bereits wegen Mordes an Sigrid B. zu lebenslanger Haft verurteilt worden.

Maris C. sagte gestern, er habe gehofft, dass das Honorar von 1000 Euro für den Mord – das Geld habe ihm Rüdiger B.

in seinem Guxhagener Haus überreicht – Jakob abschrecken würde: „Was sind schon 1000 Euro?“ Auch habe er Jakob mehrmals ermahnt, sich die Sache doch nochmal zu überlegen.

Mahnungen, die nichts nutzten: Am 6. Juni 2002 tötete Jakob G. sein Opfer Sigrid B. mit Messerstichen. Nach der Tat, so Maris C., habe Hendrik K. zu ihm gesagt: Der Täter habe so viele Spuren hinterlassen, dass er auch „weg muss“.

Nach dem Gutachten des Göttinger Psychiaters und Psychologen Dr. Werner Kasmann liegt bei Maris C. keine schwere Persönlichkeitsstörung vor. Er sei voll schuldfähig.

In der Verhandlung gab der Vorsitzende Richter Ralf Zwiesel allen Beteiligten einen rechtlichen Hinweis: Es könne auch eine Verurteilung wegen Anstiftung zum Totschlag oder versuchte Anstiftung zum Mord geben. Bei Rüdiger B. könnten aber auch die Mordmerkmale Habgier und niedere Beweggründe vorliegen, bei Maris C. nur niedere Beweggründe.

Das Urteil soll Anfang November verkündet werden.

Quelle: HNA | 01.11.2003

Am 30. und 31. Oktober 2003 trugen alle Parteien ihre Plädoyers vor.

Der Staatsanwalt forderte für Maris „Anstiftung zum Mord mit 12 Jahren und 6 Monaten Haft“. Für meinen Vater sah er „lebenslang“ vor.

Lissis Anwalt der Nebenklage beantragte für beide Angeklagte „lebenslang“, für meinen Vater zusätzlich, „die besondere Schwere der Schuld“ festzustellen.

Amélies Anwalt der Nebenklage, vom Jugendamt bestellt, bestand ebenfalls auf „lebenslang“ für beide und der Anlastung der „besonderen Schwere der Schuld“ bei meinem Vater.

Die anwaltliche Vertretung von Maris sah für ihn eine „Anstiftung zum Totschlag“ mit nicht mehr als acht Jahren Haft vor.

Und die Anwälte meines Vaters schließlich plädierten für seinen uneingeschränkten Freispruch.

Für Montag, den 10. November 2003 nahm ich mir Urlaub.

Die Urteilsverlesung und -begründung wollte ich in jedem Fall persönlich hören, weshalb Milan und ich nach Kassel fuhren.

Ich war unvorstellbar nervös und den Tränen nahe, so extrem hatte sich all die Anspannung der letzten Monate in mir aufgestaut. Man hätte mich mit einer Nadel pieksen können und ich vermute, es wäre nicht ein Tropfen Blut geflossen. Ein paar Tage zuvor ließ ich mir von meinem Arzt einige Beruhigungsmittel verschreiben, die ich an diesem Tag nahm, da ich sicher war, sonst alles nicht durchzustehen.

Milan fuhr uns an diesem Tag nach Kassel und ich ließ die Medikamente ihren Job erledigen. Für mich war es eine erhebliche Erleichterung, leicht betäubt zu sein.

Ich beharrte immer noch auf meinem Standpunkt, mit allem zu rechnen und soweit wie möglich Gefühlsregungen jeglicher Art zurückzuhalten. Denn dies bedeutete wieder, unnötiges Futter für die Presse zu liefern, die sich wie die Geier um ein verendendes Tier scharten. Das war nunmal deren Job.

Die eigentliche Urteilsverkündung verlief dann betont unspektakulär, eventuell kam mir dies aufgrund der eingenommenen Medikamente aber auch nur so vor.

„Im Namen des Volkes verkünde ich folgendes Urteil …" So begann der vorsitzende Richter seinen Entschluss darzulegen, was ich gedämpft wahrnahm, jedoch angestrengt versuchte, ihm zu folgen.

„… in der Strafsache gegen 1. Maris Cillers alias Oleg Ivanov, 2. Rüdiger Baumann wegen Anstiftung zum Mord hat die 6. große Strafkammer des Landgerichtes Kassel als Schwurgericht für Recht erkannt …"

Ich hielt die Luft an und meine Finger gruben sich in Milans Hand.

„… der Angeklagte Cillers ist der Anstiftung zum Totschlag schuldig. Er wird zu einer Freiheitsstrafe von 9 Jahren und 6 Monaten verurteilt.

Der Angeklagte Baumann ist der Anstiftung zum Totschlag schuldig. Er wird zu einer Freiheitsstrafe von 12 Jahren verurteilt."

… Kosten … eigene Auslagen … Auslagen der Nebenklägerinnen …

Die restlichen Worte verhallten in meinem leeren Kopf.

Die Indizien und Zeugenaussagen waren für die Richter demnach Begründung genug, meinen Vater zu verurteilen.

Die Begründung. Ich will die Urteilsbegründung hören. Und ich möchte sie verstehen. Gib mir eine Begründung, die schlüssig ist, zweifelsfrei und ohne letzte Fragefetzen.

Und der Richter lieferte sie mir. Relativ detailliert und ich saugte so konzentriert wie möglich all seine Ausführungen in mir auf.

Alles war vollkommen plausibel, absolut glasklar. Eins fügte sich zum anderen und auch wenn mein Vater die Tat noch immer abstritt, die Puzzleteile aus Ermittlungen und Aussagen ließen nur einen einzigen Schluss zu: er hatte es getan. Mein Vater hatte den Ex-Verlobten meiner Cousine dafür bezahlt, einen Mörder für meine Mutter zu finden.

Regungslos stand ich da und wehrte mich gegen aufkommende Emotionen, die sich auf meinem Gesicht austoben wollten.

Und auf einmal war der Spuk vorbei.

Der Richter entließ das Publikum und Milan und ich rannten den Gang hinunter, vorbei an überrumpelten Journalisten, die so gerne ein Interview abgegriffen hätten. Aber ihre Rufe, die uns auf dem kahlen Gebäudegang hinterherflogen, holten uns nicht ein.

Wir warfen die Glastür, die uns in den nächsten Gebäudetrakt brachte, hinter uns zu und schnitten damit den Prozess ab. In Windeseile fanden wir unser Auto in der Tiefgarage und preschten davon.

Weg aus diesem Alptraum, weg von dem, was ab jetzt ein Teil meiner Vergangenheit wäre.

”

Für Rüdiger B. sprach nichts

Guxhagener Mordprozess: Angeklagter nahm Urteil regungslos auf

Von Frank Thonicke

KASSEL. Als der Vorsitzende Richter Ralf Zwiesel im vollen großen Saal des Kasseler Landesgerichts verkündete, dass Rüdiger B. wegen Anstiftung zum Totschlag für zwölf Jahre ins Gefängnis muss, würdigen sich der Vater in der Anklagebank und die Tochter Alissa in der Rolle der Nebenklägerin keines Blickes. Hier keine Erschütterung – der 50-Jährige streicht sich nur kurz über den Schnauzbart – da kein Zeichen von Genugtuung. „Genugtuung", sagte Alissa B. (23) später, „das wäre eine lebenslange Strafe gewesen."

Alissa B. hat kein Mitleid mit ihrem Vater. Ja, sie hasst ihn wahrscheinlich. Er hat dafür gesorgt, dass ihre Mutter Sigrid (46), seine Ehefrau, ermordet wurde. Getötet mit zwölf Messerstichen am 6. Juni 2002 in Guxhagen.

Hinter dem Mord, daran hatte das Gericht keinen Zweifel, steckte der Ehemann. Er ließ, so die Urteilsbegründung, die Ehefrau aus dem Weg räumen, um seine Lieblingstochter Amélie (9) zu bekommen. Im laufenden Scheidungsverfahren war Sigrid B. schon das Aufenthaltsbestimmungsrecht für die Tochter zugesprochen worden, nach einem Scheidungsurteil, soviel stand fest, wäre Amélie bei ihr geblieben.

Das wollte Rüdiger B. verhindern. Um seinen eigenen Wünschen gerecht zu werden, gab Rüdiger B. den Tod seiner Frau in Auftrag. Er fragte den Freund seiner Nichte, den Letten Maris C., ob er nicht jemanden kenne, der einen Mord begehen würde. Maris C., der auch vom Bruder seiner Freundin unter Druck gesetzt wurde (Nach dem Motto: „Wenn du nicht mitmachst, trennt sich meine Schwester von dir") kannte jemanden. Jakob G., sein Freund, stach schließlich zu: Mit zwölf Messerstichen brachte er Sigrid B. um. Sein Lohn dafür gezahlt von Rüdiger B. und weitergereicht von Maris C.: 1000 Euro. Jakob G. ging mit dem Blutlohn bei Aldi einkaufen, zahlte Schulden aus Drogengeschäften und kaufte sich ein altes Mofa.

Für die Vermittlung der Tat war Jakob G. bereits zu lebenslanger Haft verurteilt worden, Maris C. erhielt gestern neun Jahre und sechs Monate. Mildernde Umstände sprachen für ihn - er hatte gestanden.

Anders Rüdiger B., der wohl bis zuletzt an einen Freispruch glaubte: „Für den Angeklagten spricht nichts, aber auch gar nichts", sagte Richter Ralf Zwiesel. Da applaudierten manche im Publikum. Viele fanden das Urteil zu mild - sie hätten eine lebenslange Haft angemessen gefunden.

Auch die Verlobte von Rüdiger B. war unter den Zuhörern. Sie nahm wie ihr Geliebter das Urteil äußerlich regungslos auf. Seine Schwester und die älteste Tochter zeigten ebenfalls keine Emotionen. Auch ihnen galt wohl ein Satz in der Urteilsbegründung, dass sich viele Zeugen abgesprochen hätten: „Das war der Wahrheitsfindung nicht förderlich", sagte Richter Ralf Zwiesel. Und wird wohl nicht ohne Konsequenzen bleiben: Staatsanwalt Kai-Uwe Breitner kündigte an, gegen einige Zeugen ein Verfahren wegen Falschaussage einzuleiten.

Stimmen zum Urteil - „Fehler, beim Täter keine Habgier anzunehmen"

Klaus Brand, Verteidiger von Rüdiger B.: „Wir werden in Revision gehen. In den Aussagen von Maris C. gibt es viele Ungereimtheiten. Was seine Glaubwürdigkeit angeht, ist das Urteil nicht stichhaltig. Erfreulich ist, dass mein Mandant nicht wegen Anstiftung zum Mord verurteilt wurde."

Hans Regner, Verteidiger von Maris C.: „Unser Ziel war es, eine Verurteilung wegen Anstiftung zum Mord wegzubekommen. Das haben wir geschafft. Das Strafmaß ist vertretbar. Wahrscheinlich gehen wir nicht in Revision."

Erwin Kloß, Nebenkläger, Vertreter von Alissa B.: „Nach der Urteilsbegründung hätte ich eine höhere Strafe erwartet. Man kann nicht sagen, nichts spricht für Rüdiger B. und dann kommt er mit zwölf Jahren davon. Unter besonderen

Umständen kann man auch bei Anstiftung zum Totschlag eine lebenslange Haft verhängen."

Oliver Schleck, Nebenkläger, Vertreter von Amélie B.: „Zunächst bin ich zufrieden, dass beide Angeklagten verurteilt wurden. Es war nicht überraschend, dass es nur zur Anstiftung zum Totschlag kam. Es war schon ein Fehler, beim eigentlichen Täter keine Habgier anzunehmen."

Kai-Uwe Breitner, Staatsanwalt: „Ich möchte für Rüdiger B. eine Verurteilung wegen Anstiftung zum Mord erreichen. Darum werde ich in seinem Fall Revision beantragen. Bei Maris C. geht das Urteil in Ordnung."

Quelle: HNA | 11.11.2003

Die reinste Form des Wahnsinns ist es,
alles beim Alten zu belassen
und zu hoffen,
dass sich etwas ändert.
Albert Einstein (1879–1955)

9

So abgenutzt der Spruch auch klingt: Mein Leben ging weiter und die Erde hörte auch nicht auf, sich zu drehen.

Und um mir selbst zu verdeutlichen, dass die letzten Monate zwar ein großes Kapitel, aber eben doch auch *nur* ein Kapitel waren, wandte ich mich ab dem nächsten Tag wieder voll und ganz meinem eigenen Leben zu. Damit hatte ich mehr als genug zu tun.

Denn die Beziehung zu Milan wurde, bedingt durch den Prozess, mehr und mehr zur Belastungsprobe, genau wie das Leben in seinem Elternhaus. Seit Mitte Mai bewohnte ich mit ihm die obere Wohnung und seit dem ersten Tag hatte sich rein gar nichts geändert. Damals sah ich es nicht als problematisch an, dass die Wohnung bei Bezug noch nicht komplett fertiggestellt war. Es ging hier schließlich lediglich um fehlende kleinere Abschlussarbeiten und den Einbau einer Küche.

Aber ein halbes Jahr später immer noch in einer Plastikwanne spülen und das heiße Wasser dazu aus dem Bad holen zu müssen, reichte mir langsam. Zum Kochen hatte ich eine tragbare Doppel-Kochplatte, wie man sie vom Camping kennt, zur Verfügung, aber keinen Backofen oder fließend Wasser.

Milans Vater sicherte ihm und mir von Beginn an zu, eine Küche sei kein Problem, die wäre schnell gekauft. Daraufhin bot ich ihm an, wir könnten vorläufig meine Küchenzeile aus der alten Wohnung nehmen. Ich würde sie dann eben nicht dem Nachmieter überlassen und wir hätten dazu noch Geld gespart. Das lehnte Milan allerdings mit großer Entrüstung ab: Das alte Teil bräuchte man nun wirklich nicht! Sein Vater sei bereit, für eine neue Küche aufzukommen, schließlich gehöre diese ja zur Grundausstattung der Wohnung.

Allein von gutem Willen erledigt sich ein solches Problem aber auch nicht. Ebenso wenig wie das Unterzeichnen der Papiere, die nötig waren, um meinen neuen Wohnsitz ordnungsgemäß anzumelden. Aber auch hier machte der Vater seit Monaten leere Versprechungen, die Bestätigung mit meinem Namen als Mitmieterin fertigzustellen. Nichts tat sich.

Andauernd gab es Streit zwischen Milan und seinen Eltern, sobald die Sprache darauf kam, dass ich offiziell meine Ummeldung durchführen müsse. Milans Mutter wiederholte ständig, sollte ich amtlich in dieses Haus einziehen, so würde sie am nächsten Tag ausziehen. Diesen Drohungen beugten sich dann alle und das Thema war erneut vom Tisch.

Und ich konnte nur kopfschüttelnd zuschauen.

Am ersten Abend nach der Urteilsverkündung versuchte ich, vor dem Fernseher etwas abzuschalten und zappte durch die Programme. Ich blieb bei stern-TV mit Günther Jauch hängen und tauchte in die Berichte und Interviews ein.

Plötzlich traute ich meinen Augen nicht: in einem Filmbeitrag berichtete das Magazin über einen Kriminalfall, der sich eineinhalb Jahre zuvor in Nordhessen zugetragen hatte und über den einen Tag zuvor das Landgericht geurteilt hatte. Es ging um einen Mord an einer Frau, zu dem der Ehemann den Auftrag gegeben hatte und dementsprechend bestraft wurde. Jetzt erst registrierte ich, dass es sich um den Prozess um meinen Vater handelte, über den erzählt wurde.

Zwischen den einzelnen Reportage-Szenen sah ich Lissi, wie sie einige Fragen wahrheitsgemäß beantwortete. Der Film-Beitrag endete damit, wie Lissi sowie die Staatsanwaltschaft Revision ankündigten und eine lebenslange Haftstrafe forderten und mein Vater angab, ebenfalls in Revision zu gehen. Allerdings mit dem Ziel, einen Freispruch zu erwirken.

Wie ein hypnotisiertes Kaninchen starrte ich auf den Bildschirm und war verblüfft. Alles, was dort im Bericht erzählt wurde und was Lissi antwortete, entsprach zu 100 Prozent den vollen Tatsachen.

Sollte sie mittlerweile tatsächlich gelernt haben, ein bisschen gediegener mit den Medien umzugehen? Es wäre wirklich an der Zeit gewesen und ich atmete erleichtert auf.

Im Anschluss an die Zusammenfassung der damaligen Ereignisse bis hin zur Verurteilung war sie zu Gast im Studio, um näher auf alles einzugehen und ein kurzes Gespräch mit Herrn Jauch zu führen.

Allerdings konnte ich mir ein erstauntes Prusten nicht verkneifen, als ich sah, wie bieder und brav gekleidet Lissi dem Moderator gegenüber saß. Wer sie während des Prozesses im Gerichtssaal gesehen hatte, erkannte, dass dies so gar nicht ihr Stil war. Mitunter wurde sie sogar vom Gerichtshelfer gebeten, sich im wahrsten Sinne des Wortes doch etwas bedeckter zu halten. Anscheinend hatte ihr für die Sendung ein gute Berater zur Seite gestanden.

Sie trug eine adrette lilafarbene Satin-Bluse und eine neutrale schwarze Hose, ihre Stimme klang verhalten und leise, weit entfernt von dem, wie sie sich sonst gab. Aber das schob ich auf durchaus verständliche Nervosität.

Ich war gespannt.

Bekanntermaßen wird bei solchen Talksendungen niemand vor vollendete Tatsachen gestellt oder unvorbereitet mit indiskreten Fragen konfrontiert. Erst recht nicht, wenn es sich um ein solch brisantes Thema wie den Mord an der eigenen Mutter handelte. Das heißt, die Fragen und Fakten werden vor der Sendung besprochen und der Interview-Partner wird darüber informiert, was auf ihn zukommt. Deshalb bekommt der Moderator auch seine Handkarten mit den entsprechenden Informationen versehen und kann diese einfach ablesen.

Lissi antwortete auf Jauchs Fragen über den Scheidungsverlauf, berichtete von Druck, den mein Vater währenddessen auf meine Mutter ausgeübt hatte, und so weiter. Alles unstrittig, alles korrekt.

Ich begann langsam eine gewisse Art von Respekt für sie in diesem Interview zu entwickeln und zog anerkennend die Augenbrauen hoch. Sie machte sich wirklich gut, kein diffuses Gemotze oder unsensible Bemerkungen.

Dann leitete der Moderator das Gespräch darauf, dass Lissi noch zwei Schwestern habe und stellte ihr Fragen zur Pflegschaft von Amélie, die sie äußerst souverän beantwortete.

Als nächstes las Herr Jauch in seiner gewohnt feinfühligen Art von seiner Karte ab: „Sie haben da noch eine ältere Schwester. Die hält zum Vater."

Ich hielt die Luft an.

Das konnte ja jetzt wohl nicht wahr sein, oder? Dieser Satz war nicht als Frage formuliert, er war eine schlichte Feststellung.

Lissi bestätigte diese in den Raum geworfene Lüge durch ein Nicken und ein ruhiges „Hmm hmm."

Der Moderator fuhr fort: „Für Sie ...?"

Und Lissi vollendete seinen Satz: „... unbegreiflich, ja", und nickte dabei, während sie leise lachte.

Das schlug dem Fass den Boden aus. Mir blieb vor Unglaube der Mund offen stehen. Das war nicht ihr Ernst.

„Sie möchten daher dazu auch gar nicht mehr sagen?", stellte er nun wiederum eine Frage.

„Nee, nee", verneinte sie und schüttelte den Kopf.

Da kann man sich also tatsächlich vor Millionen von Zuschauern live ins Fernsehen begeben, jemanden diffamieren und braucht dies nicht einmal durch den kleinsten Beweis untermauern, weil man sich „dazu weiter nicht äußern möchte"? Und ganz Fernseh-Deutschland glaubt einem auch noch?

Fassungslos saß ich jetzt kerzengerade im Bett und wusste nicht, was ich tun sollte.

Die restlichen Fragen bezüglich der Revision und dem Verlangen nach lebenslänglicher Haft kamen schon gar nicht mehr bei mir an.

Es bestand nicht die geringste Möglichkeit, gegen diese Anschuldigungen vorzugehen, wenn ich nicht riskieren wollte, dass der Fokus wieder auf mich fiel und ich Gegen-Interviews liefern musste. Und das wollte ich zu diesem Zeitpunkt unter keinen Umständen. Nirgends hatte ich zu verstehen gegeben, ich würde zu meinem Vater halten.

Schon lange vor der Verurteilung hatte ich wohlweislich jeden Kontakt zu ihm abgebrochen, in der Vorahnung, das Gericht würde ihn für schuldig befinden. Und dieses Urteil wollte ich als die Wahrheit akzeptieren. Vor Gericht hatte ich die Eigenschaft meines Vaters als knallhartem Geschäftsmann, der seine Interessen durchzusetzen weiß, bestätigt. An demselben Tag hatte ich dem Richter auch gesagt, ich könnte mir seine Beteiligung an dem Verbrechen nicht vorstellen. Aber das ist doch nicht gleichbedeutend mit „hält immer noch zu ihm".

Viele meiner Kollegen sahen an jenem Abend ebenfalls die Sendung und teilten mir tags drauf ihre Erschütterung mit. Sie konnten es kaum glauben, als sie sich von mir bestätigen ließen, dass es sich in der gestrigen Talk-Show in der Tat um meine mittlere Schwester handelte. Meinen Bekannten und Kollegen war meine Grundeinstellung meinem Vater und dem Prozess gegenüber bekannt und daher war es für niemanden nachvollziehbar, wie Lissi sich derart dreist verhalten konnte.

Ein echtes Problem war aber, dass auch Milans Mutter an jenem Abend stern-TV sah. Und für sie schienen die Wahrheiten der Welt ohnehin nur von zwei Institutionen verkündet zu werden: von Gott selbst oder dem Fernsehapparat. Eventuell ab und an noch von der Tageszeitung. Ich nehme an, diese Sendung war der Anstoß dafür, weshalb sie von diesem Tag an vollkommen austickte. Und das meine ich genau, wie ich es sage: sie rastete komplett aus – körperlich und verbal.

Sie war mir ja bekanntlich bisher schon nicht gut gesinnt. Warum, erschloss sich mir jedoch nie gänzlich. Weder Milan noch sein Vater oder sein Bruder Jerko hatten eine plausible Erklärung dafür parat und man vermutete als Ursache tatsächlich, ich hätte Dara als die kroatische Traumschwiegertochter unwissentlich vom Thron gestoßen.

Jetzt allerdings hatte sie sehr wohl einen hochoffiziellen Grund, den sie vorschieben konnte, um ihre Abneigung mir gegenüber zu rechtfertigen. Und das tat sie, als hinge ihr Leben davon ab.

Diese Formulierung ist ganz und gar nicht übertrieben. Denn als ich am Morgen die Treppe von Milans Wohnung herunterkam, schnellte sie wie von der Tarantel gestochen blitzartig hinter ihrer Wohnungstür hervor, funkelte mich an und schrie: „Du bist die Tochter eines Mörders – der Teufel schickt dich!"

Ich riss die Augen auf und begriff überhaupt nichts.

„Umbringen wirst du uns, alle wirst du uns umbringen! In dir fließt das Blut eines Mörders!", schrillte ihre Stimme wie von Sinnen durch das ganze Haus, während sie sich immer näher an mich heranpirschte.

Wie zur Salzsäule erstarrt war ich nicht in der Lage, mich zu bewegen, nicht fähig auch nur einen Schritt vor oder zurück zu tun. Ich zitterte am ganzen Körper wie Espenlaub.

Sie fuchtelte wild mit ihren Armen vor mir herum und baute sich drohend vor mir auf.

In Bruchteilen von Sekunden sprang Milans Vater aus seiner Wohnung und Milan selbst sowie Jerko kamen in den Hausflur gehetzt, um sie zu beruhigen. Aber sie ließ sich nicht beruhigen.

„Sie wird uns alle umbringen, wenn wir schlafen! Die Kehlen wird sie uns durchschneiden, uns allen hier im Haus, ihr werdet schon sehen!", keifte sie noch, als die Männer sie mit vereinter Kraft in die Wohnung zurückschoben.

„Ich will doch einfach nur meine Ruhe", wimmerte ich immer wieder leise vor mich hin und schaffte es, mich auf die Treppenstufen zu setzen, während mir vor Verzweiflung die Tränen kamen. „Nur meine Ruhe. Ich habe doch keinem was getan."

Mein Körper bebte immer noch und ich schaffte es nicht, mich abzuregen, während Jerkos Freundin Julia versuchte, mich zu trösten.

Sie selbst, mittlerweile hochschwanger, verstand sich von Anfang an, als sie zu Jerko mit in das Haus zog, gut mit Milans Mutter und konnte diese Reaktion daher überhaupt nicht begreifen.

Irgendwie brachte ich es zustande, mich in mein Auto zu setzen und zur Arbeit zu fahren. Kaum hatte ich die Wohnsiedlung hinter mir gelassen, hielt ich noch einmal am Straßenrand an und stieg aus, um frische Luft zu schnappen und tief durchzuatmen. Ich heulte die ganze Verzweiflung, Wut und Trauer aus mir heraus, bis ich mich in der Lage sah, meinen Weg fortzusetzen.

Unsere Beziehung litt extrem unter dieser Dauerspannung, Milan und ich waren gereizt und rasselten immer öfter wegen Kleinigkeiten aneinander.

Ich hoffte auf eine Auszeit, die uns die jährliche Ski-Freizeit der Uni-Hochschulsport-Gruppe über Silvester bringen sollte, bei der Milan wieder als Skilehrer und ich als Gast mitfahren konnte.

Aber wie es so oft ist, wenn die über mehrere Monate angestaute Anspannung von einem abfällt, ist man genau in der Zeit am anfälligsten für jegliche Art von Krankheiten. Mit Abschluss des Prozesses fing ich mir bereits Anfang November eine dicke Erkältung ein und versuchte, dieser durch Selbstmedikation Herr zu werden. Denn den Urlaub im Dezember wollte ich mir partout nicht vermasseln lassen, so sehr freute ich mich auf einen harmonischen Urlaub mit Milan.

Dieses Mal verbrachten wir die ersten paar Tage bis zum Jahreswechsel zu viert mit zwei Bekannten von Milan, bevor die anderen Uni-Leute nachrückten. Eine schöne Gelegenheit, die Pisten ganz für uns und in Ruhe zu befahren, ohne dass Milan seiner Verpflichtung als Ski-Lehrer nachkommen musste.

Ich wurde die hartnäckige Erkältung aber einfach nicht los und mit jedem Tag ging es mir schlechter, weswegen das Ski-Fahren für mich nach ein paar Tagen nicht mehr möglich war. Als dann die Studenten und anderen Ski-Lehrer eintrafen, ging es mit unserem gemeinsamen Urlaub vollends bergab. Vom ersten Tag an war Milan jeden Abend, bis auf einen einzigen, ständig betrunken. Nicht nur ein bisschen angeschickert, sondern so richtig sturzbesoffen.

Mir ging es immer schlechter und irgendwann schaffte ich es nicht einmal mehr, mich morgens aus dem Bett zu quälen, um mir etwas zum Frühstück zu machen. Ich hatte Fieber und Schüttelfrost mit Husten und Schnupfen – das volle Programm.

Götz, der Organisator, ein alter Hase der Ski-Freizeit und bereits in Rente, besorgte mir liebenswürdigerweise in der Dorf-Apotheke verschiedene Medikamente. Milan kümmerte sich herzlich wenig um mein Befinden und vergnügte sich bis spät in die Nacht mit den Studenten in den Kneipen.

Als ich ihn eines Morgens darauf ansprach, entwickelte sich ein Streit und ein Wort gab das andere. Irgendwann pampte er mich an: „Kann ich etwa was dafür, dass du krank bist, oder was?"

„Nein, natürlich nicht, aber wäre es zu viel verlangt gewesen, dass du mir die Medizin besorgst und nicht Götz?"

„Ach lass mich doch in Ruhe, ich lasse mir doch meinen Urlaub nicht von dir verderben! Du bist echt wie ein Klotz am Bein! Du bringst mir nix als Ärger in mein Leben!", maulte er und ließ mich allein im Appartement zurück.

Ich erkannte ihn kaum wieder, Milan war wie ausgewechselt. Keine Spur von Fürsorglichkeit oder der für ihn typischen Harmoniesucht. Er war bisher immer derjenige gewesen, der jeglichen Konflikt weitestmöglich vermied und zusah, dass jeder zufrieden war. Gerade dieses Verhalten brachte uns ja die schlechte Stimmung im Elternhaus, weil nicht einer der Männer einmal in der Lage war, Tacheles zu reden.

Aber davon keine Spur mehr, er war total auf Streit aus und was er da von sich gab, verletzte mich tief. Nur fehlte mir die Energie, um ihm das Passende entgegenzusetzen. Ich hielt also die Woche durch und war froh, als wir endlich nach Hause fuhren.

Nach unserer Rückkehr war er wieder ganz der Alte: über die Maßen lieb und fürsorglich, was mich angesichts der Streitereien im Ski-Urlaub doch überraschte. Bezeichnete er mich dort noch kaltherzig als „Klotz am Bein", so kümmerte er sich in den folgenden Wochen ausgesprochen intensiv um mich und war um mein Wohlergehen besorgt.

So ganz geheuer war mir das nicht und ich traute dem Frieden nicht. Zu groß war die Skepsis, zu auffällig die Wandlung innerhalb von ein paar Tagen.

Und als hätte ich es geahnt, folgte schon bald der nächste Knüller.

Wir lagen abends gemeinsam im Bett und schauten noch ein wenig fern. Gegen halb elf, ich hatte mich gerade umgedreht und wollte einschlafen, grummelte Milan unvermittelt:

„Übrigens muss ich dir da noch etwas sagen."

Ich fuhr augenblicklich hoch, weil ich diese Art von Ankündigungen bereits kannte. Das konnte nichts Gutes bedeuten. „Was?", fragte ich drohend, als witterte ich im Voraus, was jetzt folgen würde. Ich kniff die Augen zusammen und musterte ihn misstrauisch.

Vollkommen gleichgültig und monoton, als wäre es das Normalste der Welt, ließ er mich wissen: „Ich bin ab morgen früh drei Tage weg!"

„Du bist was?"

„Ja, da ist von der Uni noch mal bis Sonntag Skifahren im Stubai-Tal angesetzt und ich hab zugesagt."

„Du hast zugesagt", echote ich ebenso selbstverständlich und schulterzuckend, „klar, was sonst? Und du hattest keine Gelegenheit, mich eventuell vorher darüber zu informieren?"

Es reichte mir langsam wirklich und das ließ ich ihn massiv spüren. Ich schaukelte mich immer weiter hoch und maulte mich in Rage.

„Was glaubst du eigentlich, wer du bist, sag mal? Meinst, du kannst hier durch die Weltgeschichte gondeln, wie es dir passt, und die Tussi daheim maximal darüber in Kenntnis setzen? Die ist ja eh zu Hause, wo soll sie schon hin? Ich glaube echt langsam, dass du nicht mehr alle Tassen im Schrank hast!"

„Ich glaube, *du* spinnst hier!", blökte Milan zurück. „Ich lass mir doch von dir nicht vorschreiben, wann ich wohin fahre. Ich kann doch machen, was ich will!"

„Ha! Ich lach mich tot! So ist das? Ich schreibe dir also vor, was du tun sollst? Ich hab dir ja auch schon so unheimlich viel vorgeschrieben und du lässt dir vor allem ja auch ganz bestimmt von mir etwas aufzwingen, ist klar! Sag mal, leben wir in verschiedenen Welten, oder was? Wer muss sich denn an alles anpassen und sein Leben nach allem anderen ausrichten? Ja wohl nicht du!"

Es wurde noch eine ganze Zeit lang gemotzt, gezetert und geschimpft. Im Endeffekt war aber klar, ich konnte eh nichts ausrichten: Er würde morgen früh fahren, Punkt. Wie ich damit umginge war meine Sache und nicht sein Problem. Das hatte er mir deutlich gezeigt.

Nun gut, dann würde ich mein Leben in Zukunft auch so gestalten, wie es mir gefällt und spontan in den Sinn kommt – kein Problem. Was er konnte, konnte ich auch.

Seit einiger Zeit schwebte mir vor, dass ich in Zukunft vielleicht sogar eine eigene kleine Praxis betreiben könnte. Mehreren Menschen war ich in letzter Zeit begegnet, die schon selbständig im Bereich der Lebensberatung oder etwas ähnlichem arbeiteten. Ich hatte ohnehin schon ewig den Wunsch, endlich eine Ausbildung im sozialen, beratenden oder therapeutischen Bereich zu machen. Und wenn nicht jetzt, wann dann?

Natürlich würde ich sehr genau mit meinem gepfändeten Einkommen haushalten müssen. Aber die jährlichen Bonuszahlungen, Urlaubsgeld und Weihnachtsgeld bescherten mir trotz der insolvenzbedingten Abzüge immer noch ein kleineres Polster, das ich in meine Weiterbildung investieren wollte.

Milan verbrachte die nächsten Wochen abends bei seinen Fußball-Kollegen, wie er sagte, oft bis spät in die Nacht. Wenn ich ihm dann erklärte, er könnte wenigstens anrufen, damit ich nicht zu Hause sitze und mir Gedanken machte, ob vielleicht etwas passiert sei, erntete ich nur ein Abwinken.

Natürlich überlegte ich mir, ob er auch tatsächlich beim Fußball war oder nicht eventuell doch eine andere Frau im Spiel sein könnte. Aber ihm hinterherzufahren und ihn auszuspionieren, dafür fehlten mir die Nerven. Außerdem wollte ich es nicht Dara gleichtun, die vor zwei Jahren genauso gehandelt hatte.

Jetzt mag man denken: „Warum ist sie denn nicht einfach ausgezogen?"

Dieser Gedanke flackerte in der Tat ab und zu in mir auf. Aber meine Schmerzgrenze war sehr hoch und ganz tief innen hoffte ich immer noch, wir könnten alle gemeinsam in Frieden in dem Haus leben. Deshalb ließ ich alles zu.

Vorläufig.

Für mich hatte zunächst Vorrang, welche Aus- oder Fortbildungen ich machen könnte, die mich meinem Traum von einer helfenden und beratenden Arbeit näher bringen würde. Nach einigen Recherchen fand ich einen Kurs, in dem man sich zum NLP-Practitioner ausbilden lassen konnte.

NLP bedeutet Neurolinguistisches Programmieren. Kurzgefasst beinhaltet diese Methode, dass eine Neu-Verknüpfung zwischen Nerven und dem Sprachzentrum im Gehirn hergestellt wird. Dadurch kann dann eine Veränderung beim Menschen und in seiner Einstellung passieren. Man hilft dem Klienten, die neuen, eigenen Möglichkeiten zu erkennen und einzusetzen.

Das klang genau nach dem, was ich die ganze Zeit gesucht hatte. Und man konnte die Ausbildung sogar in Kaiserslautern absolvieren, was bedeutete, ich hätte keinerlei Fahrt- oder Übernachtungskosten.

Ich kontaktierte den Ausbildungsleiter und verabredete mich mit ihm für den Nachmittag in einem Café, damit er mir alles ganz genau erklären konnte.

Matthias Schwehm war ein äußerst sympathischer und kompetenter Mann, und ich konnte mir sehr gut vorstellen, bei ihm den Kurs zu buchen. Jede Frage, die ich ihm stellte, beantwortete er leicht verständlich und nahm sich jede Menge Zeit für mich und unser Gespräch.

Auch die Frage der Finanzierung des Kurses, die immerhin in einem vierstelligen Bereich lag, wurde auf den Tisch gebracht. Ich berichtete von meiner laufenden Privatinsolvenz, und dass ich mich dadurch aber nicht davon abhalten lassen wollte, mich weiterzubilden und vorwärtszukommen.

Matthias gefiel das und er schlug vor, ich solle zuerst das NLP-Basis-Seminar besuchen und danach direkt den NLP-Practitioner anhängen. Wir vereinbarten eine Ratenzahlung, mit Hilfe derer ich die gesamte Kursgebühr in kleinen monatlichen Raten begleichen könnte. Ich war unglaublich froh, denn dadurch bot sich mir wirklich eine tolle Chance.

Nach fast vier Stunden verabschiedeten wir uns dann voneinander und ich schaute das erste Mal wieder auf mein Handy, das ich ausgeschaltet hatte. Milan hatte mehrere Male versucht, mich zu erreichen, und ich rief ihn zurück.

Kaum hatte er das Telefonat angenommen, fuhr er mich an und wollte wissen, wo ich gewesen wäre und was ich gemacht hätte.

Ich erzählte ihm vom Treffen mit Matthias und worüber wir uns unterhalten und schlussendlich übereingekommen waren.

Es war förmlich durchs Telefon spürbar, wie es in Milan brodelte. „Was is'n das für'n Vogel? Du kennst den doch gar nicht, du kannst dich doch nicht einfach so mit 'nem fremden Kerl treffen, spinnst du?"

„Sag mal, spinnst *du* vielleicht? Was hast du denn für ein Problem?"

„Ich? Ich hab ein Problem damit, dass du dich mit Typen triffst, die ich nicht kenne, und dann stundenlang nicht an dein Handy gehst! Weißt du, wie spät es ist?"

Ich hatte nicht die geringste Lust auf diese Art von Diskussion, zumal sie einfach nur lächerlich war. „Weißt du was, du musst mir bestimmt nichts über irgendwelche Uhrzeiten erzählen. Komm heute selbst einfach einmal vor 12 Uhr nachts nach Hause und dann können wir gerne weiter diskutieren. Ich fahre jetzt heim, tschüss!" Damit beendete ich das Gespräch.

Ich lag schon im Bett, als ich an diesem Abend hörte, wie Milan gegen halb eins nach Hause kam, drehte mich um, und schlief weiter.

Aber am nächsten Morgen stand er dafür direkt zusammen mit mir auf und wollte alles, was ich mit Matthias besprochen hatte, ganz genau erklärt haben, während ich mich im Bad frisch machte. Was dieses NLP und die Ausbildung dazu überhaupt sei. Ob ich dazu auch auswärts übernachten müsse, denn das würde selbstverständlich schon mal gar nicht gehen.

„Was heißt denn: ‚Das geht gar nicht'? Sonst ist bei dir aber alles frisch, ja?", zickte ich ihn an.

„Bei *mir* ist alles frisch. Aber sowas verbiete ich dir von vorneherein, verstehst du mich?", kniff er die Augen zusammen und versuchte, autoritär zu wirken.

Ich konnte mir ein lautes Auflachen nicht verkneifen.

„*Du* verbietest mir das? Das ist ja lustig! Aber du darfst von jetzt auf gleich für drei Tage abhauen, mir ein paar Stunden vorher Bescheid sagen und alles ist okay? Weißt du was, ich glaube, das hat so alles keine Zukunft mit uns, ganz ehrlich. Ich weiß nicht, auf welchem Planeten du lebst, aber mit mir machst du solche Mätzchen wie mit Dara nicht, das kann ich dir versichern!"

Ich war wirklich geladen. Was bildete sich dieser Kerl eigentlich ein? Ich wollte etwas aus mir und meinem Leben machen, während er mit seinen knapp 33 Jahren immer noch an der Uni herumdümpelte und mit seinem Lehramtsstudium nicht fertig wurde. Ab dem 2. Februar hatte er zwar eine Aushilfs-Lehrer-Stelle in einer Landstuhler Schule ergattert, aber das war nichts Halbes und nichts Ganzes.

Weitere Diskussionen blockte ich einfach ab und fuhr zur Arbeit.

Abends kochte die leidige Auseinandersetzung um die NLP-Ausbildung erneut hoch, denn das Thema ließ Milan einfach keine Ruhe.

Alles drehte sich im Endeffekt darum, dass ich einmal pro Monat ein Wochenende von freitagabends bis sonntagnachmittags auf dem Lehrgang sein würde. Und nur um die Ecke in Kaiserslautern. Aber es schien Milan generell nicht zu passen, dass ich so viel Zeit mit ihm unbekannten Menschen verbringen würde.

Das wollte ich genauer wissen und hakte nach: „Kannst du mir mal verraten, wo bitte genau dein Problem liegt? Es handelt sich hier um ein einziges Wochenende pro Monat für ungefähr ein Jahr. Ich werde jeden Abend nach Hause kommen – nicht, weil du es so bestimmst, sondern weil es ohnehin nie anders vorgesehen war! Was also passt dir nicht?"

„Ganz einfach", fuhr er mich unkontrolliert an, „ich vertraue dir nicht!"

Er schaffte es tatsächlich immer wieder aufs Neue, mich sprachlos zu machen.

„Du tust *was* nicht?"

„Ja, du hast schon richtig gehört, ich vertraue dir nicht! Was weiß denn ich, was da für Typen rumhängen?", versuchte er diese Lächerlichkeit irgendwie zu begründen.

„So langsam gehen sie echt mit dir durch, oder?" Ich sah ihn ungläubig an. Fassungslos versuchte ich zu sortieren, was er mir gerade an den Kopf geworfen hatte.

„Habe ich dir etwa jemals Anlass dazu gegeben, dass du mir nicht vertrauen könntest? Auch nur ein einziges Mal irgendwann in den ganzen zwei Jahren, die wir zusammen sind? Darf ich dich daran erinnern, wer von uns beiden dem anderen eine Freundin oder Ex-Freundin oder was auch immer verschwiegen hatte und sich bis spät nachts draußen rumtreibt? Kann es sein, dass du da irgendwelche eigenen Probleme auf mich überträgst?"

Sobald er merkte, dass er nicht die geringste Chance hatte, mich einzuschüchtern, versuchte Milan der Situation zu entfliehen und wollte die Wohnung verlassen.

„Hau ruhig ab," rief ich aus dem Wohnzimmer in den Flur und hörte, wie er sich seine Jacke schnappte, „so machst du das ja gerne, wenn du checkst, dass du mit deinen Scheinargumenten nicht durchkommst, oder? Ich überlege echt, ob unsere Beziehung überhaupt noch Sinn macht. Vertraust mir nach zwei Jahren nicht, du hast sie ja nicht mehr alle!"

Dann ging er und kam erst spät in der Nacht zurück, als ich schon schlief.

Unsere Streitereien waren offenbar bis in die Wohnung der Eltern zu vernehmen, denn Milans Mutter sprach ihn am nächsten Tag direkt darauf an. Er verschwand aber recht zügig, ließ sich auf keine Diskussion ein und erst spät nachts hörte ich ihn wiederkommen.

Es war offensichtlich: seine Mutter suchte irgendwelche Gründe, damit sie auf mir herumhacken konnte. Und seien es nur meine Bananenpflanzen im Hausflur, die angeblich Dreck machten. So etwas Lächerliches, als seien sie lebende Tiere.

Jeden Tag saß ich allein in der halbfertigen Wohnung und konnte nichts weiter tun, als fernzusehen oder zu lesen und auf Milan zu warten. Es war schon regelrecht tägliche Gewohnheit, dass er mir spätnachmittags am Telefon sagte, er habe nur noch kurz etwas für Physik rauszusuchen oder müsse schnell ein paar CDs irgendwohin zurückbringen, um dann doch erst spät in der

Nacht nach Hause zu kommen. Halb 12 Uhr nachts war da noch eine frühe Zeit, drei Uhr nicht selten.

In mir baute sich langsam eine Mauer der Gleichgültigkeit auf, durch die ich das alles einfach abwehrte und nicht mehr so nah an mich heranließ.

Bereits ein dreiviertel Jahr wohnte ich jetzt in diesem Haus und hatte mich immer noch nicht ummelden können, weil die dazu benötigte Unterschrift von den Eltern nicht geleistet wurde.

Etliche Male startete Milan einen Versuch, seinen Vater dazu zu bringen, das Formular zu unterzeichnen, erntete jedoch mit jedem Mal aufs Neue eine Abfuhr und es endete im Streit zwischen ihm und seinen Eltern. Er stieß an seine Grenzen und wusste nicht mehr, was er noch tun sollte.

„Wenn sie nicht wollen, dass ich hier wohne, und du auch nichts ausrichten kannst, ist es vielleicht wirklich das Beste, wenn ich wieder ausziehe!", schlug ich Milan eines Abends vor.

„Das kommt gar nicht in Frage! Irgendwie kriegen wir das schon hin. Sie braucht einfach nur Zeit", predigte er dieselbe alte Leier, um wahrscheinlich eher sich selbst als mich zum Durchhalten zu motivieren. Denn mich konnte er damit schon lange nicht mehr besänftigen.

„Ja, bitteschön, wie viel Zeit denn noch? Reicht ein dreiviertel Jahr nicht, um sich einzukriegen? Ich habe sogar ein bisschen kroatisch gelernt, um den guten Willen zu zeigen, und nichts hat es genutzt. Milan, ich sage dir, das nimmt kein gutes Ende. Ich werde mich nach einer Wohnung umschauen."

„Lass das jetzt erst mal. Wenn, dann machen wir das zusammen", versuchte er hilflos zu beschwichtigen, um der Situation Herr zu werden.

Seine Mutter aber wusste, was sie zu tun hatte, um mich aus dem Haus zu ekeln. Ihr tägliches Auflauern, wenn ich die Treppe zur Haustür hinunterging, hörte jedoch nicht auf – im Gegenteil – es wurde eher noch schlimmer.

Als sie sich eines Tages einmal sicher war, dass ich allein in der Wohnung war, trommelte und trat sie gegen unsere Wohnungstür und beschimpfte mich als „Schlampe!", woraufhin ich mich im Schlafzimmer einschloss und den Fernseher laut drehte, um sie nicht zu hören.

Daraufhin haute sie ab. Das heißt, sie kam in der Nacht darauf nach der Arbeit nicht nach Hause und auch in der folgenden nicht. Anscheinend übernachtete sie bei Bekannten, so erzählte es mir jedenfalls Milan. Sie drohte dem Rest der Familie damit, sie würde ausziehen, wenn ich nicht aus dem Haus verschwände. Die Männer der Familie nahmen ihre Drohungen nicht für bare Münze. Auch hier wurde nach dem Schema Verfahren: „Sie wird sich wieder einkriegen". An mir nagte das jedoch gewaltig. Denn – man muss sich das einmal vorstellen – die Hausbesitzerin drohte mit Auszug, weil ich hier wohnte.

Kurz darauf hatte ich einen Tag Urlaub und war zu Hause. Milan hatte sich mein Auto genommen und somit sah es so aus, als ob ich nicht zu Hause wäre.

Da hörte ich plötzlich, wie das Auto seiner Mutter vorfuhr und sie kurz darauf das Haus betrat. Ich verhielt mich mucksmäuschenstill, sie sollte partout nicht mitbekommen, dass ich zu Hause war. Ich konnte sie aber von oben aus dem Fenster sehen, wie sie zwei prall gefüllte Müllsäcke in ihr Auto einlud.

Sollte sie ihre Drohung vom Auszug tatsächlich wahr machen? Das konnte ich mir kaum vorstellen. Ich hatte ihr doch wirklich nie irgendetwas getan. Meine Gefühle schwankten zwischen trotziger Gleichgültigkeit und Schuldgefühlen. Ich wusste einfach nicht, was ich machen sollte.

Ein paar Tage später unterhielt ich mich mit Julia. Sie verstand sich ja prächtig mit der Mutter und erzählte mir, sie käme jeden Morgen zu ihr zu Besuch. Ihre Einstellung mir gegenüber hätte sie aber nicht geändert. Das machte sie auch dadurch deutlich, nicht wieder nach Hause zurückkehren zu wollen. Immerhin übernachtete sie bereits seit einer ganzen Woche bei Freunden der Familie.

Via SMS teilte Julia mir eines Morgens auf der Arbeit mit, seine Mutter würde jeden Tag erneut mein Namensschild vom Briefkasten herunterreißen. Ich druckte mir sofort 20 neue Schilder aus und wollte der Situation durch Beharrlichkeit trotzen, indem ich jeden Tag ein neues anbrachte. Wenn sie zu diesem Spiel aufrief, spielte ich mit.

Es sollte noch eine ganze weitere Woche dauern, bis sie mir direkt vor dem Haus im Auto entgegenkam. Ich vermutete, sie hätte sich nun doch zu einer Rückkehr entschieden. Vorbei wäre es nun also wieder mit dem Frieden, der in den letzten zwei Wochen hier eingekehrt war.

Ausschlaggebend dafür war vielleicht Milans Geburtstag am nächsten Tag, und dass sie dann zu Hause sein wollte, aber ich war mir nicht sicher.

Dass ich in ihren Augen aber nach wie vor der Teufel in Person war, unterstrich sie am nächsten Morgen so deutlich wie nie zuvor.

Wie üblich versuchte ich mich möglichst geräuschlos die Treppe hinunter aus dem Haus zu schleichen, als sie wie eine Furie aus ihrer Wohnungstür platzte. Ihr Geschrei durchschnitt wie eine Kreissäge die Luft und vor lauter Entsetzen konnte ich anfangs nicht einmal verstehen, was genau sie schrie. Ich blieb einfach wie angewurzelt stehen und wagte nicht, mich zu bewegen.

In den nächsten Sekunden begriff ich, was hier auf mich einprasselte.

„Ich bringe dich um! Bevor du uns alle umbringst, bringe ich dich um! Ich bringe dich um!!!", brüllte sie wie von Sinnen so laut, dass es die Nachbarn zweifellos auch durch die geschlossene Tür mitbekommen haben mussten. Dabei sprang sie wie der Blitz auf die Treppenstufe, auf der ich stand, griff mir an die Kehle und drückte mich an die Wand, bis Milan, sein Vater und Jerko aufgelöst hinzustürzten und sie von mir wegrissen.

Mein ganzer Körper zitterte, die Beine knickten weg und ich konnte nicht mehr. Ich konnte einfach nicht mehr. Ein Weinkrampf übermannte mich und Milan führte mich wieder zurück in unsere Wohnung. Unten in der elterlichen Wohnung schrie sie immer noch und ich hatte nur noch einen Gedanken: ich musste dort raus, so schnell wie möglich.

Es mag eine Kurzschlusshandlung von ihr gewesen sein, mich so massiv zu bedrohen, aber das war in diesem Moment egal. Jetzt hatte sie erreicht, was sie wollte. Sie hatte es geschafft, ich gab mich geschlagen.
Ein paar Tage darauf machte ich, bevor ich zur Arbeit fuhr, einen Umweg über die Tankstelle und kaufte mir ein Exemplar der neuesten Kleinanzeigen-Zeitung „Sperrmüll". Ich wollte ab jetzt ganz intensiv nach einer anderen Wohnung Ausschau halten. Einige der angebotenen Mietobjekte hörten sich auch vielversprechend an und ich konnte direkt im Laufe des Tages ein paar Besichtigungstermine vereinbaren.

Abends erzählte ich Milan davon und fragte ihn, ob es für ihn überhaupt in Frage käme, mit mir in eine andere Wohnung zu ziehen.

Seine Reaktion war sehr verhalten und er versuchte abzulenken. „Wie, du hast Besichtigungstermine ausgemacht? Wo denn?"

„Na, in Hettenleidelheim zum Beispiel. Läge auch näher an Worms, für mich praktisch wegen der Arbeit und trotzdem nah genug an Kaiserslautern für dich."

„Ja aber, das geht doch nicht", murmelte er kleinlaut. Er war sichtlich verwirrt und wirkte auf einmal ganz hilflos.

„Was meinst du mit ‚Das geht doch nicht'? Ich kann dir sagen, was nicht geht: deine Mutter geht nicht. Ganz und gar nicht!", gab ich kopfschüttelnd zur Antwort und schlussfolgerte: „Oder soll ich etwa warten, bis sie mir wirklich etwas antut, wenn irgendwann einmal keiner von euch zu Hause ist, um mir zu helfen?"

„Jetzt übertreibst du aber!", protestierte Milan.

„*Ich* übertreibe? Aha, okay. Wenn du meinst. Aber was, bitte, glaubst du denn, wäre passiert, wenn ihr nicht dazwischengegangen wärt? Was wäre gewesen, wenn ich mich gewehrt und sie von mir weggestoßen hätte? Und sie wäre dabei gestürzt oder gegen die Wand gefallen? Wie würde sie das dann wohl darstellen? Und wem wird geglaubt?", mutmaßte ich mit hochgezogenen Augenbrauen.

„Mach, was du denkst", gab er offenbar resigniert zur Antwort und wandte sich schulterzuckend ab. Eine Antwort auf meine Frage, ob er mit mir ausziehen würde, blieb er mir schuldig.

Am folgenden Morgen schien er sich schon etwas mehr gesammelt zu haben. Als ich konkret wissen wollte, ob er sich entschieden hätte, mitzukommen oder nicht, ließ er durchblicken:

„Weißt du, ich dachte, wir schauen uns nach einer kleinen Wohnung um, in die du dich zurückziehen kannst, wenn du möchtest.“

Fragend schaute ich ihn an: „Ja, und wann, meinst du, wäre ich dann überhaupt noch hier?“

Er hatte keine Antwort.

Aber zumindest stieß er dann doch noch kurzfristig zur ersten Wohnungs-Besichtigung hinzu, wobei man die Immobilie vergessen konnte.

Meine Ansprüche hatte ich wirklich nicht hoch angesetzt. Mir war bewusst, ich konnte für das Geld, das ich bedingt durch die Insolvenz zur Verfügung hatte, keinen Drei-Zimmer-Erstbezug erwarten.

Jedoch konnte und wollte ich mich nicht mit verschimmelten Schlafzimmern und versifften Küchen oder Bädern arrangieren. Ein gewisses Maß an Wohnlichkeit erwartete ich auch für kleines Geld. Bereits einen Tag später wollte ich mir zwei weitere Objekte ansehen.

Und da würde noch ein ganz anderer Aspekt zutage gefördert werden, der mir so bis dahin nicht bewusst war.

Beide Wohnungen waren im Prinzip in Ordnung, ich hätte mich schon irgendwie eingelebt. Dessen ungeachtet drehten die Vermieter nun aber den Spieß um.

„Wenn Sie an der Wohnung interessiert sind, dann bräuchten wir natürlich noch eine Gehaltsabrechnung und Ihre Zustimmung, damit wir eine Schufa-Auskunft einholen können. Aber das ist ja reine Routine, das kennen Sie bestimmt.“

„Ähm … ja, das kenne ich. Da … da haben Sie Recht“, stammelte ich.

„Haben Sie ein Problem damit? Ist Ihnen das irgendwie unangenehm?“, hakte der Vermieter nach, als er mein Zögern bemerkte.

„Nun, es ist so, Sie werden auf dem Gehaltszettel sehen, dass dies teilweise gepfändet wird. In der Schufa finden Sie den Grund dafür, meine laufende Insolvenz“, versuchte ich meine

Situation nahezubringen. „Sie können dort aber auch erkennen, dass mein Verdienst bei etwas über 1.000 Euro netto liegt, bereits nach Abzug der Pfändung. Das heißt, es würde mir in jedem Falle möglich sein, die Miete regelmäßig aufzubringen."

„Aha. Eine Insolvenz. Hmmm ... wissen Sie, das ist jetzt nichts gegen Sie, das müssen Sie mir glauben, aber damit haben wir leider schon ganz schlechte Erfahrungen machen müssen. Es tut mir wirklich leid, aber unter diesen Umständen werden wir nicht ins Geschäft kommen können."

Von einem auf den anderen Moment wirkte der Vermieter ausgesprochen distanziert und ließ keinen Zweifel aufkommen: jeder weitere Versuch einer Diskussion war sinnlos.

Beim Vermieter der zweiten Wohnung stieß ich auf fast wortwörtlich dieselbe Begründung: Insolvenz? Nee, dann lieber nicht!

Das war äußerst entmutigend, aber der nette Gerichtsvollzieher von damals hatte mich seinerzeit bereits vorgewarnt. Er hatte mir schon im Vorfeld erklärt, dass selbst die Erledigung der alltäglichsten Dinge durch diesen Schufa-Eintrag schwer bis unmöglich werden könnten. Und er hatte Recht.

Niemals hatte ich damit gerechnet, meine Flucht aus Milans Elternhaus könne daran scheitern, dass ich gar keine Wohnung bekäme. Ich war sozusagen gezwungen, dort zu bleiben, ob ich wollte oder nicht. Aufgeben kam für mich aber nicht in Frage. Schließlich wollte ich aus diesem Haus heraus und deshalb durchforstete ich alle Immobilien-Angebote, die ich irgendwo finden konnte.

Zwei weitere Besichtigungen ergaben sich daraus, wobei Milan sich hierdurch in irgendeiner Weise provoziert fühlte.

„Du hast also tatsächlich vor, das Ganze durchzuziehen?"

Ich war verdutzt. „Ja glaubst du denn, ich mache das hier, weil ich nichts Besseres mit meiner Zeit anzufangen weiß? Natürlich ziehe ich das durch. Ich will hier weg. Und ob du mitkommst oder nicht, ist mir mittlerweile auch schnuppe, wenn ich ehrlich bin. Du bist alt genug, um für dich eine Entscheidung zu treffen. Entweder ziehst du mit woanders hin oder du lässt es eben. Mich wirst du jedenfalls nicht länger als nötig hier sehen."

Er kapierte es offenbar wirklich nicht.

Aber das tat nichts weiter zur Sache, denn auch die Vermieter der beiden nächsten Mietobjekte schwenkten beim Erwähnen der Insolvenz urplötzlich von „sehr interessiert" auf „kein Interesse" um. Und selbst wenn ich es hätte verschweigen wollen, dieser Umstand wäre bei jeder Schufa-Anfrage ohnehin sofort bekannt geworden. Aber beinahe jede Absage war begründet durch meine Gehaltspfändungen.

Ich wollte um keinen Preis das Handtuch werfen. Aber ich gestand mir selbst gegenüber ein, die Wohnungssuche vorerst besser aufzuschieben und mich anderen Dingen zu widmen.

Wenn ich meinem Alltag ein bisschen entfliehen wollte, so gelang mir dies immer am besten, wenn ich tauchen ging.

In einer netten, kleinen Tauchschule in Enkenbach-Alsenborn kam man öfter zusammen, um gemeinsam zu quatschen oder neue Tauchgänge im gepachteten See oder anderen Gewässern zu planen. Tauchen fand für viele, einschließlich mir, nicht nur im Urlaub, sondern auch in den heimischen Gewässern statt. Das war kostengünstig und zeitlich gut planbar. Es waren durchweg nette Menschen, die sich hier trafen, denn alles war eher familiär, statt kommerziell ausgerichtet und das machte es so erfrischend.

Auch Milan hatte sich in diese Gemeinschaft integriert und hier das Tauchen erlernt.

Was meine taucherischen Fähigkeiten anbelangte, so konnte man mich durchaus als talentiert bezeichnen, und mitunter auch deshalb hätte ich mir sehr gut vorstellen können, nebenbei als Tauchlehrerin zum Beispiel für die Tauchschule zu arbeiten.

Mit meiner Ausbildung, die ich vor einigen Jahren in Ägypten gemacht hatte, besaß ich das Brevet eines fortgeschrittenen Tauchers, aber Schüler zu unterweisen war mir damit nicht möglich. Ich besaß viel zu wenig Spezialwissen und Praxiserfahrung, das für eine Assistenz- oder Lehrer-Tätigkeit nötig gewesen wäre. Also besuchte ich Ende März zwei Info-Abende der Tauchschule, in denen es um weiterführende Tauch-Ausbildungen ging. Konkret waren dies die Ausbildung zum „Rescue-Diver", also zum Rettungstaucher, und zum „Dive-Master", einer Vorstufe des Tauchlehrer-Assistenten.

Diese beiden Scheine waren nichts, was man mal eben in zwei oder drei Wochenenden durchzog, sondern wirklich mit viel Theorie und Praxis verbunden. Aber es reizte mich doch ungemein.

Die Kosten der Kurse waren wesentlich niedriger, als ich befürchtete. Und da die Lehrgänge ohnehin über mehrere Monate liefen, war eine Begleichung in kleinen Raten kein Problem. Der Kurs zum Rescue-Diver sollte schon in zwei Monaten beginnen und ich entschied mich, die Ausbildung anzugehen.

Den Beginn der NLP-Ausbildung bei Matthias Schwehm stellte ich deshalb noch für ungefähr ein Jahr zurück, denn alles auf einmal ging finanziell wirklich nicht, und die Tauch-Ausbildungen juckten mich aktuell mehr in den Fingern.

Ebenfalls konnte im März 2004 eine der Eigentumswohnungen meiner Eltern erfolgreich verkauft werden. Abzüglich der Schulden, die noch aus dem Darlehen zum Kauf der Immobilien resultierten, verblieben insgesamt 11.000 Euro.

Die Erbverteilung sah vor, dass mein Vater die eine Hälfte und wir drei Kinder insgesamt die andere Hälfte davon erhalten sollten. Mein Sechstel bekam ich nicht voll ausgezahlt, denn die Hälfte jeglicher Erbschaftseinnahmen musste ich an den Treuhänder abtreten.

Ich bekäme also einen Betrag von etwas mehr als 900 Euro, den ich gut als Konto-Polsterung gebrauchen konnte. Immerhin hatte ich Pläne, weitere Ausbildungen zu machen, und dafür würde ich sparen müssen.

Aber es wäre ja viel zu einfach gewesen, wäre jetzt einfach das Geld ohne Zwischenfälle auf meinem Konto gutgeschrieben worden.

Mein Vater hatte durch Maya schriftlich mitteilen lassen, er sei mit einer Auszahlung an uns Erben nicht einverstanden. Immerhin waren in den vergangenen zwei Jahren Nebenkosten für die Ferienappartements angefallen, die er zusammen mit ihr getragen hatte. Diese wollte er mit der Erbmasse verrechnen und bat um Vertagung bis Mai, da erst dann die Abrechnung aufgestellt werden könne.

Ich bekam diese Nachricht nur durch meine Treuhänder zu Gesicht, da mir selbst direkt keine Information zugegangen war.

Selbst nachdem mein Vater wegen des Mordes an meiner Mutter, der Mitbesitzerin der Immobilien, verurteilt wurde, kannte seine Geldgier keine Grenzen. Ich empfand es schon als ein starkes Stück, uns Kindern auch noch die Nebenkosten vom Erbteil abziehen zu wollen. Natürlich war es sein gutes Recht – keine Frage –, aber moralisch gesehen stellte er sich damit selbst ein Armutszeugnis aus.

Die Beziehung zu Milan plätscherte vor sich hin, er kam nach wie vor sehr oft erst spät in der Nacht nach Hause. Mittlerweile war auch halb vier Uhr morgens keine Seltenheit, er änderte also nichts an seinen Lebensgewohnheiten.

Ihm war es möglich, zu kommen und zu gehen, wie es ihm beliebte. Ich war darauf angewiesen, Ausschau zu halten, ob seine Mutter zu Hause war und mich eventuell wieder attackieren würde oder ob ich das Haus unbehelligt verlassen konnte.

Eine mehr als angespannte Situation, wie man sich unschwer vorstellen kann.

Meine Psychotherapie, die ich vor fast exakt einem Jahr begonnen hatte, neigte sich mit großen Schritten dem Ende zu, denn inzwischen hatte ich alle Dinge zu meiner und zur Zufriedenheit von Dr. Walter aufgearbeitet. Mitte Juli kamen wir zu einem Abschluss-Gespräch zusammen und damit war die Therapie abgeschlossen.

Ich war so sehr mit mir im Reinen, dass ich mich auch stark genug fühlte, einen zweiten Anlauf bei meiner Wohnungssuche und dem Auszug anzugehen.

Milan passte das überhaupt nicht, dachte er doch, das Thema Immobilien-Suche sei endgültig vom Tisch. Immerhin hatte sein Vater Mitte Mai endlich die erforderliche Unterschrift zur Ummeldung geleistet – fast genau ein Jahr nach meinem Einzug.

Das änderte an der Wohnsituation als solches dennoch nicht das Geringste und somit stand meine Entscheidung fest.

Ab der letzten Juni-Woche kaufte ich mir an einem Kiosk regelmäßig die aktuelle „Sperrmüll"-Ausgabe, wild entschlossen, dieses Mal eine Wohnung für mich zu finden.

Zwei Monate lang kam es bedingt durch meine Insolvenz zu vielen Absagen von Seiten der Vermieter.

Immerhin sechzehn Wohnungen besichtigte ich insgesamt und hatte nicht vor aufzugeben. Und wenn ich noch ein weiteres Jahr würde suchen müssen – ich würde keinen Tag länger als nötig in Milans Elternhaus verbringen, das stand fest.

Meine Zielstrebigkeit in dieser Hinsicht strapazierte die Beziehung zu Milan aufs Äußerste, denn er merkte, er konnte mich nicht mehr aufhalten. Wir diskutierten, wir stritten, und es flogen oft sehr lautstark die Fetzen. Mir war das egal, ich beharrte auf meinem Standpunkt und ließ mich nicht von meinem Plan abbringen, eine eigene kleine Wohnung zu finden.

Ende August war es dann tatsächlich soweit: in einem kleinen Vorort von Kaiserslautern, in direkter Ortsnachbarschaft zur Tauchschule, fand ich eine kleine Dachwohnung in einem Dreifamilienhaus. Milan war bei dieser Besichtigung dabei und er spürte sofort, dass er mit dem ersten Schritt der Begehung verloren hatte.

Sie war richtig schnuckelig mit einem modernen, hell gefliesten Tageslicht-Bad, inklusive Badewanne und Dusche sowie einer schicken neuwertigen Einbau-Küche. Zudem gab es ein kleines Schlafzimmer, ein schönes Wohnzimmer und als Krönung eine Dachterrasse, von der aus man einen atemberaubenden Blick über viele Kilometer in die Natur hatte. Und das Allerbeste war: sie lag genau in meinem Budget.

Die größte Hürde, die ehrliche Offenbarung meiner Insolvenz, stand mir aber bevor, doch ich wollte alles dafür tun, diese Wohnung zu bekommen.

Das Vermieter-Ehepaar setzte sich gemeinsam mit mir zu einem Gespräch an den Tisch und wir redeten offen miteinander. Ich erklärte, wie es zu der Insolvenz gekommen war und wie ich aufgrund von Bürgschaften für meinen Ex-Verlobten in die Zahlungsunfähigkeit gerutscht war, aber auch von meiner Festanstellung und den geregelten Pfändungen.

Meine Offenheit bescherte mir Glück: ich bekam die Wohnung tatsächlich und konnte bereits zum 1. September einziehen. Ich überschlug mich vor Freude und konnte es nicht fassen. Das war mein persönlicher Sechser im Lotto!

Das Martyrium hatte endlich ein Ende. Ich würde nach Hause kommen und das Haus verlassen können, wann immer ich wollte. Keine Angst mehr, eine Treppe hinunterzugehen. Kein Abchecken mehr, ob das Auto der Mutter vor der Tür steht oder nicht.

Ein vollkommen ungestörtes und friedliches Wohnen und Leben.

Milan konnte meine Begeisterung nicht teilen. Er gab mir noch im Auto auf einer der womöglich letzten Fahrten in Richtung seines Elternhauses trotzig zu verstehen, ich könnte gerne dort einziehen, aber ich bräuchte nicht damit zu rechnen, dass er mitkäme.

„Das musst du ganz allein wissen", gab ich lässig und gleichgültig zurück, „mach, was du willst. Der Mietvertrag wird ohnehin allein auf meinen Namen laufen."

Es war mir vollkommen egal, ob er jetzt zickte oder nicht. Vor mir lag eine Freiheit, wie ich sie seit eineinhalb Jahren nicht mehr kannte. Ich war überglücklich.

Es ist sehr schwierig, Menschen hinters Licht zu führen,
sobald es ihnen aufgegangen ist.
Alfred Polgar (1873–1955), österr. Schriftsteller und Kritiker

10

Beim Umzug in meine neue eigene Wohnung halfen Milan und Jerko mit. So ging alles ziemlich fix, denn außer meinen vielen Büchern, der großen Couch und einem einfach zu montierenden Bett mussten wir kaum Habseligkeiten in die zweite Etage schleppen.

Die Küche sowie ein Kleiderschrank im Schlafzimmer waren bereits vorhanden, den fehlenden Rest an Mobiliar würde ich mir nach und nach gebraucht besorgen. Denn ich hatte jetzt alle Zeit der Welt.

Das Packen hatte ich allein erledigt, da ich den Eindruck hatte, Milan hoffte bis zuletzt, er könnte mich vielleicht doch noch vom Auszug abhalten. Aber es gab nicht einen einzigen Grund, der mich noch in seiner Wohnung hätte halten können.

Als alles in meinem neuen Domizil untergebracht war und Jerko sich bereits von mir verabschiedet hatte, entstand eine seltsame Situation zwischen Milan und mir. Denn jetzt gleich gäbe es einen ersten richtigen Abschied. Er würde zurück in seine Wohnung gehen und ich würde in meiner bleiben. Irgendwie wirkte alles ein wenig unbeholfen, glich fast schon einer Verabschiedung nach einem ersten Date.

Mir lag es fern, ihn hinauszuschmeißen, denn dafür lag ja gar kein Grund vor.

Milan ergriff dann irgendwann die Initiative. Wir umarmten uns und er wollte gerade gehen, als mir etwas auffiel.

„Macht es dir etwas aus, mir den Wohnungsschlüssel wiederzugeben?“, fragte ich vorsichtig und sah ihn nahezu schüchtern an.

Er hatte für den Umzug den Zweitschlüssel bekommen, damit er unabhängig von mir beim Einräumen die neue Wohnung betreten konnte. Zwar wollte ich keinen Unmut aufbringen, aber wenn er sich dazu entschlossen hatte, nicht mit in meine Wohnung zu ziehen, dann bräuchte er meiner Ansicht nach vorläufig auch keinen Schlüssel.

Seltsam. In mir blitzte die Erinnerung an dieselbe Situation auf, die über zehn Jahre zurücklag, als ich mein Elternhaus verließ und meine Mutter ihrerseits den Haustürschlüssel zurückverlangte. Aber im Gegensatz zu Milan heute gab ich den Schlüssel damals ohne Widerworte, ja nahezu bereitwillig zurück.

„Du willst den Schlüssel haben?“, wiederholte er meine Bitte irritiert.

„Ja, wenn es dir nichts ausmacht“, versuchte ich möglichst neutral zu klingen.

„Wieso willst du den denn haben? Den brauchst du doch eh nicht und dann könnte ich dich besuchen kommen.“

„Besuchen kommen kannst du mich gerne, wenn ich hier bin. Da brauchst du dann keinen Schlüssel“, untermalte ich meine Forderung, „und wenn ich nicht da bin, brauchst du mich ja auch nicht besuchen.“

„Tsss ... wenn du dich dann besser fühlst, bitteschön!“ Trotzig legte er den Schlüssel überdeutlich und mit Druck in meine Hand und ging dann ohne ein weiteres Wort.

Ich schloss die Tür hinter ihm und hörte einen Augenblick später unten im Erdgeschoss die Haustür zufliegen. Ich sah in meine Hand, ließ den Blick durch mein neues Heim schweifen und dachte: Ja, und ob ich mich jetzt besser fühle!

Vom ersten Augenblick an genoss ich das Leben in meiner eigenen kleinen Wohnung. Mit jedem Tag blühte ich mehr und mehr auf. Den folgenden Monat nutzte ich intensiv, um meine mentalen Wunden zu lecken, und ging nach meinem Feierabend oft allein ins nahegelegene Naturschutzgebiet spazieren.

Es gab keine Nacht mehr, in der ich wartend im Bett lag und nicht wusste, wann Milan zur Tür hereinkam. Entweder er war zu einer humanen Zeit am frühen Abend da, um mich zu besuchen, oder eben nicht. Ganz einfach.

Ich hatte ihm von Anfang an klargemacht, er solle ja nicht auf die Idee kommen, mitten in der Nacht zu klingeln; allein schon aus Rücksicht auf die beiden anderen Wohnparteien. An diese Regel hielt er sich und somit lief alles äußerst entspannt.

Was daheim bei ihm los war, versuchte er mir zwar mehrfach zu schildern. Er habe seiner Mutter ordentlich die Meinung gesagt und so gut wie nicht mehr mit ihr geredet, seit ich weg war, erzählte er mir.

Schulterzuckend gab ich ihm zu verstehen, es sei mir ganz ehrlich vollkommen egal und jetzt ohnehin irrelevant. Das hätte er besser vorher gemacht, als ich noch dort wohnte.

Unsere Beziehung verlor durch meinen Auszug nicht nur an Nähe, sondern auch deutlich an Qualität. Zu viel war passiert, zu sehr hatte ich das Gefühl, von ihm im Stich gelassen worden zu sein, als ich ihn gebraucht hatte. Und dazu noch die Tatsache, dass er nicht bereit war, offiziell mit mir auszuziehen, sondern auch da kniff.

Zugegebenermaßen war ich diejenige, die sich jetzt mehr und mehr aus unserer Partnerschaft zurückzog und sich rar machte. Die Monate vorher schien Milan sich lieber mit Freunden zu amüsieren, als unsere Beziehung zu pflegen, jetzt drehte ich eher unbewusst den Spieß um.

Ich bin mir heute nicht mehr ganz sicher, wer wen zuerst kontaktiert hatte. Aber irgendwann im Oktober nahmen Dara und ich vorsichtig und behutsam Verbindung zueinander auf. Erst durch SMS, dann durch Anrufe.

Schnell war klar, ich war nicht die intrigante Tussi, die sich in eine Beziehung drängte und für die sie mich gehalten hatte. Aber im Gegenzug war sie auch nicht die eifersüchtige Furie, die nicht loslassen konnte und die ich zeitweise in ihr gesehen hatte.

Es entwickelten sich mehrere lange und tiefgehende Gespräche aus den anfangs zögerlichen Telefonaten, von denen ich Milan allerdings nicht erzählte.

Dara und ich sicherten uns bereits zu Anfang gegenseitig zu, wir wollten offen und ehrlich zueinander sein. Uns beiden war gleichermaßen daran gelegen, viele Unklarheiten zu beseitigen. Und dies mit aufrichtigem Respekt füreinander, denn keiner von uns beiden hatte irgendeinen Grund, den anderen zu belügen oder Dinge zurückzuhalten. Wir waren uns einig, einfach reinen Tisch machen zu wollen, damit wir, jede für sich, mit einigen Kapiteln abschließen konnten.

Was ich durch den Austausch mit Dara alles erfuhr, war einfach nur unglaublich. Ich kannte bisher lediglich die Seite und die vermeintlichen Tatsachen, die Milan mir erzählte. Aber nun hatte ich das Gefühl, dass viele Ungereimtheiten endlich geklärt werden konnten.

So beschrieb Dara mir beispielsweise, wie Milan in der Anfangszeit unserer Partnerschaft, in der er nachts angeblich zurück in seine Wohnung fuhr, er in Wahrheit in Daras Wohnung zurückkehrte, in der er mit ihr lebte. Jedoch, so versicherte sie mir, schlief Milan fast immer auf der Couch. Und irgendwie hatte sie mitunter dadurch die Vermutung, dass eine andere Frau im Spiel sein musste, was er jedoch bei jeder Konfrontation mit dieser Vermutung vehement bestritt.

Viele weitere Dinge kamen zur Sprache. Und auch ich konnte für Dara einige Sachen bereinigen, bei denen sie bis zu diesem Zeitpunkt nie wusste, was Wahrheit und was Lüge war. Einige der Urlaube oder Kurztrips, die ich mit Milan unternommen hatte, stellte er ihr gegenüber damals als Uni-Ausflüge dar. Von mir war, auch auf ihre intensive Nachfrage hin, niemals die Rede gewesen.

Dara klärte mich zum Beispiel darüber auf, sie sei bei dem Segeltörn im Jahr zuvor dabei gewesen, von dem Milan mich zwei Tage vorher praktisch ausgeladen hatte. Sie hatte angenommen, ich hätte davon gewusst.

An Bord sei jeder zwar seiner Wege gegangen und hatte sich mit anderen Leuten beschäftigt, aber sie war definitiv dabei. Das wiederum hatte Milan damals auch auf mein mehrmaliges Hinterfragen resolut bestritten.

Jetzt war ich wirklich geladen und das Maß war endgültig voll.

Dara und ich blieben nach dieser Zeit noch locker über diverse Internet-Plattformen in Kontakt. Sie war glücklich in einer neuen Beziehung und einem neuen Job und zog nach Hamburg. Bis heute bin ich ihr außerordentlich dankbar, dass wir beide uns aussprechen und unseren Frieden miteinander machen konnten. Fair, offen und mit gegenseitiger Achtung.

Hinsichtlich der Beziehung zu Milan stand es für mich außer Frage, dass ich keine Lust mehr auf diese Lügen und Vertuschungen hatte. Auch wenn vieles weit zurücklag, so wusste ich für die Zukunft nicht, welcher von seinen Erklärungen ich Glauben schenken konnte. Wenn er sich jahrelang auf diese Art und Weise durchmogeln konnte, wer garantierte mir, dass er es nicht auch weiterhin so probieren würde?

Die Basis des Vertrauens war schon lange angeknackst. Der Krater des Misstrauens riss immer weiter auf und ich zog meine Konsequenzen.

Ich bat Milan an einem Abend zu mir zu kommen, denn ich hätte ihm etwas zu sagen.

Als er eintraf, konfrontierte ich ihn zunächst in völliger Ruhe mit den mir mittlerweile bekannten Tatsachen. Mit jedem Satz, den ich ihm vortrug und dadurch zu verstehen gab, nun viele Wahrheiten zu kennen, wurde er ungehaltener.

„Woher weißt du das alles? Von wem willst du das denn gehört haben?"

„Das ist zwar an sich eine Sache, die dich nichts angeht. Aber wenn du es wissen willst: ich habe in letzter Zeit mehrfach mit Dara telefoniert."

„Mit Dara??? Bist du jetzt völlig bescheuert? Wieso telefonierst *du* denn mit Dara?", brauste er, ohnehin schon geladen, auf.

„Viel interessanter finde ich", gab ich ihm selbstsicher Paroli, „dass *du* bisher noch nicht eine einzige Sache bestritten hast, die sie mir erzählt hat."

Er startete eine Tirade von Rechtfertigungen und versuchte alle Lügen der letzten Jahre, die ich durch Dara erfahren hatte, rational zu begründen.

Er hätte Dara nicht wehtun wollen, immerhin seien sie über zehn Jahre zusammen gewesen und er habe sich ihr gegenüber verantwortlich gefühlt. Andererseits habe er mich nicht verletzen wollen, denn er würde mich von ganzem Herzen lieben.

Ich riss mich zusammen, um ihn nicht direkt anzufahren, und versuchte ihm klarzumachen: „Weißt du, eine Lüge wird nicht besser, wenn gute Absichten hinter ihr stehen. Schon gar nicht, wenn sie über Jahre aufrechterhalten werden und aufeinander aufbauen. Dadurch hast du das alles nur noch schlimmer gemacht. Jede von uns beiden, Dara und auch ich, wären zu jeder Zeit mit der Wahrheit besser zurechtgekommen als mit diesen Ammenmärchen."

Das sah er partout nicht ein. Für ihn waren seine Unwahrheiten auch keine Lügen, sondern maximal Vereinfachungen einer Problematik.

Ich war es leid und sagte ihm, er solle gehen. Vorläufig wollte ich ihn nicht mehr sehen und ich gab ihm zu verstehen, er solle sich in nächster Zeit auch nicht bei mir melden.

Geknickt und sauer ging er.

Den restlichen Oktober und auch den November konzentrierte ich mich ganz auf mich und genoss mein Alleinsein.

In dieser Zeit machte ich mir in aller Ruhe Gedanken um die Beziehung zu Milan. Tatsache war, er hatte in vielen Dingen gelogen, und das machte mich wütend. Auf der anderen Seite konnte ich nicht umhin, dass ich noch Gefühle für ihn hegte.

Die letzten drei Jahre waren ein Auf und Ab, aber trotz allem liebte ich ihn, da brauchte ich mir selbst nichts vorzumachen. Ich war hin- und hergerissen und wusste nicht, was ich tun sollte.

Im Dezember begannen wir, uns nach und nach wieder anzunähern. Ich war einfach nicht bereit, unsere Beziehung endgültig abzuhaken, nur weil ich vielleicht zu früh aufgegeben hatte.

Milan besuchte mich wieder öfter und wir verbrachten insbesondere in der Weihnachtszeit viel Zeit miteinander.

Als er mich fragte, ob ich direkt nach Silvester mit zur angestammten Ski-Woche der Uni kommen würde, bat ich mir ein paar Tage Bedenkzeit aus, stimmte letztendlich aber zu. Allerdings klärte ich von vorneherein, ich würde mir ein Benehmen wie im Jahr zuvor nicht gefallen lassen. Wenn er jeden Abend volltrunken mit den Studenten abhängen wollte, sollte er besser ohne mich fahren.

Aber Milan versicherte mir hoch und heilig, er würde nach den Kurszeiten am Vormittag die ganze restliche Zeit mit mir verbringen.

Ich war skeptisch, aber auch gespannt und freute mich auf die Ski-Freizeit im Januar 2005.

In dieser Saison teilten wir uns das Vierer-Appartment mit H.-G., der genau so genannt wurde, und Moni, seiner Frau. Es waren äußerst angenehme Leute, deren Studentenzeit schon eine ganze Weile zurücklag und mit denen man sich auch tatsächlich einmal etwas bodenständiger unterhalten konnte.

Dieses Mal bestand Milan bei der Kurseinteilung darauf, mich in seiner Gruppe zu haben, was mich sehr freute. Dadurch hatten wir in dieser einen Woche tatsächlich die Möglichkeit, den ganzen Tag gemeinsam zu verbringen. Ich denke, er bemühte sich deshalb so, damit ich meine Entscheidung, es doch noch einmal mit unserer Beziehung zu versuchen, nicht bereute.

Als ich am fünften Tag mit Kopfschmerzen aufwachte und das Skifahren für diesen Tag ausfallen ließ, kümmerte er sich morgens rührend um mich. Nach seinem Kurs kam er direkt am Mittag ins Appartement, um nach mir zu sehen. Sein ganzes Verhalten war so völlig konträr zu dem vom vorigen Jahr. So, wie er sich jetzt gab, hatte ich ihn ursprünglich kennengelernt, das war der Mann, in den ich mich verliebt hatte.

Für den vorletzten Tag unseres Urlaubes kündigte Milan an, er hätte eine Überraschung für mich vorbereitet. Ich hatte keinen Schimmer, was er geplant hatte, und war völlig aus dem Häuschen, als er mit mir zu einem Gelände fuhr, von dem uns schon von Weitem das Geheul der Huskies entgegenschlug.

Er wusste, wie sehr ich Hunde liebte, und hatte für uns eine Schlittenhunde-Fahrt durch die verschneiten Berge in Frankreich gebucht. Es war unbeschreiblich schön und ich war aus tiefstem Herzen glücklich, denn er gab sich wirklich aufrichtig Mühe, mir zu zeigen, dass unsere Beziehung das Kämpfen wert war.

Der Urlaub war zu Ende und der Bus fuhr uns sonntagmorgens zurück nach Kaiserslautern. Zum harmonischen Ausklang und weil eine Verabschiedung am Bus irgendwie unpassend gewesen wäre, kehrten wir mit Sack und Pack zurück in meine Wohnung.

Als Milan nach zwei Tagen aber wie selbstverständlich anfing, bei mir ein- und auszugehen, bat ich ihn offen, er möge mir bitte etwas mehr Raum lassen. Ich wollte einmal wieder einen Abend für mich alleine sein. Diese Bitte stieß bei ihm auf völliges Unverständnis.

„Ich dachte, es wäre jetzt alles okay mit uns! Du hast doch andauernd gesagt, dir hätte der Urlaub so toll gefallen!"

„Hat er ja auch", versuchte ich ihn zu beschwichtigen. „Aber das hat nichts damit zu tun, dass ich trotzdem ab und zu für mich alleine sein will. Morgen können wir uns auch gerne sehen, du kannst abends vorbeikommen. Aber heute bitte nicht."

Enttäuscht gab Milan nach, was sollte er auch sonst tun?

Allgemein änderte er sein Verhalten ziemlich radikal – zum Positiven. Wenn er sich mit mir verabredete, so konnte ich mich mittlerweile darauf verlassen, dass er zumindest nicht erst spät in der Nacht erschien, sondern tatsächlich zu einer humanen Zeit. Die Wochenenden verbrachten wir ohnehin gemeinsam bei mir und alles lief prima.

Aber es gab da ja auch noch die andere Schiene, auf der ich mich weiterbilden wollte: der Bereich der Psychologie und therapeutischen Tätigkeit.

Seit ich ein Teenager war, hatte ich mir gewünscht, Psychologie zu studieren. Als Schulabbrecherin nach der 11. Klasse und ohne Abitur war das für mich jedoch nicht ohne Weiteres realisierbar.

Aber deshalb meinen Wunsch zu begraben – das kam für mich überhaupt nicht in Frage. Es musste eine Möglichkeit geben, mein Abitur nachholen und im Anschluss daran vielleicht studieren zu können. Neben meiner Arbeit, versteht sich.

Mag sein, dass dies für Außenstehende ziemlich verrückt geklungen haben muss – eine gelernte Steuerfachangestellte, die Psychologie studieren will – aber ich hatte es mir in den Kopf gesetzt und wollte das durchziehen. Komme, was wolle.

Die Ruhe, die ich in meiner eigenen Wohnung hatte, gab mir Kraft und Energie, die ich nun zielgerichtet umwandeln wollte. Das Internet machte es mir leicht, innerhalb kürzester Zeit etliche Möglichkeiten zu finden, wie ich meinen Plan angehen konnte.

Am überzeugendsten und für mein Ziel, meinen Zeitrahmen und meinen Geldbeutel am passendsten, schien mir, das Fachgebundene Abitur in eineinhalb Jahren über das Telekolleg anzugehen. Mit einer Gebühr von insgesamt ungefähr 500 Euro verteilt über den gesamten Zeitraum war es für mich gut finanzierbar.

Der Lehrplan für diese Ausbildung über Telekolleg ist so gestaltet, dass Berufstätige oder im Allgemeinen Personen, für die der Besuch einer Abendschule schlecht möglich ist, ebenfalls eine Chance auf den Abschluss haben.

Die Basis wird durch die Pflichtfächer Deutsch, Englisch oder Französisch, Geschichte, Sozialkunde, Mathematik und Physik (Bereich: Mechanik) gebildet. Hinzu kommen die Fächer, die je nach Fachrichtung variabel sind; in meinem Fall „Sozialwesen" waren das Biologie und Psychologie. Alternativ gibt es noch die Fachrichtungen „Technik" und „Wirtschaft".

So wie es einen Stundenplan in jeder normalen Schule gibt, genauso besteht dieser Stundenplan beim Telekolleg aus den Fernsehsendungen, die von Montag bis Samstag zu einer bestimmten Zeit, einmal früh morgens und in der Wiederholung abends, über den Bayrischen Rundfunk ausgestrahlt werden.

Das ist dann beispielsweise so, dass man montagabends eine Stunde in Deutsch präsentiert bekommt. Diese Stunde entspricht einem kompletten Kapitel im dazugehörigen Begleitbuch, das daraufhin durchgearbeitet werden muss.

Dienstags könnte dies dann Mathe sein, mittwochs Chemie, was wiederum den Fachbereich Sozialwesen nicht betrifft und somit für mich nicht relevant war, was sozusagen einem freien Abend gleichkam. So gestaltet sich die gesamte Woche und die Fächer wechseln über die gesamten vier Trimester. Ein Trimester dauert circa dreieinhalb Monate.

Zusätzlich zu den Sendungen ist eine Teilnahme am Präsenz-Unterricht Pflicht, der alle 14 Tage angesetzt ist. Dieser findet samstags in einer ganz normalen Schule statt – bei mir war das in den Räumen der Berufsschule Kaiserslautern. Auch dieser Schultag folgt dann einem richtigen Stundenplan und es werden Fragen besprochen, die bei der Bearbeitung der Fachkapitel aufgetaucht sind. Außerdem müssen zu diesen Terminen festgelegte Hausaufgaben erledigt sein, die dann abgegeben und von den Fachlehrern korrigiert werden.

Per Newsletter bekommt man Lerntipps für jedes Fach geschickt, in der weitere Erklärungs- und Lösungsmöglichkeiten für die Hausarbeiten aufgezeigt werden.

Unbestritten bedarf es bei diesem Weg zum Fachgebundenen Abitur einer gehörigen Portion Selbstdisziplin und Organisationsfähigkeit. Denn man ist im Endeffekt komplett auf sich gestellt und eigenverantwortlich.

Mich schreckte dieser Umstand aber nicht im Entferntesten ab, denn ich bin ohnehin eher der Lerntyp, der sich Dinge im selbstbestimmten Tempo beibringt.

Nach einem einzigen sehr informativen Gespräch mit einer Mitarbeiterin des Telekollegs war die Sache für mich geklärt. Ich meldete mich sofort an und der Vorkurs, der für mein relativ begrenztes Mathematik-Wissen empfehlenswert war, begann parallel zur Rescue-Diver-Fortsetzung im März.

Ich war so aufgeregt! Ab März würde es richtig rund gehen. Neue Herausforderungen, der Aufbruch in eine Zeit mit neuen Zielen.

Für Milan eröffnete sich ebenfalls vollkommen zufällig eine neue Perspektive.

Als wir Ende Januar in einem Spielzeugladen in Kaiserslautern nach einer Kleinigkeit für Milans Nichte suchten, sprach uns am Eingang ein Mann an, der dort an einem Stand einen Internet-Anbieter bewarb.

Das Lustige an der Situation war, dass Milan ihm sehr spezifische Fragen stellte, wodurch der Mann vollkommen ins Schleudern geriet. Allerdings war er schlau genug, Milan seine Karte zu geben und ihn wissen zu lassen, die Firma wäre immer auf der Suche nach kompetenten Mitarbeitern, die sich in diesem Bereich auskannten.

So kam es, dass Milan kurze Zeit später selbst einen solchen Stand für den Internet- und Telefonanbieter betrieb – und das auf Anhieb äußerst erfolgreich. Denn eins musste man ihm lassen: er konnte sehr gut mit Menschen umgehen und hatte schlichtweg Ahnung von dem, was er erzählte. Das zahlte sich aus und Milan stieg in Rekordzeit in eine Gruppenleiter-Position auf.

Dafür blieb sein Studium weiterhin liegen, denn die neue Arbeit nahm sehr viel Zeit in Anspruch. Er war aber mehr als zufrieden und hochmotiviert und man konnte förmlich spüren, dass er etwas gefunden hatte, was wie für ihn gemacht schien.

Während er eine Konstante hinsichtlich des Geldverdienens gefunden hatte, erfuhr ich von einer Neuigkeit, die an der Standfestigkeit meiner neuen Pläne rüttelte.

Ich war bereit, meine ganze Energie in den nächsten Monaten in die Tauchausbildung und das Telekolleg zu stecken und daher kam die nachfolgende Nachricht für mich denkbar unpassend.

”

BGH: Täter war heimtückisch

Umfassende Rechtsfehler beim Kasseler Gericht – nun Verfahren wegen Mordes

Von Frank Thonicke

KASSEL. Der Mordfall Sigrid B. muss neu aufgerollt werden. Das hat gestern der Bundesgerichtshof (BGH) in Karlsruhe entschieden. Er hob damit das Urteil des Kasseler Landgerichts auf und gab der Revision des Staatsanwaltes statt. Jetzt muss erneut vor dem Kasseler Landesgericht verhandelt werden. Zuständig ist diesmal die erste Strafkammer. Der Mordfall Sigrid B. hatte in Guxhagen und im ganzen Schwalm Eder-Kreis für Aufsehen gesorgt und ist noch heute Gesprächsstoff. Das Ehepaar B. war weithin bekannt – unter anderem war man in Guxhagen im Karnevalsverein aktiv.

Die sechste Strafkammer des Kasseler Landesgerichts hatte im November 2003 Rüdiger B. (51) wegen Anstiftung zum Totschlag an seiner Frau Sigrid (46) zu zwölf Jahren Haft verurteilt. Rüdiger B. wollte seine Frau aus dem Weg räumen, weil er nach einem Scheidungsverfahren hohe Unterhaltskosten fürchtete und die jüngste Tochter haben wollte. Rüdiger B. beauftragte mit der Suche nach einem Mörder den Letten Maris C. Dessen Freund Jakob G. führte die Tat schließlich aus. Er ermordete Sigrid B. mit zwölf Messerstichen. Für die Tat hatte er von Rüdiger B. 1000 Euro erhalten. Damit bezahlte er Drogenschulden, kaufte Lebensmittel und ein altes Mofa. Jakob G. war vom Kasseler Landesgericht wegen Mordes zu lebenslanger Haft verurteilt worden, Maris C. hatte neun Jahre und sechs Monate erhalten. Zu einer lebenslangen Strafe für Rüdiger B. konnte sich das Landesgericht Kassel nicht entschließen. Es sah keine niedrigen Beweggründe vorliegen. Der BGH kritisierte das Kasseler Urteil scharf und hob es auf. Es lägen „weit reichende und umfassende Rechtsfehler vor“, sagte die Vorsitzende Richterin, Dr. van der Pleitjen. So habe

Rüdiger B. als Anstifter ebenso heimtückisch und aus niederen Beweggründen gehandelt wie Jakob G., der den Mord ausführte. Dr. van der Pleitjen: „Deshalb ist Rüdiger B. wegen Anstiftung zum Mord ohne Strafmilderung zu verurteilen."

Zu vermuten ist nun, dass Rüdiger B. nach einem neuen Urteil in Kassel lebenslang hinter Gitter muss.

Staatsanwalt Kai-Uwe Breitner, der in Kassel die Anklage vertreten hatte und gestern in Karlsruhe war, meinte nach der Urteilsverkündung: „Wir sind außerordentlich zufrieden."

Der Verteidiger von Rüdiger B., Klaus Brand (Spangenberg), will nun die schriftliche Urteilsbegründung abwarten, sagte er uns in Karlsruhe. Die Entscheidung des BGH empfand er spontan als „dickes Ding".

Quelle: HNA | 13.01.2005

Es war also noch lange nicht zu Ende, es ging weiter. Und jetzt ging es in der Revision um lebenslänglich.

Vielleicht ist es nicht leicht nachzuvollziehen, was in mir vorging. Aber auf eine bestimmte Art und Weise fühlte ich mich genervt. Ich wollte endlich mit all dem abschließen und zwar auch ganz offiziell.

Jetzt aber sollte der gesamte Fall noch einmal neu aufgerollt werden, denn der Bundesgerichtshof hatte das erste Urteil mit der Verurteilung zu 12 Jahren für nichtig erklärt. Dadurch stand ein vollkommen neuer Prozess an, mit erneuten Zeugenladungen, und alles würde noch einmal von vorne durchgekaut werden.

Ich war es leid.

Es sollten bis dahin jedoch noch einige Monate ins Land gehen und so konzentrierte ich mich vorerst auf meine eigenen Pläne.

Der Vorkurs für das Telekolleg startete im März, und es war für mich mehr als nötig, daran teilzunehmen. Immerhin lagen meine Mathematik-Kenntnisse schon eine ganze Weile brach und eine wirkliche Leuchte war ich in dem Fach noch nie. Mathe zählte aber zu den Hauptfächern, die es über die gesamte Kollegzeit zu lernen galt.

Durch den Vorkurs konnte ich mich auf einen akzeptablen Wissensstand bringen und alles Schulwisssen wieder hervorkramen. Und den Rescue-Diver Kurs nutzte ich dann, um abzuschalten und Spaß zu haben.

Aber auch der Gedanke an die NLP-Ausbildung, über die ich mich im Vorjahr bei Matthias Schwehm informiert hatte, ließ mich nicht los. Das ganze Konzept gefiel mir unheimlich gut und auch mit Matthias lag ich auf einer Wellenlänge.

Kurzerhand machte ich Nägel mit Köpfen: ich kontaktierte ihn erneut und freute mich, dass er sich noch an mich erinnerte. Der nächste Basis-Kurs würde im kommenden Juli starten und das passte hervorragend in meinen Zeitplan. Ich schrieb mich für die Ausbildung ein.

Auch der finanzielle Teil war rasch zwischen uns geklärt: eine Abzahlung in ganz kleinen Raten über die gesamte Ausbildungsdauer von eineinhalb Jahren war trotz Pfändungen möglich.

Der Sommer kam, und so langsam rückte die Revisionsverhandlung gegen meinen Vater näher. Natürlich wirbelten die Gedanken darüber in meinem Kopf herum. Aber es bildete nicht den Mittelpunkt meines Lebens.

Außerdem stand noch eine große Feier bevor: Jerko und Julia wollten im Juni heiraten. Auch wenn ich nicht mehr mit im Haus wohnte, so luden sie mich doch ganz selbstverständlich zu den Feierlichkeiten ein.

Ich hatte ein mulmiges Gefühl, da ich unsicher war, wie Milans Mutter mir gegenübertreten würde. Diese Befürchtungen gab ich auch ganz klar zum Ausdruck, als ich mit Julia telefonierte. Immerhin wollte ich unter gar keinen Umständen die Hochzeitsfeier zerstören.

Sie aber beruhigte mich und versicherte mir, ich bräuchte mir keine Gedanken zu machen. Die Männer des Hauses hatten Milans Mutter bereits angekündigt, dass ich auf jeden Fall mit dabei sein würde und sie sich benehmen und zurückhalten solle.

Aber es war nicht zu übersehen, wie Milans Mutter mich während der gesamten Feier am liebsten mit ihren Blicken getötet hätte. Ich tat, als würde ich es nicht bemerken, war aber heilfroh, Milan an meiner Seite zu haben. Er sicherte mir zu, mir würde nichts passieren.

In einer Art Gemeindesaal trafen sich alle Gäste nach dem offiziellen Teil zum Essen und besseren Kennenlernen. Immerhin waren eine Menge Menschen aus der Verwandtschaft angereist, die ich noch nie zuvor gesehen hatte, und ich hatte keinen blassen Schimmer, was Milans Mutter denen schon über mich erzählt hatte.

Ich war wirklich aufs Äußerste angespannt und verunsichert. Ich hatte nur im Kopf, auf gar keinen Fall zu riskieren, dass diese Hochzeit in schlechter Erinnerung blieb, weil es zwischen der Mutter und mir zu einem Eklat kam. Milan nahm mir diese Angst stückchenweise, indem er mich wahrhaftig so vielen der Freunden und Verwandten wie möglich persönlich vorstellte.

Nach und nach taute ich auf und die mir bis dahin völlig unbekannten Leute waren ausnahmslos überaus freundlich zu mir. Ich begann zu scherzen und zu lachen und niemand schien ein Problem mit mir zu haben.

Fast niemand.

Die meisten hatten bereits ihre Kuchenstücke gegessen und ich unterhielt mich ausgelassen mit meinen Tischnachbarn. Wir hatten eine Menge Spaß.

Bis auf einmal Milans Mutter aus der Küche auf mich zuraste, als ich auf dem Weg zur Toilette war, und wie närrisch auf mich einschrie und schimpfte: „Hau endlich ab! Du gehörst hier nicht her, du wirst niemals zur Familie gehören!!!"

Ich wusste nicht, wie mir geschah und bog entsetzt im Laufschritt in Richtung Ausgangstür ab, während mir das Herz bis zum Hals schlug.

Die Küche, in der sie kurz zuvor noch das Geschirr stapelte, grenzte unmittelbar an den großen Festsaal an, weswegen alle, die dort saßen, ihren Wutausbruch sozusagen von den Logenplätzen aus mitbekamen.

Ich wollte am liebsten im Boden versinken, so unglaublich peinlich war mir das alles. „Lassen Sie mich doch endlich in Ruhe, ich habe Ihnen nichts getan!", versuchte ich mich zu verteidigen, während sie mich aus der Halle vor die Tür drängte.

Das hatten doch alle mitbekommen? Warum half mir denn niemand?

Milan, Jerko und Julia stürmten herbei, bekamen die Mutter an der Ausgangstür zu fassen und hielten sie davon ab, mich weiter nach draußen zu verfolgen. Von lauten, wüsten Beschimpfungen auf deutsch und kroatisch aber konnten sie sie nicht abhalten. Andere Gäste kamen hinzu und der Vater hatte alle Hände voll zu tun, die Gäste zu beruhigen und nach drinnen zu bugsieren.

Es war einfach zutiefst beschämend für mich, obwohl ich rein gar nichts dafür konnte.

Ich stand vor dem Gemeindehaus, zitterte und spürte, wie mir Tränen in die Augen stiegen.

Genau das hatte ich vermeiden wollen: es sollte der schönste Tag im Leben von Jerko und Julia sein und nicht mit Erinnerungen daran verknüpft, wie die Mutter wieder einmal völlig ausflippte, nur weil ich in der Nähe war.

„Ich habe doch gar nichts gemacht!", schluchzte ich.

„Das sagt doch auch keiner, wir wissen doch, wie sie ist", versuchte Milan mich zu beruhigen, während er mich in den Arm nahm.

„Aber was denken die denn jetzt alle von mir? Nachher meinen die noch, ich hätte sie irgendwie geärgert oder provoziert."

„Nein", versicherte er mir, „niemand denkt das. Sie hatte die ganze Zeit schon vor sich hin gemeckert und meine Verwandten meinten auch, sie solle es jetzt mal gut sein lassen. Es hat ihr nicht gepasst, wie freundlich die anderen zu dir waren und wie du dich auf Anhieb gut mit allen verstanden hast. Das hat ihr schon gereicht."

Es brauchte einige Überzeugungskraft von Milan und dem Brautpaar, damit ich nicht sofort nach Hause in meine sicheren vier Wände fuhr, sondern noch einmal mit in den Festsaal kam.

Als ich den Saal wieder betrat, hatte ich das Gefühl, alle würden mich anstarren. Freilich bildete ich mir das nur ein, denn als ich mich auf meinen Platz setzte, kamen umgehend einige Bekannte und Verwandte der Familie und versicherten mir, ich bräuchte mir keine Sorgen zu machen. Keiner könne das Verhalten der Mutter verstehen und ich solle mir davon nicht die Laune verderben lassen.

Das beruhigte mich ein bisschen, und so blieb ich noch ein wenig, bevor ich mich kurze Zeit später doch auf den Heimweg machte, was jeder verstehen konnte.

Ich nahm mir fest vor, dass dies das letzte Mal gewesen sein sollte, an dem ich dieser Frau begegnete. Es sollte jetzt ein für allemal Schluss mit den Attacken sein, das Thema „Milans Mutter" war für mich erledigt!

Niemand konnte mich zu einem weiteren Kontakt zwingen, ich hatte meine eigene Wohnung, mein eigenes Leben und ich wusste, es würde mir ohne dieses ganze Theater um einiges besser gehen.

Mittlerweile war es Juli und für den 4. Juli 2005 war der Revisionsauftakt vor der 1. Großen Strafkammer des Landgerichtes Kassel angesetzt.

Dieser Prozess würde nur noch gegen meinen Vater geführt werden, denn der Anstifter sowie der Mörder selbst hatten ihre Urteile hingenommen, waren rechtskräftig verurteilt und saßen ihre Strafe im Gefängnis ab.

Ich erfuhr, dass gegen meinen Vater nun wegen Anstiftung zum Mord, und nicht wie bei seiner vorherigen Verurteilung wegen Anstiftung zum Totschlag, verhandelt wurde. In diesem Zusammenhang würden nun sogar die Mordmerkmale Habgier, Heimtücke und niedere Beweggründe geprüft werden. Denen sei in der ersten Verhandlung vor zwei Jahren nicht genügend Beachtung geschenkt worden, lautete die Begründung des Bundesgerichtshofes.

Mein Vater selbst verweigerte nach wie vor jede Aussage. Er verlas ausschließlich dieselbe Erklärung, die er bereits einen Monat vor der ersten Verurteilung im November 2003 abgegeben hatte. Grob zusammengefasst: er habe mit der ganzen Sache nichts zu tun.

Auch während dieser Zeit kamen wieder Postkarten von ihm, die ich völlig unbeachtet und unbeantwortet ließ. Innerhalb dieses Prozesses würde ich erneut meine Zeugenaussage machen müssen und ich wollte generell so wenig wie möglich mit dem ganzen Geschehen zu tun haben.

Egal, was die rechtliche Begründung für die Revision wegen Verfahrensfehlern gewesen war. Für mich war klar: die Urteilsbegründung hatte sich für mich vollkommen plausibel und schlüssig dargestellt. Daran konnte auch ein vermeintlicher Verfahrensfehler nichts ändern.

Meine NLP-Ausbildung begann, parallel dazu liefen meine Rescue-Diver-Ausbildung und nach den Vorkursen würden im August auch die Kurse für mein Fachgebundenes Abitur beim Telekolleg starten. Ich war mir bewusst, es würde eine Menge Arbeit werden, denn ich hatte ja noch meine Vollzeit-Anstellung im Büro.

Trotzdem freute ich mich wie ein kleines Kind auf alles, denn ich wusste tief in mir, dass diese Ausbildungen in die vollkommen richtige Richtung führten. Und wenn das für mich bedeutete, mich zu organisieren, um alles unter einen Hut zu bekommen, dann sollte es eben so sein. Das machte mir keine Angst.

Milan brachte in dieser Zeit das Thema meiner Insolvenz auf den Tisch und wollte von mir alles haarklein erzählt und erklärt bekommen. Wir setzten uns zusammen und ich beschrieb ihm anhand meiner Unterlagen, wie alles zustande gekommen war und was die Insolvenz für mich finanziell und im Alltag allgemein bedeutete.

Ich vermutete, er wolle dies einfach einmal grundlegend im Detail verstehen und machte mir daher keine weiteren Gedanken darum.

Aber nur ein paar Tage später begann er eine anfangs allgemeine Unterhaltung in die Richtung der Insolvenz zu lenken, was ich zunächst nicht verstand.

„Ich habe mir da mal was durch den Kopf gehen lassen", begann er das Gespräch. „Mit wie viel Geld würden deine Gläubiger dich aus dem Insolvenz-Verfahren entlassen? Oder besser gesagt: ist so etwas überhaupt möglich?"

Ich war überrascht.

„Ähm ... ehrlich gesagt, weiß ich das gar nicht. Diese Möglichkeit hab ich gar nicht in Betracht gezogen, weil ich eh kein Geld habe. Ich müsste mal bei meinen Treuhändern nachhaken. Wieso?"

„Naja, ich hab' mir überlegt, wie es wäre, wenn ich dir einen gewissen Betrag zur Verfügung stellen würde, mit dem man das alles abkürzen könnte. Also, wenn das überhaupt geht, meine ich. Frag da doch mal morgen nach, das würde mich interessieren."

„Soll das heißen, dass du mir Geld geben willst, damit ich aus dem Verfahren rauskomme? Hast du überhaupt so viel Geld?", hinterfragte ich doch sichtlich perplex.

Damit hatte ich so gar nicht gerechnet. Schließlich war ich bisher immer auf der Schiene „Ich packe das irgendwie schon alleine!" gefahren und hatte ihn nie um Geld angepumpt. Natürlich legten wir hier und da zusammen, gerade, wenn es um die Kurzurlaube ging.

Aber nicht im Traum wäre mir eingefallen, ihn um eine größere Summe zu bitten, damit er mich aus der Insolvenz auslöst.

Milan informierte mich: „Es gibt da noch so eine Möglichkeit. Bei mir liegt noch eine größere Geldsumme brach, so etwas in der Art wie ein Bausparkonto. Damit käme ich unter Umständen ran. Aber es kommt natürlich darauf an, wie hoch der Betrag sein müsste."

„Und das würdest du tatsächlich tun wollen, obwohl du weißt, dass wir in der Vergangenheit nicht immer eine leichte Beziehung hatten?" Irgendwie konnte ich nicht glauben, dass er das ernst meinte.

Aber er schob direkt eine Begründung hinterher: „Klar hatten wir es nicht immer einfach miteinander. Aber mal ehrlich, ich habe das Bedürfnis, da auch irgendwie wieder etwas gut machen zu wollen. Die Sache mit meiner Mutter, mit Dara ... ach, da ist einfach so viel blöd gelaufen. Und wenn ich es kann, dann würde ich dir da gerne helfen."

Ich versprach ihm, mich am nächsten Tag direkt darum zu kümmern und das Büro der Treuhänder zu kontaktieren.

Diese waren verständlicherweise sehr erstaunt über mein Anliegen, und ich erklärte ihnen, was Milan mir vorgeschlagen hatte.

Innerhalb weniger Tage stellten sie eine Tabelle zusammen, aus der ersichtlich wurde, welche Beträge durch die Lohn-Pfändungen sowie die Einkommensteuer-Erstattungen zusammengekommen waren. Auch aus zwei anstehenden Verkäufen der Immobilien meiner Eltern würden noch Einnahmen hinzukommen. Alles in allem wies das Treuhand-Konto daher ein stolzes Sümmchen von etwas mehr als 33.000 Euro auf.

Gut für mich. Denn, so erklärte mir eine Mitarbeiterin der Treuhand-Gesellschaft, die Gläubiger rechneten sich logischerweise aus, was sie von mir noch erwarten könnten, wenn das Verfahren weiterliefe. Dem gegenüber stellten sie den zu erwartenden Schuldenabtrag, wenn ein Verfahren vorzeitig beendet wird.

Es drehte sich schlussendlich also alles darum, wie die Gläubiger am sichersten zu möglichst viel Geld kommen.

Jetzt musste also ganz genau ausgerechnet werden, wie hoch der Zuschuss sein müsste, damit die Gläubiger einer vorzeitigen Verfahrensbeendigung zustimmen würden.

Im Revisionsprozess kam es am 19. Juli 2005 zu einem wichtigen Termin, denn ich musste erneut vor Gericht eine Aussage machen.

Von Beginn an stellte ich klar, dass ich am liebsten alles hinter mir lassen mochte und mich an viele Dinge mittlerweile auch nicht mehr erinnern könne, weil alles nun schon mindestens drei Jahre zurück lag.

Demzufolge bestand diese Zeugenaussage auch zum größten Teil daraus, mir Teile meiner Aussagen aus der letzten Verhandlung vorzulesen und mich dazu zu befragen, ob ich diese immer noch so bestätigen würde.

Das tat ich auch bei fast allem.

Aber als es um meine Einschätzung ging, wie mein Vater und meine Mutter sich während ihres Scheidungsverfahrens verhalten hatten, relativierte ich meine frühere Stellungnahme.

„Sie sagten damals", zog der vorsitzende Richter das Protokoll-Blatt hervor, „Ihre Mutter habe im Scheidungsverfahren alle Kompromisse abgelehnt. Würden Sie diese Äußerung heute ebenso machen?"

Ich überlegte ganz genau, was ich nun sagen würde. „Wissen Sie, alle Informationen, die ich über die Scheidung meiner Eltern bekam, stammten von meinem Vater. Zu meiner Mutter hatte ich den Kontakt bereits ein Jahr zuvor abgebrochen und ich lebte damals schon seit knapp zehn Jahren nicht mehr zu Hause, sondern mein eigenes Leben 300 Kilometer entfernt.

Da ich meinem Vater vertraute, ging ich davon aus, er würde mir in diesen Dingen die Wahrheit sagen, wenn wir uns bei Telefonaten oder dem Osterbesuch 2002 über die Scheidung unterhielten."

Ich schluckte. „Heute ist mir klar, dass ich an sich alles nur aus der Ferne beobachtet habe und blind dem glaubte, was mir mein Vater berichtete. Ich war zu keinem Zeitpunkt in das Geschehen integriert, im Gegensatz zu meiner Schwester Alissa. Daher kann ich dazu nichts weiter sagen."

Kurz danach wurde ich aus dem Zeugenstand entlassen und verließ den Saal.

Nie wieder würde ich meinen Vater sehen wollen.

Er war mein Vater, ja. Für mich aber nur noch biologisch. Schon Jahre zuvor hatte ich begonnen, ihn distanzierter „Papa" zu nennen, statt „Daddy" wie während meiner Kindheit. Und zuletzt war er letztlich nur noch „mein Vater" gewesen.

Die Presse allerdings interpretierte allein dadurch, dass ich während der Aussage meinen Vater eben als „meinen Vater" bezeichnete, ich würde immer noch zu ihm halten. Meine Schwester Alissa nannte ihn immerhin nur „Herr Baumann" und das schien für die Zeitung eine völlig klare und vor allem korrekte Orientierung zu sein.

Mir war das aber zu affig und ich war es leid, gegen irgendwelche Unterstellungen anzukämpfen. Sollten sie schreiben, was sie wollten; ich wusste, was ich dachte, und hatte mit ihm abgeschlossen. Lange bevor dieser Revisionsprozess begann.

Und nur das zählte für mich.

Ich bin mir sicher, dass das auch meinem Vater spätestens an diesem Tag klar wurde.

Die Hauptzeugen aus der ersten Verhandlungen wurden alle noch einmal geladen, aber ich bekam außer den Presseberichten nichts davon mit. Zu sehr hatte ich mich von allem abgewandt und den Kontakt zur Familie abgebrochen, bis auf den zu meiner Schwester Amélie.

Einen Monat später geschah dann völlig unerwartet das Unfassbare: mein Vater gestand!

Die Staatsanwaltschaft und die Verteidigung meines Vaters hatten sich offenbar auf einen Deal geeinigt: Sollte mein Vater sich geständig zeigen, wird er wegen Anstiftung zum Mord zu einer lebenslangen Freiheitsstrafe verurteilt, jedoch verzichtet der Staatsanwalt auf die Anlastung der besonderen Schwere der Schuld.

Die Verteidigung meines Vaters erkannte offenkundig den Ernst der Lage und ließ ihn wissen, er müsse im Falle der besonderen Schwere der Schuld mit einer Haft von mindestens 20 Jahren rechnen. Die Andeutung seines Anwalts, er würde das Gefängnis dann wahrscheinlich „erst im Zinkkasten" verlassen, zeigte ihm, wie ausweglos seine Situation war.

Er stimmte der Vereinbarung zu.

Dennoch war er selbst in dieser eindeutigen und unausweichlichen Situation noch überheblich genug, mir durch seine Anwälte ausrichten zu lassen, er habe allein aus taktischen Gründen gestanden. Nur, damit ihm nicht die besondere Schwere der Schuld angelastet werden würde, habe er sich dazu überreden lassen. Denn ansonsten würde er sich die Chance, nach 15 Jahren auf Antrag in den offenen Vollzug wechseln zu können, definitiv verspielen. Nach wie vor lege er seinem Anwalt und der Familie gegenüber Wert darauf, dass er unschuldig sei.

Es war so lächerlich, so unglaublich absurd, dass ich nur laut gelacht habe, als ich es hörte.

Nach all den Jahren meinte er offensichtlich immer noch, alle um sich herum manipulieren und für dumm verkaufen zu können. Wie monströs musste seine Selbstgefälligkeit sein? Wie fast schon krankhaft von sich überzeugt musste dieser Mensch sein, um allen Ernstes zu glauben, jemand würde ihm diese Märchen noch abkaufen?

Wenn ich unschuldig bin, werde ich niemals im Leben einen Mord gestehen – das war und ist bis heute meine Meinung.

Aber nur eins war jetzt noch wichtig: es war vorbei. Und diesmal endgültig.

”

„Mit Dreck auf seine Frau geworfen“

Mordfall Sigrid B.: Ehemann Rüdiger legt nach jahrelangem Leugnen ein Geständnis ab

Von Frank Thonicke

KASSEL. Am kommenden Mittwoch wird das Landesgericht Kassel das Urteil gegen Rüdiger B. (51) verkünden, doch der Schuldspruch steht seit gestern fest. Es wird lauten: lebenslange Haft wegen Anstiftung zum Mord an seiner Ehefrau Sigrid (46). Denn nach jahrelangem Lügen und Leugnen hat Rüdiger B. Gestern ein Geständnis abgelegt. Er gab zu, seinen Bekannten Maris C. damit beauftragt zu haben, einen Mörder für seine Frau zu finden. Jakob G., ein Freund von Maris C., hatte Sigrid B. dann in Guxhagen (Schwalm-Eder-Kreis) mit zwölf Messerstichen getötet.

Rüdiger B. war dafür bereits im November 2002 zu zwölf Jahren Haft verurteilt worden. Der Bundesgerichtshof hatte das Urteil aber aufgehoben. Zu milde, befanden die Karlsruher Richter.

Nun wird Rüdiger B. mindestens für 15 Jahre hinter Gitter müssen. Eine Schwere der Schuld, die die Haft drastisch verlängern würde, wird das Kasseler Landgericht nicht feststellen. Denn dem Geständnis ging eine Absprache zwischen Verteidigung und Staatsanwaltschaft voraus: Gibt Rüdiger B. die Anstiftung zum Mord zu, wird die Staatsanwaltschaft nicht auf die Feststellung der Schwere der Schuld plädieren.

In dem Geständnis, das Rüdiger B. von seinem Verteidiger Klaus Brand verlesen ließ, schilderte der Angeklagte seine Ehe als Hölle auf Erden. Er habe schnell gemerkt, dass Sigrid B. nicht seine große Liebe gewesen sei und habe seit 14 Jahren eine Geliebte gehabt. Immer wieder habe ihn seine Frau beleidigt, beschimpft und gedemütigt, sie sei auch gegen ihn gewalttätig geworden. Zudem fürchtete er, er könne seine jüngste Tochter Amélie durch eine Scheidung verlieren. Den einzigen Ausweg aus dieser Situation sah Rüdiger B. darin, seine Frau zu beseitigen. Er zahlte Maris C. 1000 Euro für den Mord.

Die Erklärung sorgte für Empörung im Gerichtssaal. Rechtsanwalt Oliver Schleck, als Nebenkläger Vertreter der jüngsten Tochter: „Die Erklärung bestand zu 70 Prozent daraus, dass der Angeklagte Dreck auf seine Frau geworfen hat." Die Plädoyers werden am kommenden Mittwoch ab neun Uhr gehalten. Danach wird das Urteil verkündet.

Quelle: HNA | 05.08.2005

Lebe, als würdest du morgen sterben.
Lerne, als würdest du ewig leben.
Mahatma Gandhi (1869–1948, indischer Rechtsanwalt, Widerstandskämpfer)

11

Die Treuhand-Gesellschaft teilte mir im August mit, es bestünden gute Chancen, das Insolvenzverfahren mit einem Zuschuss von einmalig 10.000 Euro vorzeitig beenden zu können. Jeder der Gläubiger würde in diesem Fall in etwa 70 % ihrer Ansprüche ausgezahlt bekommen und das entspräche einem wirklich passablen Anteil, wie die Treuhänderin meinte.

Selbstverständlich würde jeder einzelne angeschrieben und um Zustimmung zur Beendigung gebeten werden müssen. Aber sie rechnete mit positiven Antworten. Der weitere Verlauf hinge dann davon ab, wann das Geld durch meinen Lebensgefährten bereitgestellt werden könnte. Dann würde man die weiteren Maßnahmen einleiten.

Das waren tolle Nachrichten!

Es bestand also wahrhaftig die Chance, vorzeitig aus der Insolvenz zu kommen. Das würde bedeuten, ich hätte monatlich mehr Netto-Gehalt zur Verfügung und könnte Milan die 10.000 Euro ebenfalls stückchenweise zurückzahlen. Aber ohne Zeitdruck und mit einem geringeren Betrag als der, der mir monatlich gepfändet wurde.

Ich sah einen wirklich großen Hoffnungsschimmer, dass sich die Dinge endlich für mich zum Guten wenden würden. Und ich war der Überzeugung, es war dafür auch an der Zeit.

Die Monate gingen ins Land und ich musste mir für meine Ausbildungen eine Strategie zurechtlegen. Immerhin hatte ich mir ein ziemlich heftiges Programm aufgeladen: mein Engagement im Rettungs-Taucher-Kurs, die NLP-Ausbildung und mein Fachabitur. Und alles neben der Vollzeit-Anstellung. Dadurch waren einige der Wochenenden doppelt besetzt, meist durch meine NLP-Ausbildung und die Präsenztage des Telekollegs.

Bisher war ich im Telekolleg bei den Fachlehrern positiv aufgefallen, da ich mich durchbiss und eine gewisse Disziplin und Ehrgeiz an den Tag legte.

Ich denke, dieser Umstand kam mir zugute, als ich Ende Januar 2006 den offiziellen Antrag stellte, aufgrund dieser Doppeltermine im anstehenden Trimester nur an jedem zweiten Kollegtag teilnehmen zu dürfen. Generell war dies nämlich nicht so ohne Weiteres möglich, da es eine Pflicht zur Anwesenheit gab.

Ich konnte die betreffenden Wochenenden, um die es ging, anhand des NLP-Ausbildungs-Ablaufs konkret belegen und weil meine Noten es ebenfalls zuließen, wurde mir diese Ausnahmegenehmigung erteilt. So bekam ich alles gut unter einen Hut.

Mitte Februar 2006 ging es dann wieder in puncto der vorzeitigen Insolvenz-Beendigung voran. Milan konnte den Treuhändern den Betrag von 10.000 Euro auf seinem Konto nachweisen und erklärte, dass das Geld ab sofort zur Verfügung stünde.

Ich fragte mehrmals nach, ob er das wirklich tun wolle, aber er sagte jedesmal aufs Neue, ich solle mir keinen Kopf darum machen.

Er verdiente bei seinem Job für den Internet-Anbieter mittlerweile wirklich gutes Geld. Auf einer Reise nach Tschechien, die von diesem Arbeitgeber organisiert wurde, ehrte man Milan sogar offiziell auf der Bühne als einen der erfolgreichsten Vertriebsmitarbeiter seiner Sparte.

Allerdings lief alles nur auf Provisionsbasis und nicht als Festanstellung, was bedeutete: keine Renteneinzahlung und keine Sozialversicherungsabgaben von Milans Arbeitgeber. Ich empfand das als ziemlich unsicher und mir war nicht ganz wohl bei der Sache, gerade in Bezug auf eine eventuelle zukünftige Familienplanung.

In diesem Monat würde er 35 Jahre alt werden, hatte sein Studium immer noch nicht abgeschlossen und lebte von seinen diversen Nebenjobs. Nun war er gewiss alt genug, um zu wissen, was er tun sollte und was nicht. Aber unser beider Vorstellung von einer gemeinsamen Zukunft lief in diesem Punkt doch merklich in verschiedene Richtungen und wir rasselten deshalb öfter aneinander.

Ich nahm mir vor durch viele fundierte Ausbildungen, meinen Traum einer eigenen kleinen Praxis im psychotherapeutischen Bereich zu verwirklichen – und das innerhalb kürzester Zeit. Denn mittlerweile stand für mich fest, dass ich dies und nichts anderes tun wollte. Milan hingegen schien so gar keinen konkreten Plan für die Zeit zu haben, die auch nur eine Woche über den nächsten Standort für seine Präsentationsbox des Internet-Anbieters hinaus ging. Denn er genoss es jeden Tag aufs Neue, nicht zu wissen, wo er morgen verkaufen würde.

Hier waren unsere Lebenseinstellungen völlig gegensätzlich. Ich hatte mir ein Konzept gebastelt, das ich Stück für Stück in den nächsten Jahren abarbeiten wollte, um mein Ziel zu erreichen.

Ich plante, einige Grundausbildungen zu absolvieren, auf die ich nach und nach viele Zusatzqualifikationen aufstocken würde. Wie ein Handwerkskasten mit vielen Werkzeugen für verschiedene Anliegen. Welche das im Detail sein würden, wusste ich noch nicht genau, aber ich hatte eine grobe Ahnung.

Als zweiten Grundpfeiler wollte ich neben dem NLP eine fundierte Klinische-Hypnose-Ausbildung absolvieren.

Nach den Informationen aus dem Internet und persönlichen Telefonaten fiel die Wahl zuletzt auf ein Institut in München, dessen Inhalte und Zahlungskonditionen, nämlich monatliche Raten, mir entgegen kamen.

Starten würde diese Ausbildung tatsächlich bereits Ende April und für mich bedeutete das, ich würde ungefähr für die Dauer von einem Jahr bis Februar 2007 einmal pro Monat für ein Wochenende in München sein. Ich plante, dafür freitags direkt nach Feierabend von Worms nach München zu fahren, entweder mit dem Zug oder mit dem Auto.

Zum günstigen Übernachten suchte ich mir im Internet eine Unterkunft über einen Bed&Breakfast-Anbieter und traf hierüber auf ein sympathisches Pärchen, die über die Maßen gastfreundlich waren. Ich reservierte das gemietete Zimmer im Voraus für die gesamten Ausbildungswochenenden in München und bekam dadurch noch einmal einen Preisnachlass.

Endlich lief alles rund, ohne irgendwelche Stolpersteine, und zudem blieb alles für mich finanzierbar, wenn ich gut haushaltete und die nicht gepfändeten Teile von Urlaubsgeld, Zuschüssen und Weihnachtsgeld in die Raten mit einplante.

Milan passte das alles überhaupt nicht. Weder, dass ich mir meinen Plan für die nächsten Jahre konstruierte, und schon gar nicht die Wochenenden in München. Es gab richtig Zoff deswegen. Er würde dadurch keine Kontrolle mehr über mich haben, nörgelte er herum.

Ich gab ihm Recht.

Was sollte ich auch sagen? Es stimmte ja. Aber ich hatte nicht länger vor, mich von ihm oder sonst irgendjemandem kontrollieren zu lassen.

Und wenn ich ihm sagte, er bräuchte mir das Geld nicht zur Verfügung zu stellen, wenn er denkt, deshalb über mich bestimmen zu können, winkte Milan daraufhin jedesmal ab. Er wolle die 10.000-Euro-Zahlung aus diesen Diskussionen heraushalten, sagte er. Das stehe für ihn auf einem anderen Blatt und ich solle ihm das Stück für Stück zurückzahlen, wie wir es vereinbart hatten. Daher lief in Bezug auf die Verfahrensbeendigung einfach alles weiter wie geplant, was mich wirklich verwunderte. Und hinsichtlich meiner Ausbildungen ließ ich mir von ihm nicht hineinreden und beharrte auf meinem Plan, aber in unserer Beziehung sah ich zunehmend keine Zukunft mehr.

Mir fehlte nun noch der dritte anvisierte Grundpfeiler meiner Planung: der Heilpraktiker für Psychotherapie.

Ein Ausbildungsinstitut, auf das ich im Internet stieß, bot einen Start Anfang Mai an und die Vorbereitung auf die Heilpraktiker-Prüfung dauerte ungefähr ein halbes Jahr. Der Hauptteil bestand im Selbstlernen aus vielen Büchern und Kursunterlagen, weswegen dieser Kurs im Gegensatz zu vielen anderen Anbietern auch extrem schnell absolviert werden konnte. Einmal im Monat gab es feste Schulungszeiten in Frankfurt am Main, die von freitagnachmittags bis sonntagabends dauerten.

Ich organisierte für diese Zeiten ebenfalls ein kleines Bed&Breakfast-Zimmer und die Sache war geritzt. An den betreffenden Freitagnachmittagen würde ich mir ab mittags Urlaub nehmen, damit ich direkt von der Arbeit nach Frankfurt zur Schulung fahren könnte.

Meine Wochenenden waren somit zukünftig komplett mit meinen Ausbildungen verplant und es war eine Riesenportion Glück dabei, dass sich nur einige wenige der Schulungswochenenden der Hauptausbildungen überschnitten. Unter der Woche würde ich abends viel lernen und Hausaufgaben machen müssen.

Erst jetzt schien Milan klar zu werden, dass ich durchaus in der Lage war, mir meine eigenen Beschäftigungen zu suchen und nicht jedes Wochenende auf ihn in meiner Wohnung warten würde.

Denn bisher lief es eher umgekehrt: er war derjenige, der andauernd unterwegs und terminlich verplant war, wie damals beim kurzfristigen Skifahren im Stubai-Tal, und ich musste mich nach seinen Aktivitäten richten. Und nicht selten wartete ich auch umsonst auf ihn, weil bei ihm irgendetwas dazwischenkam und er unsere Verabredung dann kurzfristig absagte.

Zukünftig würde sich dies ins Gegenteil drehen und es war nahezu unmöglich für Milan, damit umzugehen. Nach und nach wurde ihm bewusst, wie ich seinem Einfluss entglitt und mir nach all den endlosen Diskussionen meinen eigenen Weg suchte. Und dies bei Weitem zielorientierter und disziplinierter als er. Ab jetzt hatte ich meine Termine und er musste schauen, wie ich ihn in mein Leben integrierte. Nicht mehr umgekehrt.

Ich richtete mir einen strikten Lernplan ein, in dem ich neben den einzelnen Präsenztagen alle Prüfungen, Klausuren und abzuliefernde Hausarbeiten vermerkte.

Zwischenzeitlich hatte ich meinen Rettungstaucher-Schein erfolgreich abgeschlossen. Somit blieb jetzt noch das fachgebundene Abitur sowie die NLP-Ausbildung, beide in Kaiserslautern, die Hypnose-Ausbildung in München und die Ausbildung zum Heilpraktiker für Psychotherapie in Frankfurt am Main. All das zog nach sich, dass ich in meiner Zeiteinteilung für die Lehrgangstage Prioritäten setzen musste.

Die niedrigste Wichtigkeit setzte ich dabei auf die Kollegtage des Fachabiturs. In einem erneuten Schreiben an die Fachlehrer teilte ich mit, ich könnte im dritten Trimester an keinem einzigen und im vierten Trimester nur an einigen Präsenztagen teilnehmen. Das war sehr heikel, denn ohne die Teilnahme an diesen

Samstagen wurde man im Normalfall nicht zu den Abschlussklausuren zugelassen.

Eine persönliche Unterredung mit dem Leiter des Kaiserslauterner Telekollegs folgte und ich erörterte ihm meinen Ausbildungsplan für 2006 und 2007.

Staunend und nicht minder beeindruckt besah er sich meinen Plan und meinte mit hochgezogenen Augenbrauen: „Also ganz ehrlich, da wollen Sie sich ja wirklich die volle Ladung geben, oder? Wenn das nicht Multitasking ist, was dann? Man könnte ja meinen, Sie würden nächstes Jahr sterben und wollten noch so viel wie möglich mitnehmen."

Ich überlegte kurz und legte den Kopf schief. „Sagen wir es mal so: vor nicht allzu langer Zeit wurde mir durch mehrere Ereignisse bewusst, wie schnell das Leben vorbei sein kann. Ich nenne es deshalb eher Effizienz: aus wenig Zeit das Größtmögliche herausziehen."

Er lachte und bestätigte: „Nun, wenn ich irgendjemandem zutraue, das zu packen, dann sind Sie das. Außerdem lässt Ihr bisheriger Notendurchschnitt wirklich erahnen, dass Sie das Telekolleg auch ohne die Präsenzsamstage bewältigen. Also von mir aus geht das klar. Sehen Sie aber bitte zu, Ihre Hausaufgaben-Bögen immer rechtzeitig an die einzelnen Fachlehrer zu senden und zu den Klausuren da zu sein. Immerhin dauert das Telekolleg ja auch noch bis nächstes Jahr Januar."

„Selbstverständlich mache ich das, ist doch klar!", gab ich freudig zurück, glücklich über die tatsächliche Genehmigung meines Sonderantrages.

Als wäre ein innerer Startschuss für meinen neuen Lebensweg gefallen, sprintete ich hochmotiviert und aufgeregt im Mai in meinen Ausbildungs-Marathon.

Nicht wenige erklärten mich für verrückt und fragten, warum ich mir dies in dieser geballten Form antun würde. Aber ich wollte einfach so schnell wie möglich meine eigene Praxis eröffnen können. Ich stand derart unter Strom, dass ich froh war, meine Energie endlich ins Lernen stecken zu können.

Die Treuhänder schrieben in dieser Zeit meine Gläubiger an und boten ihnen unter Einbeziehung der 10.000 Euro einen Vergleich an, damit das Insolvenzverfahren beendet werden konnte. Bisher lief der Fortschritt in diesem Punkt doch eher zäh.

Auf einmal aber schien alles zu laufen, ganz leicht und unbeschwert. Und es war ein großartiges Gefühl!

Milan überraschte mich zeitgleich dazu mit einer einwöchigen Last-Minute-Reise nach Mallorca. Am 1. Juni würde der Billigflieger gehen und wir würden einfach mit einem Mietauto die Insel erkunden und spontan in kleinen Pensionen übernachten.

Es soll nicht undankbar klingen, aber ich verspürte nicht die geringste Lust, eine Woche mit ihm dort zu verbringen. Zu sehr hatten wir uns gerade in den letzten Wochen auseinandergelebt, und unsere ehemals gemeinsame Blickrichtung schien zusehends auseinanderzudriften.

Ganz davon abgesehen ließ mein enger Lern-Zeitplan solche ungeplanten Auszeiten ohnehin nur schwer zu.

Aber ich wollte nicht zicken und vielleicht sollte es ja tatsächlich noch einmal eine Chance dafür sein, uns zusammenzuraufen. Und dann wollte ich nicht diejenige sein, die dem im Weg stand.

Meine Vermutung bestätigte sich jedoch leider. Wir sahen zwar einige wundervolle Fleckchen Erde auf der Balearen-Insel und tourten die gesamte Küste entlang, eine Annäherung zwischen uns gab es dessen ungeachtet jedoch nicht. Daher stand für mich in gewisser Weise bereits auf Mallorca fest, dass ein Weiterführen unserer Beziehung keinen Sinn mehr machte.

Zu verschieden hatten Milan und ich uns in den letzten Monaten entwickelt. Zu unterschiedlich waren unser beider Auffassungen einer Zukunftsplanung, zu viel war passiert, was hässliche Narben hinterlassen hatte. Die leidige Geschichte mit seinen Eltern, aber auch durch mein verlorenes Vertrauen in ihn, weil er mich so oft belogen und im Regen stehen gelassen hatte.

Zwei Wochen, nachdem wir wieder zu Hause waren, bekam ich ein Schreiben der Treuhand-Gesellschaft. Ich zitterte, als ich das Kuvert öffnete und betete innerlich, es sollte keine schlechte

Nachricht sein. Irgendwann musste doch auch Schluss sein mit all den energiezehrenden Dingen in meinem Leben.

Meine Treuhänderin teilte mir mit, alle Gläubiger hätten dem vorgeschlagenen Vergleich zugestimmt und mein Insolvenzverfahren sei nun tatsächlich nach viereinhalb Jahren beendet.

Exakt zum 6. Juni 2006, dem vierten Todestag meiner Mutter.

Absolut unwiderruflich, ohne dass jemand überraschend vorbeikommen könnte und die Hand nach Geld bei mir aufhalten würde.

Der endgültige Beschluss würde mir später vom Amtsgericht direkt zugestellt werden, aber meine Treuhänderin wollte mich bereits vorab informieren.

Dieses Gefühl war überwältigend, gleichzeitig so unwirklich, und die ganze Anspannung entlud sich in Erleichterungs-Tränen. Diese erdrückende Last auf meinen Schultern schien nun wahrhaftig weg zu sein. Ich war finanziell wieder vollkommen frei! Ich konnte durchatmen, ganz tief, ganz langsam. Ich heulte vor Freude alles hinaus und wusste gar nicht, wem ich zuerst Bescheid geben sollte. Am liebsten hätte ich es in die Welt hinausgeschrien.

All das war letztendlich nur möglich gewesen, weil Milan mir das Geld zur Verfügung gestellt hatte. Ansonsten hätten die Pfändungen noch mehrere Jahre gedauert.

Ich rief ihn an, konnte kaum in Worte fassen, welche Freude in mir vorging, und Milan versprach, am Abend vorbeizukommen, damit wir das Ereignis ein bisschen feiern könnten.

Dass er sich verspätete, wäre keine echte Überraschung gewesen, aber dass er überhaupt nicht kam, sehr wohl.

Und es wäre gelogen, wenn ich sagen würde, es hätte mir nichts ausgemacht. Denn es machte mir sehr wohl etwas aus – das Gefühl zu haben, andere Dinge waren offensichtlich wichtiger als dieser wirklich außergewöhnliche Tag.

Dies war ein weiterer Tropfen ins Fass der Beziehungskrise, das mittlerweile gefährlich hoch gefüllt war und kurz vorm Überlaufen stand. Und im kommenden Monat kamen weitere hinzu, denn er verfiel wieder in sein altes Muster, bei dem er meinte, kommen und gehen zu können, wie es ihm beliebte, ohne Rücksicht auf mich oder irgendwelche Absprachen.

Mitte Juli hatte ich die Nase gestrichen voll!

Im Laufe einer weiteren, mittlerweile üblichen Streiterei zog ich die Notbremse und beendete die Beziehung. Ich konnte und wollte einfach nicht mehr. Diese ganzen Unzuverlässigkeiten waren mir zu viel und passten nicht in meine Welt, die ich mir gerade aufbaute.

Und wie immer nahm Milan meine Entscheidung nicht für voll, wie er eindrucksvoll in den darauffolgenden Tagen unter Beweis stellte. Er schrieb SMS, er rief mich an und er stand sogar vor meiner Wohnungstür.

Bis ich ihm nochmals verdeutlichte, dass ich keinen Scherz gemacht hatte und es endgültig aus war.

Nach und nach, mit ein paar Tagen Verzögerung, schien er es langsam zu begreifen.

Aber dennoch weigerte er sich anfangs, die Trennung voll und ganz zu akzeptieren. Er setzte sich in den Kopf, mich zurückzugewinnen. Die morgendlichen Rosen unter den Scheibenwischern meines Autos waren nur ein Teil seiner Umwerbungen, bei denen er mir immer wieder beteuerte, wie sehr er mich liebte.

Doch dieses Mal blieb ich standhaft. Allein deshalb, weil ich wusste, es würde mit uns beiden auf Dauer niemals eine harmonische und stressfreie Beziehung geben. Und im Endeffekt hätten wir beide nichts davon.

Den bis heute beeindruckendsten Aufwand betrieb er jedoch auf einmal hinsichtlich der Beziehung zwischen seiner Mutter und mir.

An einem Spätsommertag berichtete mir meine Vermieterin, als ich nach Hause kam, ein etwas älteres Ehepaar hätte bei mir geklingelt und wollte mich sprechen.

Sie hatte dann nachgefragt, um was es ginge, und die beiden erklärten, sie wollten ein Geschenk für mich abgeben. Aufgrund meiner Erzählungen konnte meine Vermieterin eins und eins zusammenzählen, ahnte, es müsse sich wohl um Milans Eltern handeln, und nahm das Päckchen nicht an.

Ich rief Milan sofort an und er bestätigte den Besuch seiner Eltern in meiner Wohnung. Er habe seinen Eltern klar gemacht, sie wären beide mit dafür verantwortlich, dass unsere Beziehung in die Brüche gegangen war. Milan verlangte anscheinend mit einer nie gekannten Vehemenz, beide sollten sich bei mir für ihr Verhalten entschuldigen, und zwar persönlich.

Jetzt war ich baff. Damit hatte ich nun so gar nicht gerechnet.

Aber ich war nicht da gewesen, um seine Eltern zu empfangen. Gerne wäre ich bereit gewesen, endlich in Ruhe über alles zu reden und Frieden mit der angespannten Situation zwischen Milans Mutter und mir zu schließen. Die Chance dazu ergab sich jedoch nicht noch einmal.

Trotz allem beharrte ich felsenfest auf meinem Entschluss, dass die Trennung die richtige Entscheidung gewesen war, und ließ mich nicht erweichen.

Dieses Mal nicht.

Ich weiß nicht, wie oft ich Milan noch begegnete, aber er verschwand nach und nach aus meinem Leben, bis er überhaupt nicht mehr präsent war.

Die geliehenen 10.000 Euro hat er auf den Cent genau von mir in Ratenzahlungen zurückerhalten. Ich wollte ihm nichts schuldig bleiben und bin ihm bis heute zutiefst dankbar, dass er mir in dieser Not geholfen hat, auch nach unserer Trennung fair blieb und mir Zeit zur Rückzahlung ließ.

Bei allen Unzuverlässigkeiten, die er an den Tag legte: solch ein Verhalten ist nicht mehr bei allen Menschen selbstverständlich.

Liebe besteht nicht darin, dass man einander ansieht,
sondern dass man gemeinsam in die gleiche Richtung blickt.
Antoine de Saint-Exupéry (1900–44), frz. Flieger und Schriftsteller

12

In diesem Sommer 2006 eröffnete ich meine erste kleine Praxis. Zwar erst nebenberuflich und als „Anwärterin Heilpraktiker für Psychotherapie", aber es war ein erster Schritt in Richtung meines beruflichen Traumes. Hierfür mietete ich mir eine supergünstige kleine Wohnung in einem Nachbarort, weil meine Vermieter keinen Kundenverkehr in ihrem Haus wünschten. Das respektierte ich.

Meine NLP-Ausbildung schloss ich im August mit einer Prüfung ab und die anderen Lehrgänge – Fachabitur, Hypnosetherapeutin sowie Heilpraktikerin – liefen noch. Für Letztere gibt es zweimal pro Jahr die Möglichkeit, eine Prüfung abzulegen, einmal im März und ein weiteres Mal im Oktober. Im Oktober stand also eine aktuelle Abnahme an, jedoch wollte ich mir lieber noch ein halbes Jahr mehr Zeit lassen. Gerade so durchkommen war nicht mein Ziel. Wenn ich schon die Zulassung erlangen wollte, dann auch mit Bravour. Und wegen der Belastung durch die anderen Ausbildungen konnte ich einfach nicht genug Zeit in den therapeutischen Lehrstoff stecken, um meinem Anspruch an mich selbst gerecht zu werden.

Irgendwann in diesem Spätsommer meldete ich mich aus Neugier bei einer Partnerbörse im Internet an. Die Fernsehwerbungen für friendscout24 hatten bei mir voll ins Schwarze getroffen und so wollte ich das einfach mal ausprobieren. Ich war schon längst nicht mehr der Typ, der nächtelang durch die Diskotheken oder Clubs zog. Das ließ mein straffer Lehrplan auch gar nicht zu. Somit waren meine Gelegenheiten, einen Mann kennenzulernen, eher rar gesät.

Ich muss sagen, es war wirklich eine unglaublich witzige Erfahrung, denn ich lernte eine Menge netter Menschen kennen. Und nicht nur Männer, sondern auch lustige Frauen, mit denen ich witzige Unterhaltungen per Chat führte. Von echten, tiefgehenden Freundschaften konnte keine Rede sein, aber das war auch vorrangig gar nicht mein Ziel. Ablenkung sollte es mir bringen, und zwar zeit- und ortsunabhängig. Und dafür war das Partnerportal wie geschaffen.

Es gab tatsächlich auch drei oder vier Männer, die mein Interesse soweit geweckt hatten, dass ich mich mit ihnen für ein reales Treffen verabredete. Letztendlich blieb es aber bei diesem lockeren Kennenlernen und jeder ging wieder seiner Wege. Da konzentrierte ich mich doch besser auf mein Lernen. Immerhin standen gegen Ende des Jahres die letzten Klausuren für mein Fachabitur an, für die ich noch einmal alles geben musste.

Als ich diese hinter mich gebracht hatte, stattete ich nach der Arbeit einem Reisebüro in Worms einen Besuch ab: ich wollte mich für die letzten anstrengenden Monate und Jahre belohnen und mir gleichzeitig selbst ein Zeichen setzen, dass 2007 für mich der Start in eine neues Leben sein sollte. Kurzentschlossen buchte ich für kommenden März einen zweiwöchigen Ägypten-Urlaub. Einzelzimmer gab es nicht und daher nahm ich ein Doppelzimmer für mich allein. Die Vorfreude war unglaublich: ich ganz allein, einfach nur erholen, faulenzen und tauchen. Das hatte ich mir meiner Auffassung nach wirklich verdient.

Am 27. Januar 2007 war Zeugnisausgabe für mein Fachabitur und ich war unglaublich stolz, einer der verbliebenen neun von ehemals 35 gestarteten Schülern zu sein, die das Telekolleg bis zum Schluss durchgezogen hatten. Und mit der Durchschnittsnote von 2,2 war ich durchaus zufrieden.

Mein abendliches Lernen für die Schule fiel jetzt weg und ich hatte ein bisschen mehr Luft für die verbliebenen Ausbildungen, aber auch für die Internet-Partnerbörse. Ich chattete abends ausgelassen und schaute zwischendurch immer wieder einmal, wer durch sein Profil mein Interesse weckte. Bei den Suchkriterien, die ich hierbei angegeben hatte, ließ ich das Feld für „Entfernung zu dir" frei, da ich dies für nicht wichtig erachtete. Was waren heutzutage schon ein paar hundert Kilometer? Und sollte ich hier tatsächlich auf den Richtigen treffen, würde dies ohnehin keine Rolle spielen. Dafür gab es immer Lösungen.

Am 31. Januar fiel mir ein Profil ins Auge; „onliner57", wie er sich nannte, hatte mehrfach einen ganz wichtigen Punkt in seinem Profil erwähnt, der mich sofort aufhorchen ließ: er tauchte. Offenbar mit derselben Leidenschaft wie ich, denn so bestand für ihn nach seinen Angaben der Traumurlaub aus Wrack- und Mittelmeer-Tauchgängen.

Den schrieb ich an! Mit dem Betreff „Oh, ein Taucher!" eröffnete ich den Monolog, stellte mich kurz vor, und lud ihn dazu ein, sich bei Interesse einfach einmal mein Profil anzuschauen.

Was er wohl tat, denn nur einen Tag später, am 1. Februar, hatte ich eine Antwort mit dem Betreff „Oh, eine Taucherin!" im elektronischen Postfach. Und da ich gerade vor dem Laptop saß, als diese eintrudelte, lud ich ihn zu einem Chat ein.

Zu Beginn klärten wir für uns die Frage, warum wir uns noch nie auf dem Portal begegnet waren, obwohl wir beide „Tauchen" in das Suchfeld „Gleiche Interessen" eingegeben hatten und beide auch schon einige Monate registriert waren. Wir stellten fest, dass ich vorher noch nie explizit nach Tauchern gesucht hatte und er wiederum eine räumliche Begrenzung von 100 Kilometern voreingestellt hatte. Von ihm aus lag – nach Angabe von friendscout24 – mein Wohnort exakt 101 Kilometer entfernt. Wegen dieses einen Kilometers wären wir uns also tatsächlich fast nicht begegnet.

Wir waren uns vom ersten Satz an sympathisch und lagen komplett auf einer Wellenlänge. Er hatte dieselbe Art schwarzen Humors wie ich und aufgrund unseres Hobbies hatten wir von vorneherein so viel Gesprächsstoff, dass wir damit hätten Wochen füllen können. Ich hatte an diesem Abend aber noch einen Termin mit Babe und somit verabredeten wir uns für einen Chat am nächsten Abend.

Volker, wie onliner57 in Wirklichkeit hieß, war überpünktlich und ließ mich keine Sekunde warten, nachdem ich mich mit meinem Profil eingeloggt hatte. Wir schrieben wieder hin und her und die Themen schienen uns nicht auszugehen. Nach kurzer Zeit meinte Volker, ich hätte ihn nun doch ziemlich neugierig gemacht und er würde gerne einmal meine Stimme hören.

Nun gab ich meine Telefonnummer prinzipiell an niemanden weiter, den ich im Internet kennenlernte. Aber aus irgendeinem

Grund vertraute ich ihm. Mit dem Hinweis, ich wäre heute wirklich sehr müde und höchstwahrscheinlich nicht mehr lange ein aufmerksamer Gesprächspartner, begannen wir gegen 21 Uhr ein erstes Telefonat.

Ich war baff, als ich ihn hörte, denn zu einem guten Aussehen, das ich den Bildern entnehmen konnte, hatte er auch noch eine äußerst angenehme Stimme.

Was folgte, war ein Telefonmarathon von rekordverdächtiger Länge. Innerhalb der kommenden neun Stunden telefonierten wir unsere Telefone abwechselnd bis zur Akku-Erschöpfung, weshalb wir während des Gesprächs auf die Handys auswichen. Und wenn deren Akkus leer waren, so waren in der Zwischenzeit wieder die der Festnetz-Telefone geladen und einsatzbereit.

Erst um 6 Uhr am Samstagmorgen waren wir beide kaum mehr in der Lage, die Augen offen zu halten, und gaben zu, es wäre langsam an der Zeit, zu schlafen. Nicht ohne uns gegenseitig das Versprechen abzunehmen, uns auf jeden Fall in ein paar Stunden am Samstagabend real zu treffen. Ich verstieß erneut gegen meine geltenden Prinzipien, gab ihm meine Adresse und bat ihn, mich abzuholen, damit wir in einem Café in Kaiserslautern etwas trinken könnten.

Als Volker auf die Minute genau an meiner Tür klingelte, war ich so nervös wie schon ewig nicht mehr. Ich öffnete ihm und konnte nicht anders, als dem völlig verdutzten, großgewachsenen Mann um den Hals zu fallen, so verbunden fühlte ich mich mit ihm bereits jetzt. Er hatte mir sogar ein Geschenk mitgebracht: einen schlicht verpackten und mit Muscheln beklebten Tauchkalender.

Es war ein toller Abend, der wie im Flug vorbeiging. Die obligatorische gegenseitige Frage, ob wir uns den anderen anhand der Bilder auch so vorgestellt hatten, fiel beiderseitig positiv aus. Dennoch war ich offen genug, ihm zu sagen, dass ich bei Männern eher Kurzhaarfrisuren statt längerer Haare, wie er sie trug, bevorzugte. Aber das war ja nun wirklich ein winziges zu vernachlässigendes Detail, wen kümmerte schon eine Frisur, wenn alles andere passte?

Als er mich wieder nach Hause brachte, kam er noch schnell mit nach oben in meine Wohnung, weil wir eine Frage, an die ich mich heute nicht mehr erinnere, in unserem Gespräch nicht klären konnten und diese per Suchmaschine nachschauen wollten. Kurze Zeit später verabschiedete er sich, denn er hatte schließlich noch 101 Kilometer nach Hause zu fahren.

Als ich ihn zum Abschied an meiner Wohnungstür wieder umarmen wollte, zog er mich kurzerhand völlig überraschend an sich und küsste mich.

„Das musste jetzt einfach sein!", war sein einziger Kommentar, während er frech grinste. So lange war es her, seit ich das letzte Mal Schmetterlinge im Bauch gespürt hatte. Aber das Warten hatte sich gelohnt: es kribbelte überall und wollte gar nicht mehr aufhören.

In der folgenden Woche telefonierten wir jeden Abend miteinander. Zwar nicht wieder neun Stunden am Stück, aber wir hatten uns so viel zu erzählen, dass eine Stunde nicht ausreichte. Durch diese vielen Gespräche erfuhren wir in verhältnismäßig kurzer Zeit so viel voneinander, und es fühlte sich schon bald so an, als würden wir uns schon jahrelang kennen. Ich bekam Volker nicht mehr aus dem Kopf und eine tiefe Vertrautheit baute sich auf, wie ich sie vorher noch nicht erlebt hatte. Wir verabredeten ein nächstes Treffen für den kommenden Samstag.

Den Abend zuvor traf ich mich mit Babe und wir machten seit Ewigkeiten mal wieder einen Ausflug in einen Club. Ich erzählte ihr ganz aufgeregt von Volker und wie ich es selbst kaum glauben konnte, so schnell so sehr in einen Mann verschossen zu sein. Gegen halb drei Uhr nachts beendeten wir langsam unseren Frauen-Abend und ich war immer noch völlig aufgedreht.

Volker hatte mir nachmittags per SMS viel Spaß mit Babe gewünscht und mitgeteilt, er würde sich freuen, wenn ich ihn noch anriefe, sobald ich heimkäme – egal um wie viel Uhr. Ich verabschiedete mich von Babe und sagte ihr, ich würde jetzt spontan noch 101 Kilometer fahren – ich wollte Volker sehen! Sie lachte, wünschte mir gute Fahrt und freute sich für mich.

Ich traf gegen halb vier Uhr in Weiterstadt ein und als ich vor Volkers Haustür stand, rief ich ihn an.

„Hi!", rief er ebenso erfreut wie müde ins Telefon, „das ist aber lieb, dass du tatsächlich noch anrufst. Bist du jetzt zu Hause von deinem Frauen-Abend mit Babe? Habt ihr Spaß gehabt?"

„Nun, wie man's nimmt …", gab ich schmunzelnd zurück.

„Was heißt ‚Wie man's nimmt'? War's nicht gut?"

„Doch, doch. War sehr lustig. Aber ich bin nicht zu Hause."

„Bist du nicht? Wo bist du denn dann? Ist alles in Ordnung?"

„Jaja. Also …", druckste ich rum, „wenn du jetzt nach draußen kommst, dann würde ich vor deiner Tür stehen."

„Ist nicht wahr!" Volker lachte und klang freudig überrascht.

„Doch, ist wahr", lachte ich ins Telefon.

„Du bist jetzt mitten in der Nacht von Kaiserslautern hierher gefahren? Du bist ja echt verrückt!" Und ich hörte praktisch, wie er strahlte.

„Mag sein, ja."

„Ich bin gleich unten! Muss mir nur schnell etwas anziehen."

Nur ein paar Augenblicke später sah ich, wie Volker aus der Haustür über den Hof gelaufen kam, in Jogginghose, T-Shirt und mit Baseball-Kappe auf dem Kopf. Ich stieg aus meinem Auto, das ich unter einer Straßenlaterne geparkt hatte, und lächlte ihn an.

„Da ist sie … verrücktes Huhn!" Er kam auf mich zu und nahm mich sofort in den Arm. Er gab mir einen Kuss und weil sie ein bisschen störte, zog ich ihm die Baseball-Kappe ab.

Ich riss die Augen auf und musste laut lachen. „Du … du hast dir die Haare geschnitten???"

Volker schmunzelte und fuhr sich mit der Hand von der Stirn bis zum Nacken: „Und, gefällt's dir besser?"

„Perfekt!", grinste ich.

Und wir küssten uns wieder.

Von diesem Tag an waren wir unzertrennlich, wir sahen uns jeden zweiten Abend und wenn wir uns nicht treffen konnten, telefonierten wir miteinander. Ich erzählte ihm von meinem gebuchten Ägypten-Urlaub im nächsten Monat und fragte ihn, ob er nicht spontan Lust hätte, mitzufahren.

„Na klar, warum nicht?", antwortete er und ich gab ihm die Nummer der Dame im Reisebüro. Ich hatte ja das Doppelzimmer und Volker und ich klärten von Anfang an, dass – sollten wir dort Krach bekommen – er derjenige wäre, der sich um eine neue Unterkunft kümmern würde. Aber diese Gedanken waren – wie sich herausstellte – völlig unnötig.

Die Frau vom Reisebüro rief mich vor Volkers Zubuchung an, um sich rückzuversichern: „Ähm, da möchte sich ein Herr mit in Ihr Doppelzimmer einbuchen. Er sagt, Sie wüssten davon. Geht das in Ordnung?"

„Und ob es das geht!"

Ursprünglich hatte ich ja geplant, die Heilpraktiker-Prüfung im März abzulegen. Aber ich genoss im Februar einfach viel lieber jede Minute, die ich mit Volker verbringen konnte, anstatt zu lernen. Außerdem gab es niemanden, der mich zu irgendetwas hetzte oder drängte. Daher verschob ich den Prüfungstermin auf Oktober und freute mich auf einen wundervollen Tauchurlaub Ende März zusammen mit meinem Schatz.

Ich war im siebten Himmel. Wir ergänzten uns einfach ideal und alles war unglaublich harmonisch. Keine Sekunde gingen wir uns auf die Nerven und selbst wenn wir abends noch etwas in der Bar tranken und der Musik zuhörten, ohne ein Wort zu wechseln, war alles in Ordnung.

Wieder zu Hause angekommen, ging ab da alles ganz schnell: wir fuhren vom Frankfurter Flughafen zu ihm, weil Weiterstadt einfach näher lag und ich noch nicht zu mir fahren wollte. Als ich meine Reisetasche in die Ecke stellte, sagte Volker wie selbstverständlich:

„Warum lässt du deine Sachen nicht einfach gleich hier?"

Ich schaute ihn an und hakte nach, wie er das meinte.

„Naja, also von mir aus können wir zusammenziehen. Aber du müsstest dann schon hierher kommen, wegen meiner Firma."

Volker hatte sich mit einem Kompagnon vor vielen Jahren gemeinsam eine Firma für Spezial-Software aufgebaut. Seine Wohnung lag im selben Gebäude über der Firma.

„Nun, wenn du das ernst meinst ... gekündigt ist meine Wohnung in Kaiserslautern schnell."

„Na, dann mach doch! Worauf wartest du noch?"

Nach all dem, was ich in den letzten Jahren mitgemacht hatte – gerade in Bezug auf meine Ex-Freunde –, sollte man meinen, dass mich meine Erfahrungen von solchen Hals-über-Kopf-Entscheidungen abhalten sollten. Aber das hier war etwas ganz anderes. Das war nicht unüberlegt, das war aus dem Herzen heraus, mit einem reinen, zufriedenen Bauchgefühl. Volker war der Mann meines Lebens – da war ich mir sicher. So sicher wie noch nie zuvor.

Von unserer ersten Mail bis zum Einzug in seine Wohnung vergingen demnach gerade einmal zwei Monate. Aber schon lange nicht mehr hatte sich etwas so richtig angefühlt wie diese Entscheidung.

Auch der Weg zu meiner Arbeit verkürzte sich dadurch sogar etwas, was sehr praktisch war.

Gleichzeitig kündigte ich auch die Praxis, die ich mir im letzten halben Jahr stückchenweise aufgebaut hatte und die gerade zu laufen begann. Auch dafür würde sich eine neue Möglichkeit finden, da war ich mir sicher.

Die Heilpraktiker-Prüfung absolvierte ich dann im Oktober 2007 und auch meine Hypnose-Therapeuten-Ausbildung konnte ich abschließen.

Alles lief optimal, wie es besser nicht hätte sein können. Denn auch mit seiner Familie verstand ich mich vom ersten Augenblick einfach super. Volker hatte noch eine Schwester, die mittlerweile in Österreich lebte und zu der ich sofort einen guten Kontakt aufbaute. Auch seine Eltern waren unglaublich herzlich, wie ich es das letzte Mal bei meinem Freund Christian erlebt hatte.

Im ganzen folgenden Jahr 2008 genossen wir gemeinsam viele Tauchurlaube. Volker und ich erfüllten uns gemeinsam den Traum eines Malediven-Urlaubes, genossen eine Tauch-Safari auf einem Segelschiff sowie Tauch-Trips ans Mittelmeer und an die großen, deutschen Seen. Währenddessen hatte ich Spaß an zahlreichen Fachfortbildungen, bei denen ich vielfältiges Wissen aufsog wie ein Schwamm. Dafür fuhr ich kreuz und quer durch Deutschland und Österreich, um von den Besten ihres Fachs lernen zu dürfen.

Zwischenzeitlich hatte ich mir in einer kleinen Mietwohnung eine kleine neue Praxis eingerichtet und baute so nach und nach mein Klientel auf. Es lief mit jedem Tag besser und die Klienten mehrten sich. Meine Arbeit füllte mich emotional komplett aus und ich war glücklich über jeden Menschen, dem ich helfen konnte.

Auf meiner Arbeit sah das jedoch anders aus. Und auch Volker merkte das.

Er sagte einmal: „Du kommst die ganze Woche abends nach Hause und bist erschöpft, magst am nächsten Morgen nicht aufstehen, um auf die Arbeit zu fahren, und hängst völlig lustlos herum. Und wenn dann nur ein einziger Klient kommt, blühst du auf und sprühst nur so vor Energie und Zufriedenheit."

Und das traf den Nagel auf den Kopf.

Aber den großen, entscheidenden Schritt in eine volle Selbständigkeit zu wagen, dazu fehlte mir einfach der Mut. Zu groß war die Angst vor der finanziellen Unsicherheit. Ein gebranntes Kind scheut das Feuer, heißt es. Meine Insolvenz und alles, was an Entbehrungen damit zusammenhing, würde ich nie mehr vergessen, vor allem aber nicht noch einmal erleben wollen. Volker jedoch ließ mich diesbezüglich nicht in Ruhe. Er redete mir immer wieder gut zu, machte mir Mut und gab mir mit jedem neuen Tag einen kleinen Schubs in die richtige Richtung.

Und Ende November 2008 hatte er es dann tatsächlich geschafft: Ich kündigte meine Vollzeit-Anstellung, um mich ab dem 1. Januar 2009 voll auf meine Praxis zu konzentrieren. Zwar bot sich mir im selben Monat noch die Möglichkeit, eine Teilzeitstelle als Vertriebsmitarbeiterin anzunehmen, doch nach ein paar Tagen Probearbeiten stellte ich schnell fest, dass dies nichts für mich war.

Ich war glücklich, rundum froh und zufrieden, wie ich es in meinem ganzen Leben zuvor noch nie gewesen war. Es gab kein „Aber" und auch keine versteckten Fallen, die irgendwo auf mich lauerten – alles lief perfekt!

So gingen die Monate ins Land und wir genossen unser gemeinsames Leben in vollen Zügen.

Für Mitte September 2009 hatten wir einen Tauchurlaub auf einem Katamaran im Mittelmeer rund um Elba und Korsika gebucht. Nach dieser einen Woche planten wir, noch eine weitere in einer Ferienanlage in Südfrankreich dranzuhängen. Es würde ein toller Urlaub werden, mit vielen Wracks, die wir uns unter Wasser anschauen wollten, und viel Sonne.

Ende August plagten mich aber immer mehr Schlafstörungen und Müdigkeit. Den ganzen Tag über fühlte ich mich schlapp und kam trotz allem nicht zur Ruhe. Ich konnte mir das nicht so recht erklären und schob es auf die Nervosität vor dem großen Urlaub und was ich vorher noch alles erledigen wollte. Auch meine Periode blieb aus, was ja durchaus die Stresstheorie unterstrich.

Irgendwann war mir die Sache dann aber doch zu heikel – gerade, weil ich für den Tauchurlaub völlig fit sein wollte – und ich vereinbarte einen Arzttermin für die folgende Woche, damit er mich einmal durchchecken konnte. Ich weiß nicht mehr genau warum, aber eine innere Stimme sagte mir, ich solle mir vorsichtshalber auch einen Schwangerschaftstest besorgen.

Gleich in der folgenden Nacht, als ich wieder einmal um 4 Uhr hellwach im Bett lag, gab ich mir einen Ruck und verband den nächtlichen Toilettengang mit dem Schwangerschaftstest. Es handelte sich um einen, bei dem man im Display „schwanger" oder „nicht schwanger" ablesen konnte. Denn ich hatte keinen Nerv auch noch irgendwelche komischen Striche oder Schatten interpretieren zu müssen.

Während der Test vor sich hin blinkte, holte ich mir todmüde in der Küche ein Glas Wasser. Ich trank es aus und schlurfte wieder zurück ins Bett. Nach ein paar Minuten fiel mir kurz vor dem Einschlafen wieder ein, dass ich ja den Test gemacht hatte. Ich stand noch einmal auf, ging zurück ins Bad und wollte die Vermutung „nicht schwanger" bestätigt wissen – immerhin eine wichtige Info für den Arzt nächste Woche.

Doch der Test zeigte etwas anderes an.

Wie gebannt starrte ich auf das deutlich lesbare „schwanger" im Display. Kein Schatten – keine Fehlinterpretation möglich. Ich war schwanger. Schlagartig war ich wieder hellwach.

Oh, mein Gott! Damit hatte ich gar nicht gerechnet. So überhaupt gar nicht. Klar, ich nahm schon länger nicht mehr die Pille. Aber seit über einem Jahr gab es noch nie Anlass, einen Schwangerschaftstest zu machen. Es war auch nicht so, dass wir auf Biegen und Brechen ein Kind wollten – wir entschlossen uns einfach dazu, den Dingen ihren Lauf zu lassen. Dennoch hatte ich die Möglichkeit einer Schwangerschaft irgendwie ganz nach hinten gedrängt.

Okay – was sollte ich jetzt als Nächstes tun, um kurz nach vier, mitten in der Nacht? Volker wecken? An sich eine durchaus naheliegende Möglichkeit.

Ich ging ins Schlafzimmer, setzte mich auf seine Bettseite und versuchte, ihn sanft zu wecken.

„Herzchen? Herzcheeeen?"

„Hmmm ...", brummte er vor sich hin.

Ich tastete im Dunkeln nach seiner Hand, die auf dem Kopfkissen lag, nahm sie und legte den Schwangerschaftstest hinein.

„Mach mal bitte das Licht an!", flüsterte ich ihm ins Ohr.

„Was?"

„Mach doch bitte mal das Licht an, Schatz!", wiederholte ich sanft.

„Warum? Was is'n das?", grummelte er verschlafen und tastete nach der Nachttischlampe.

Ich sagte nichts mehr und wartete einfach ab. Das Licht ging an und er blinzelte verschlafen auf das Plastik-Stäbchen in seiner Hand.

Eine Sekunde später fuhr er senkrecht in die Höhe und riss die Augen auf: „Das ist jetzt nicht wahr, oder???"

„Doch – ist es!"

Volker war so glücklich und konnte sich kaum wieder einkriegen. Ich muss gestehen, bei mir sah das etwas anders aus.

Es mag unreif und auch vollkommen egoistisch klingen, aber ich war wütend. Tatsächlich war ich wütend über diese Schwangerschaft. Nicht, *dass* ich schwanger war, sondern dass ich *jetzt* schwanger war. Zwei Wochen vor diesem unglaublich tollen, außergewöhnlichen Tauchurlaub. Denn eins stand fest: schwanger herrscht absolutes Tauchverbot. Ich würde also, während alle anderen sich in den blauen Tiefen die tollsten Wracks anschauten, oben an Deck auf deren Rückankunft warten. Super.

Eine Woche brauchte ich, um mich dann doch über unser Baby im Bauch zu freuen.

Die Schwangerschafts-Übelkeit erwischte mich mit aller Heftigkeit und machte den Urlaub für mich alles andere als erholsam. Aber das gehörte nun einmal bei fast allen werdenden Mamas dazu und ich würde es überstehen. Wenn das der Preis war, den ich zahlen musste, um unser Baby in den Armen zu halten, dann war das durchaus akzeptabel.

Nachdem die Woche auf dem Katamaran zu Ende ging, genossen wir noch den anschließenden Landurlaub in Südfrankreich. Ein Ausflug nach St. Tropez stand mit auf dem Plan und wir nahmen uns dafür einen ganzen Tag Zeit.

Als wir nach einem ausgiebigen Spaziergang im Hafen die tollen Boote bestaunt hatten, legten wir eine kurze Rast auf einer Steinmauer ein. Ungefähr zwei Meter entfernt zog ein alter, volltrunkener Fischer aus seinen tiefsten Eingeweiden gerade irgendwelche undefinierbaren Körperflüssigkeiten nach oben und rotzte sie uns fast vor die Füße. Währenddessen kämpfte um uns herum eine Horde kreischender Kinder um den besten Platz an einem dieser Bezahl-Ferngläser. Die schreienden Maßregelungen der Eltern verpufften hingegen bei diesem Lautstärke-Pegel.

Auf einmal nahm Volker meine Hand, schaute mir tief in die Augen und sagte: „Sag mal, könntest du dir vorstellen, mich zu heiraten?"

Ich biss mir auf die Lippe, um nicht laut loslachen zu müssen, sah mich verschmitzt um und antwortete grinsend: „Das ist aber jetzt nicht dein Ernst, oder? Ich meine, dieses unglaublich romantische Ambiente ist ja fast nicht zu ertragen. Davon werde ich unseren Enkeln noch berichten können."

Volker blickte herum und musste ebenfalls lachen.

„Okaaay, mag sein, dass es hier jetzt vielleicht nicht der ideale Platz ist, aber …"

„Yep," gab ich ihm kichernd Recht, „das hast du wunderbar erkannt. Deshalb schlage ich vor, wir verschieben die Frage einfach ein bisschen, oder?"

„Na gut!", gab Volker sich geschlagen.

Als Nächstes wanderten wir hoch auf die Citadelle de St. Tropez, eine kleine Festung, von der aus man einen atemberaubend schönen Ausblick haben sollte.

Oben angekommen kuschelte ich mich dicht an Volker ran und ließ ganz beiläufig fallen: „Also, das ist doch wirklich schön hier, oder?"

„Ja, echt toll. Dieser Ausblick und dieses blaue Meer, wundervoll! Siehst du da drüben diese …"

„Nicht wahr? Und dazu noch so *romantisch*!!! Das ist doch mal ein wirklich *toller, außergewöhnlicher* Ort, hm?", seufzte ich, himmelte ihn mit dem treuesten Dackelblick an und zog die Augenbrauen hoch.

Volker überlegte kurz und verstand dann blitzartig: „Ach sooo, jaaa, ähm … also, du Schatz? Sag mal, würdest du meine Frau werden wollen?"

Wir mussten beide schallend lachen und ich gluckste nur: „Oh ja, gerne! Mensch, das kam jetzt aber völlig überraschend. Damit hab ich ja gar nicht gerechnet! Hach, so ein überfallartiger Heiratsantrag – unglaublich!"

Ich heiratete meinen Traummann am 27. November 2009, also nur zwei Monate später, und wir beließen es bei einer kleinen Feier. Nicht einmal 30 Gäste inklusive Volkers Familie sowie unseren Freunden und meiner kleinen Schwester Amélie. Eine rein standesamtliche, aber dennoch feierliche Hochzeit, da wir uns in einem kleinen Schlösschen in Weiterstadt trauten. Mein Bauch mit unserem kleinen Baby darin wuchs, aber in mein Brautkleid passte ich noch einwandfrei hinein.

Gegen Abend wurde mir schlecht. Sehr schlecht sogar. So übel, dass ich als Erste meine eigene Hochzeit verließ, weil ich fürchtete mich sonst vor allen Gästen übergeben zu müssen. Meine Schwägerin fuhr mich nach Hause und ich versuchte durch Schlaf der Übelkeit Herr zu werden. Die Schwester meines Mannes erwartete ebenfalls ihr erstes Kind und unsere Babies sollten mit nur drei Monaten Unterschied zur Welt kommen. Ihr Mädchen früher als unser Junge.

Als es mir bis zum nächsten Morgen nicht besser, sondern noch schlechter ging, fuhren wir ins Krankenhaus. Mit Verdacht auf den Noro-Virus wurde ich sofort unter Quarantäne gestellt und musste dort bleiben. Ich hatte Angst um unser Baby, aber man versicherte mir, ihm könne dabei nichts passieren. Nach ungefähr einer Woche wurde ich wieder gesund entlassen.

Und ich wusste nicht, dass mir nur zwei Wochen blieben, um mein vollkommenes Glück zu genießen.

Das Leid brachte die stärksten Seelen hervor.
Die allerstärksten Charaktere sind mit Narben übersät.
Khalil Gibran (1883–1931), libanesisch-amerikanischer Maler, Philosoph und Dichter

13

Ich fühlte mich mittlerweile pudelwohl mit meiner Schwangerschaft. Die erste Übelkeit war völlig verflogen und ich spürte, wie Nico – so wollten wir unseren Sohn nennen – wuchs. Seine Tritte, die man bereits durch meine Bauchdecke sehen konnte, bewunderten wir jeden Abend auf der Couch und wenn er Schluckauf hatte, lächelte ich vor Glück und sprach sanft mit ihm. Ich las Bücher übers Schwangersein, nahm alle Vorsorgeuntersuchungen wahr und schaute mich schon nach dem ersten Kinder-Mobiliar für Nico um. Das Schwangerschafts-Schwimmen machte mir riesigen Spaß und ich lernte nette zukünftige Mütter kennen, mit denen ich mich über die typischen Erst-Mama-Fragen austauschte.

Am 16. Dezember 2009 stand wieder eine Vorsorgeuntersuchung bei meinem Frauenarzt an, mit dem ich auch persönlich befreundet war. Mittlerweile war ich im 6. Monat und Volker war dieses Mal mitgekommen, damit er unseren kleinen Schatz im Ultraschall bewundern konnte.

Wir begrüßten uns alle herzlich und freuten uns auf das „Baby-Kino", wie wir es nannten. Wie üblich wurde mir Blut zur Bestimmung der Hauptwerte abgenommen, ein kurzes Vorgespräch geführt und dann ging es auch schon los.

Die Schwarzweiß-Bilder, die in den letzten Wochen eher Gummibärchen und Erdnüssen glichen, hatten sich tatsächlich zu einem lebendigen kleinen Menschen entwickelt. Wir konnten die kleinen Ärmchen und Beinchen erkennen und mir wurde ganz warm ums Herz.

Plötzlich stockte mein Arzt.

„Hmmm ... warte mal ...", sagte er und besah sich den Kopf genauer.

„Was? Was ist denn? Ist irgendetwas nicht in Ordnung, Winfried?", fragte ich nervös und blickte verängstigt zu Volker.

Der nahm meine Hand und hakte noch einmal nach. „Gibt es irgendwelche Probleme?"

Mein Arzt wurde ernst und brummte erst einmal nur vor sich hin, während er versuchte, die Ultraschallbilder noch schärfer und deutlicher hinzubekommen. „Also, ich sehe da irgendwas, aber mein Gerät ist nicht gut genug, um das genau einordnen zu können. Vielleicht ist ja auch gar nichts, aber hier am Hals, da ist ein seltsamer Schatten. Das könnte eine Art Gewächs sein."

Ich hielt die Luft an und wurde stocksteif. Volker streichelte mir die Hand und behielt nach außen einen kühlen Kopf. „Was für ein Gewächs denn? Kannst du das genauer erkennen?"

„Nein, leider nicht. Aber passt auf, wir machen das so: ich rufe jetzt sofort meinen befreundeten Kollegen drüben im Klinikum an. Zu dem geht ihr, der hat einen 3D-Ultraschall und kann das damit viel besser überprüfen. Ist das okay, habt ihr dafür Zeit?"

„Selbstverständlich haben wir dafür Zeit!", antwortete Volker schnell.

Winfried rief in unserem Beisein seinen Kollegen im Darmstädter Klinikum an, erklärte ihm seine Vermutung und dieser sagte nach kurzer Terminüberprüfung, wir sollten sofort zu ihm kommen.

Ich war verstört, eine unglaubliche Angst schnürte mir die Kehle zu und ich betete im Stillen, dass dieser Schatten nichts zu bedeuten hätte.

Aber der Krankenhaus-Arzt bestätigte an seinem hypermodernen Ultraschall-Gerät den Verdacht meines Frauenarztes, der bereits in der Überweisung an ihn das Wort „Teratom" als Verdacht aufgeführt hatte.

Ein Tumor, so lautete seine Diagnose. Auch er ordnete es als ein Teratom ein, das sich im Halsbereich befand und das er selbst so noch nicht gesehen hatte.

Mir lief es eiskalt den Rücken herunter und Volker wurde blass. Mir schossen tausend Gedanken durch den Kopf, ich hatte furchtbare Angst und brach sofort in Tränen aus.

„Und … und was heißt das jetzt? Was bedeutet das? Was kann man da machen?“, fragte Volker, der hilflos versuchte, das Geschehen logisch einzuordnen und zu strukturieren.

„Ich schlage vor, ich kontaktiere einen Spezialisten in Leverkusen. Professor Bald ist eine echte Koryphäe auf diesem Gebiet und war unser Mentor im Bereich der Tumordiagnostik – meiner wie auch Winfrieds. Wenn einer genau bestimmen kann, um was für eine Art Tumor es sich handelt und ob wir ihn behandeln können, dann ist er es. Lassen Sie mich geschwind anrufen – ich mache das jetzt sofort!“

Der Arzt verschwand in einen abgeteilten, aber einsehbaren Bereich und ließ sich direkt zu dem von ihm genannten Arzt durchstellen.

Nach kurzer Zeit beugte er sich aus dem Telefonseparée hinaus und rief: „Könnten Sie morgen Vormittag in Leverkusen sein? Wir würden Sie dann auch noch zu einem Fetal-MRT nach Solingen schicken und mit den Bildern würden Sie dann nochmals beim Professor vorsprechen.“

„Selbstverständlich machen wir das, gar keine Frage“, gab Volker eilig zurück.

Der Arzt beendete das Gespräch mit dem Professor und erläuterte uns, wie wir jetzt weiter vorgingen:

Am nächsten Vormittag erwartete uns Professor Bald im Klinikum Leverkusen. Nach einem Vorgespräch würde er uns nach Solingen in eine Radiologie überweisen, die bereits über unser Kommen informiert wäre. Mit Hilfe einer Magnetresonanz-Tomographie (MRT) würden von Nico Bilder in meinem Bauch gemacht werden, die praktisch scheibenweise das Tumorgewebe um seinen Hals aufnehmen sollten. Mit diesen Bildern wiederum sollten wir dann wieder zurück zum Professor kommen, damit er alles analysieren und über ein weiteres Vorgehen mit uns beratschlagen könnte.

Am nächsten Morgen, dem 17. Dezember 2009, brachen Volker und ich schon früh morgens nach Leverkusen auf.

Es ist schwer zu beschreiben, was in mir vorging. Ich hatte die Nacht so gut wie kein Auge zugetan und viel geweint. Natürlich hatte ich Angst – eine Heidenangst sogar. Aber da war auch Wut.

Weil wieder einmal etwas schieflief und nicht einfach einmal unkompliziert funktionierte. Und die schiere Verzweiflung, nicht zu wissen, wie es weitergehen würde.

Ich war in der 21. Woche, also im 6. Monat schwanger und ich spürte Nico. Jeden Tag redete ich mit unserem Sohn, streichelte den Bauch und freute mich einfach darauf, dieses kleine Wesen im Mai in meinen Armen halten zu können. Einen Tag vor meinem Geburtstag lag sein errechneter Geburtstermin und ich wünschte mir innerlich, seiner würde mit meinem zusammenfallen. Das wäre das größte Geschenk für mich.

Und auf einmal stand alles auf der Kippe, nach einer ganz normalen Routine-Untersuchung. Nichts war mehr normal und die Ungewissheit, was genau Nico hatte und ob man ihn operieren könnte oder nicht, brachte mich um den Verstand. Mehrmals begann ich unterwegs zu weinen und Volker konnte nicht mehr tun, als mir die Hand zu halten und still mitzuleiden.

Wir betraten das Klinikum und wussten zuerst nicht recht, wohin wir gehen mussten. Als uns eine Dame entgegenkam, die offensichtlich zum Klinikpersonal gehörte, wollten wir sie nach dem Weg fragen. Aber sie kam uns zuvor. Als wären wir die einzigen Menschen an diesem Tag, kam sie uns überaus freundlich und fast schon fürsorglich mit den Worten entgegen: „Sie müssen das Ehepaar Holthaus sein, stimmt's?"

Wir waren baff und bestätigten ihre Vermutung.

„Wir haben schon alles vorbereitet, kommen Sie einfach mit mir mit."

Der Professor der Pränatalmedizin, also der vorgeburtlichen Diagnostik, empfing uns mindestens genauso zuvorkommend und einfühlsam.

Er wusste bereits über alle bisherigen Untersuchungen und die Vermutungen der Kollegen von gestern Bescheid. Als Nächstes, so erklärte er uns, würde er mit seinem Ultraschall noch einmal alles ganz genau begutachten. In aller Ruhe und mit aller zur Verfügung stehender Präzision. Auch um festzulegen, welcher Bereich von der Radiologie in Solingen im Anschluss abgebildet werden müsste, um weitere Entscheidungen zu treffen.

Über eine halbe Stunde lang untersuchte der Professor Nico von Kopf bis Fuß. Dabei konnten wir alles über einen riesengroßen Bildschirm verfolgen, der ungefähr einen Meter in der Diagonale lang war.

Wir sahen unseren Nico. Seine kleinen Füße mit allen fünf Zehen, seine kleinen Hände mit den zerbrechlichen Fingern. Und sein Gesicht, mit einer Mimik wie ein schlafendes Püppchen.

Und wir sahen den Tumor, der rund um den Hals wuchs. Er war unfassbar groß, so groß wie sein halber Kopf.

Wieder begann ich zu weinen, lautlos. Niemand sprach ein Wort. Auch nicht der Professor, der hochkonzentriert arbeitete und Bilder aus allen möglichen Blickwinkeln anfertigte.

Als er fertig war, sagte er: „Wir schauen jetzt mal. Kommen Sie bitte mal mit rüber ins Sprechzimmer und dann zeige ich Ihnen alles."

Der Professor erklärte uns ein paar Minuten später, er würde die Vermutung der Kollegen, es handele sich hierbei um ein Teratom, zu 90 Prozent bestätigen. Er wolle aber auf jeden Fall noch die Ergebnisse des MRT ansehen, um sich ganz sicher sein zu können.

„Wissen Sie, es ist gut möglich, dass sich das Tumorgewebe nur äußerlich um den Hals gelegt hat. Dann wäre es kein Problem, dieses operativ zu entfernen. Sollte es allerdings ebenfalls im Hals-Rachen-Raum gewachsen sein, wird es schwierig. Da möchte ich Ihnen nichts vormachen.

Dennoch muss ich Ihnen sagen, dass der Tumor unheimlich groß ist – jetzt schon. Wenn er noch weitere drei bis vier Monate Zeit hat, bis zum Ende der Schwangerschaft, dann kann das zu massiven Geburtskomplikationen führen. Und das würde nicht nur das Leben des Kindes, sondern auch Ihres gefährden, Frau Holthaus! Sie fahren jetzt bitte erst einmal rüber nach Solingen und kommen dann mit den Bildern wieder hierher."

Ich versuchte aufmerksam zuzuhören und mich zu konzentrieren. Es fiel mir wahnsinnig schwer und ich war so dankbar, Volker an meiner Seite zu haben. Ich hätte es alleine niemals geschafft, auch nur nach Leverkusen zu fahren. Und schon gar nicht, diesen ganzen Alptraum, in den wir so plötzlich geraten waren, durchzustehen.

Auch in Solingen erwartete man uns bereits und war vorinformiert.

Als ich mich auf das Schiebebett legte, über das der riesige Apparat gebaut war, sagte man uns, Volker dürfe sich an mein Kopfende setzen. Wegen des Krachs, den das Gerät machte, mussten wir einen Gehörschutz tragen.

Und dann ging es los.

Schon mit dem ersten dumpfen Paukenschlaggeräusch des Tomographen spürte ich, wie Nico sich unglaublich erschreckte. Er zappelte und trat so heftig, wie er es vorher noch nie getan hatte. Ich schluchzte laut auf und versuchte beruhigend auf ihn einzureden. Aber das nützte nichts. Er wand sich und boxte und kam keine Sekunde mehr zur Ruhe. Ich weinte die ganze Zeit, während Volker mir die Tränen vom Gesicht wischte und mich streichelte.

Weil Nico so unruhig war, hatten die Ärzte Schwierigkeiten, korrekte und aussagekräftige Bilder vom Tumor zu machen. Sie starteten mehrere Versuche, und jeder dauerte eine gefühlte Ewigkeit, bis endlich brauchbare Aufnahmen gelangen.

Kaum stieg ich von der Liege auf, beruhigte Nico sich wieder.

Der Radiologe bat uns noch einmal zum Gespräch, bevor er uns zum Professor nach Leverkusen zurückschickte. Auch er bestätigte die bisherigen Vermutungen der anderen Ärzte. Doch er sah bereits keine Überlebenschance für Nico.

Auf seinen Bildern konnte man erkennen, wie der Tumor tatsächlich den gesamten Hals-Rachen-Raum ausfüllte. Der Arzt äußerte sogar den Verdacht, der Unterkiefer wäre durch den Tumor überhaupt nicht vorhanden. Weitere Bilder zeigten dann aber: Nico hatte einen Unterkiefer, jedoch würde es nach Ansicht des Radiologen für unseren Sohn unmöglich sein, jemals selbständig zu essen oder zu atmen. Alles Weitere wollte er dem Professor und seiner Facheinschätzung überlassen.

Wir fuhren zurück nach Leverkusen. Entsetzt und sprachlos.

Professor Bald empfing uns erneut und besah sich die Bilder, die wir mitbrachten. Zwischenzeitlich hatte er sich mit dem Radiologen besprochen und wusste daher schon über dessen Diagnose Bescheid.

Auf seinem Bildschirm zeigte und erklärte er uns noch einmal ausführlich, was er erkannte.

Und seiner Meinung nach ließ alles nur den einen Schluss zu: wir sollten einen Schwangerschaftsabbruch in Erwägung ziehen.

Es war der Donnerstag, der 17. Dezember 2009 und er sicherte uns zu, er würde sich mit den anderen Ärzten per Videokonferenz noch einmal über Nicos Diagnose austauschen. Viel Zeit blieb ihm dafür jedoch nicht, denn erstens stand das Wochenende vor der Tür und zweitens die großen Weihnachtsferien, in denen seine Kollegen eventuell nicht erreichbar wären.

Der wichtigste Punkt überhaupt aber war, dass Schwangerschaftsabbrüche in Deutschland nur bis zur 24. Woche gestattet sind. Ich war in der 21. und daher drängte auch in dieser Hinsicht die Zeit, eine endgültige Entscheidung zu treffen.

Der Professor gab uns noch Infomaterial über Teratome und Tumore mit, aus denen wir erfuhren, dass es sich einfach um eine schlechte Laune der Natur handelte. So selten, weshalb es Ärzte gab, die während ihrer gesamten Karriere nicht ein einziges Mal ein solches Teratom bei einem ungeborenen Kind zu Gesicht bekamen. Acht Fälle gab es während einer zehnjährigen Studie an 60.000 Frauen – und dieses Mal hatte es unseren Nico getroffen.

Dieses Weihnachtsfest war das schlimmste, das ich je erlebt habe. Wir waren zum Fest bei Volkers Schwester und ihrem Mann in Österreich eingeladen und die restliche Familie und Freunde waren auch dort. Meine Schwägerin war mittlerweile ja ebenfalls hochschwanger und zudem hatte die befreundete Nachbarin vor kurzem ihr Baby entbunden und brachte es mit. Jeder wusste Bescheid und ließ mich auf eigenen Wunsch einfach ganz in Ruhe und unbehelligt mit Volker in einer Ecke auf der Couch sitzen.

Ich litt entsetzlich und versuchte jede Sekunde, die mir mit Nico blieb, zu genießen und ihm zu zeigen, wie sehr ich ihn jetzt schon liebte. So sehr hoffte ich, der Professor würde in der Konferenz mit seinen Kollegen einen Weg finden, um unseren Sohn zu retten. Ich hätte in diesem Moment alles dafür gegeben, wenn ich einfach nur ein solch gesundes Kind in den Armen halten dürfte, wie es die Freundin der Schwägerin tat.

Aber meine Hoffnung wurde zerschlagen.

Am Montag, den 28. Dezember 2009 teilte Professor Bald uns mit, es gäbe auch von Seiten der Kollegen keine Hoffnung auf eine erfolgversprechende Operation bei Nico. Zu stark sei das Tumorgewebe mit dem Hals verwachsen beziehungsweise der Hals würde an sich nur aus dem Teratom bestehen. Somit sei eine Entfernung nicht möglich, weil einfach kein gesundes Restgewebe vorhanden sei.

Der Professor erklärte, dass es schlussendlich selbstverständlich unsere Entscheidung sei, ob wir uns für einen Schwangerschaftsabbruch entscheiden. Er wies aber nochmals darauf hin, dass der Tumor in den nächsten Monaten höchstwahrscheinlich immens wachsen und somit eine Gefahr für mich bei der Geburt werden würde. Außerdem wäre Nico unter keinen Umständen jemals zu einer selbständigen Ernährung oder Atmung fähig, sollte er die Geburt überhaupt überleben.

Wenn wir einverstanden wären, würde er dem Klinikum Darmstadt alle nötigen Unterlagen zukommen lassen und ich sollte mich direkt am nächsten Morgen zur Beendigung der Schwangerschaft dort einfinden.

Wir hatten praktisch keine andere Wahl, wollte ich nicht mein eigenes Leben riskieren. Diese Option stand für Volker überhaupt nicht zur Debatte. Und damit stand es also fest: wir würden uns von Nico verabschieden müssen. Und dies ganz bewusst und ganz geplant. Es zerriss mich innerlich, als wir uns zu Hause auf die Couch setzten und verzweifelt versuchten, irgendwie zu verstehen, was uns morgen erwarten würde. Irgendwann hatte ich das Gefühl, keine Tränen mehr zu haben, so viel weinte ich.

Es drängten sich Gedanken auf, Nico habe vielleicht doch bei der Behandlung wegen des Noro-Virus einen Schaden davongetragen. Oder – was noch viel schlimmer wäre – ich würde jetzt für diese dämlichen, egoistischen Gedanken am Anfang bestraft werden, wegen ihm im Urlaub nicht tauchen gehen zu können.

Ich streichelte meinen Bauch und sprach sanft mit unserem Nico, versuchte ihm zu erklären, warum wir zu diesem Schritt gezwungen waren. Ich flehte ihn innerlich an, er möge uns verzeihen und vergeben, und ich hoffte, mir würde dadurch ein kleiner Teil der Schuldgefühle abgenommen. Aber das tat es nicht. Etwas in mir zerbrach an diesem schrecklichen Tag für immer.

Am Dienstagmorgen betraten wir früh um 7 Uhr das Darmstädter Klinikum.

Nach den notwendigen Voruntersuchungen und Beratungen gab man Volker und mir ein eigenes Zimmer, in dem auch er übernachten konnte. Was mir jedoch erst hier und jetzt richtig bewusst wurde, war, dass ich Nico auf normalem Wege würde zur Welt bringen müssen. Kein Kaiserschnitt, keine Vollnarkose oder Ähnliches. Das wurde damit begründet, dass es für die Mutter wesentlich weniger Risiken barg.

In mir stieg eine Angst empor, wie ich sie noch niemals zuvor gespürt hatte. Gepaart mit einem Entsetzen und Grauen vor dem, was vor uns lag. Denn ich konnte mir nicht im Entferntesten vorstellen, wie das alles für Volker sein musste: er konnte einfach nur zusehen, bei mir sein, aber auf keine Weise aktiv eingreifen und helfen.

Als man mir gegen 10:30 Uhr die erste Tablette mit wehenfördernden Mitteln gab, erklärte mir eine Schwester, ich könnte so viele Schmerzmittel bekommen, wie ich wollte. Denn – so klärte sie mich aufrichtig auf – es würde höchstwahrscheinlich noch schmerzhafter sein, als bei einer normalen Geburt. Mein Körper wäre einfach nicht darauf vorbereitet, ein seiner Meinung nach gesundes Kind jetzt schon zu entlassen, und würde sich aller Voraussicht nach so lange wie möglich widersetzen.

„Was heißt ‚so lange wie möglich'?“, wollte ich wissen.

„Naja, das kann schon ein paar Stunden dauern, aber meiner Erfahrung nach sind Sie heute Nachmittag wieder zu Hause und können sich erholen.“

„Was wird mit Nico sein?“

„Hmmm … also das ist so: Sein kleiner Körper ist jetzt einfach noch nicht auf eine Geburt ausgelegt. Wehen sind ja praktisch Kontraktionen der Gebärmutter, ein Muskel, der sich anspannt und zusammenzieht. Das wird Nico nicht lange aushalten. Mit jeder Ihrer Wehen wird er schwächer werden und dadurch sterben.“

„Das heißt“, hinterfragte ich dieses grausame Detail, „ich werde mit jeder Wehe mein Kind zerquetschen?“

„Ja", seufzte die Krankenschwester, „im Endeffekt ist das so. Aber Sie wie auch er werden nicht lange leiden müssen. Jetzt ruhen Sie sich aus und rufen Sie mich, wenn Sie Schmerzmittel benötigen, ja?"

Als die erste Wehe kam, drehte ich fast durch. Wehen sind schon nicht leicht auszuhalten, aber im Normalfall darf man anschließend ein gesundes kleines Wesen in seinen Armen halten.

Ich jedoch würde mit jeder weiteren Wehe, die sich ankündigte, mein eigenes Kind umbringen. Ich schrie diesen inneren Horror hinaus und konnte mich nicht mehr beruhigen.

Stunden vergingen und die Dosis der weheneinleitenden Mittel wurde erhöht. Denn die Frauenärztin, die in regelmäßigen Abständen zur Kontrolle des Geburtsfortschrittes vorbeikam, war mit dem Ergebnis nicht zufrieden. Mein Körper schloss sich dem Aufstand meiner Seele an und streikte. Er tat nicht das, was er jetzt tun sollte: Nico freigeben.

Jede Wehe, die sich wie eine Welle ankündigte, hielt ich aus und versuchte alles, um sie lehrbuchmäßig zu veratmen.

Und nachdem sie dann verebbte, fühlte und streichelte ich meinen Bauch und ein empörtes Treten kam aus dem Inneren heraus. Nach jeder Wehe erneut. Er lebte und kämpfte – ohne zu wissen, dass er am Ende doch verlieren würde.

Mittlerweile war es bereits Abend und noch immer gab es nicht den geringsten Hinweis auf eine baldige Geburt.

Es wurde zur Gewohnheit, nach jeder neuen Wehe nach Nico zu fragen, den Bauch zu streicheln und dann tatsächlich von der anderen Seite einen Tritt zu spüren.

Die Dosis der Schmerzmittel wurde ein bisschen erhöht, um es mir leichter zu machen. Aber nichts wurde dadurch leichter. Kein Schmerzmittel der Welt konnte die seelischen Qualen lindern.

Die Nacht kam und ich erinnerte mich an die Schwester, die meinte, wir würden bereits am Nachmittag wieder zu Hause sein. Zwölf Stunden waren Volker und ich jetzt nun schon hier und er ließ mich nicht eine Sekunde länger als nötig allein.

In der Nacht wurden mir weitere Medikamente gegeben, die die Geburt vorantreiben sollten. Aber das Einzige, was immer mehr zunahm, waren diese unmenschlichen Schmerzen. Ich verkrampfte meinen Bauch und zog die Beine an, um dem irgendwie Herr zu werden, aber es war sinnlos.

Und Nico, dieses kleine, zerbrechliche Wesen, strampelte tapfer weiter.

Es wurde Morgen des nächsten Tages und die Frauenärztin, die mittlerweile eine andere war, stellte fest, dass der Muttermund sich einfach nicht öffnen wollte. 24 Stunden waren vergangen, seit ich die erste Tablette bekommen hatte.

Sie ordnete weitere Medikation an, wobei sie direkt darauf bestand, die Schmerzmittel drastisch zu erhöhen und in den Bereich der Morphine zu wechseln. „Glauben Sie mir, es ist besser so für Sie!"

Man gewährte mir die Gnade eines Drogenrausches und dennoch bekam ich fast alles mit – wenn auch wie durch einen Schleier.

Vor allem wenn die nächste Wehe sich ankündigte, schrie ich wie ein wildes Tier. Und sobald sie hinter mir lag, tastete ich nach Lebenszeichen von Nico.

Sie kamen.

Aber sie wurden schwächer. Genau wie bei mir, ließ seine Kraft nach.

Ungefähr weitere acht Stunden kämpfte er noch. Acht Stunden, in denen meine Seele jedes Mal nach ihm rief und eine immer zaghaftere Antwort von ihm bekam.

Bis irgendwann keine mehr kam.

Er war tot. Oder zu schwach, um zu reagieren.

Und ich wollte mit ihm sterben. Ich hatte keine Kraft mehr, weiterzukämpfen.

Weit über 30 Stunden hatte ich ihn noch gespürt, hatte ihm gesagt, wie sehr ich ihn liebe und ihn vermissen würde. Aber er müsse jetzt gehen, zu den anderen Sternenkindern. Er wollte nicht. Und ich wollte das auch nicht.

Meine Medikation wurde weiter erhöht – gegen die Schmerzen und für die Wehen – und nach insgesamt 36 Stunden ging auf einmal alles ganz schnell.

Der Muttermund öffnete sich. Man brachte mich eiligst in einen Kreißsaal, während Volker meine Hand hielt und mir gut zuredete, wir hätten es jetzt bald geschafft. Meine Wahrnehmung war durch die Morphine dermaßen eingeschränkt, dass ich mehr bewusstlos als wach war.

Ich tat das, was die Hebammen mir zuriefen. Ich presste und presste – ich weiß nicht wie oft und wie lange.

Um 22:30 Uhr am 30. Dezember 2009 gebar ich Nico.

Volker und ich hatten zuvor mit den Ärzten ausgemacht, dass wir Nico nach der Geburt nicht sehen wollten. Ich hatte eine unsagbare Angst davor, wie er aussehen könnte und dass ich dieses Bild von meinem entstellten Sohn nie mehr im Leben aus meinem Kopf bekäme. Deshalb trugen sie Nico direkt weg.

Und ich verlor das Bewusstsein.

Ich fuhr hoch. Neben mir lag ganz dicht Volker und hielt meine Hand, während er schlief. Es war dunkel und nur das kleine Nachtlicht am Boden half mir bei der Orientierung.

Krankenhaus, ich war immer noch im Krankenhaus. Ich sah auf mein Handy: zwei Uhr nachts.

Irgendeine kleine Stimme hatte mich geweckt und ich schaute mich verwirrt um, von wo diese gekommen war. Aber da war niemand außer Volker und mir. Ich war noch völlig benommen von den Medikamenten, aber ich hätte auf alles geschworen, dass jemand „Mama" geflüstert hatte.

Alles, die ganzen letzten Stunden, waren mit einem Schlag wieder präsent.

Ich versuchte aus dem Bett aufzustehen und bemerkte, wie meine Beine mich kaum tragen wollten. Aber ich musste ihn sehen, ich musste Nico *jetzt* sehen. Sofort!

Auf einmal sprang Volker aus dem Bett. „Schnuffel, bist du verrückt! Du darfst nicht aufstehen, du bist noch viel zu schwach. Leg dich wieder hin!"

„Aber ich will ihn sehen!"

„Jetzt? Oder morgen früh?"

Ich schüttelte entschlossen den Kopf. „Nein, jetzt."

„Okay, Schatz. Ich sage denen draußen Bescheid, ja. Aber du bleibst hier liegen."

Volker verschwand aus dem Zimmer und es kam mir vor, als wäre er schon ein paar Sekunden später wieder zurückgekommen.

„Sie bringen ihn uns gleich, mein Schatz."

Als die Schwestern und die Frauenärztin an die Tür klopften, trugen sie vorsichtig ein kleines Bündel in ihren Armen.

Die Frauenärztin kam direkt auf uns zu und sprach sanft: „Herr und Frau Holthaus, auch wenn es für Sie jetzt vielleicht seltsam wirkt, aber wir möchten Ihnen trotzdem gratulieren: Sie sind Eltern geworden."

Und mit diesen Worten legte die Krankenschwester mir Nico in die Arme.

Ein kleines, in warme Mullwindeln eingepacktes Menschlein, angezogen mit einem Strick-Mützchen und -Jäckchen.

Und ich schaute ihn an, unseren Sohn, und betrachtete ihn durch einen Tränenschleier ganz genau. Ich wollte mir jeden seiner Gesichtszüge einprägen. Ich knetete seine kleinen Füßchen. Fünf Zehen, alles vollständig. Dann nahm ich seine winzige Hand mit den unfassbar kleinen Fingerchen – es war alles makellos.

Dann packte ich ihn langsam aus und betrachtete mir seinen Hals. Und es war für mich völlig in Ordnung. Alles war auf einmal in Ordnung; selbst der befürchtete „Horroranblick" blieb aus. Wir hatten einfach Pech – das war alles.

Ich packte Nico wieder ein und strich über seine kleinen Augenbrauen, über seine Wange, über seinen Mund.

Wir hatten alle Zeit der Welt und ich wollte diese mit ihm genießen. Nichts um mich herum war mehr wichtig, außer Volker, ich und unser Sohn.

25 Zentimeter groß und 495 Gramm schwer war er, unser Nico. Ein völlig fertiger, perfekter kleiner Mensch. Wenn einfach nur dieser Wulst um seinen Hals nicht gewesen wäre.

Ich legte ihn an mein Gesicht und gab ihm einen Kuss auf die Stirn.

Und dann ließ ich ihn gehen – mit der Krankenschwester zur Tür hinaus und für immer in mein Herz hinein.

Narben erinnern uns an das Erlebte,
aber sie definieren nicht unsere Zukunft.
Mark Twain (1835–1910), US-amerik. Schriftsteller

14

Am Silvestermorgen wurden wir wieder nach Hause entlassen und die folgenden Wochen waren für uns beide quälend schwer, da wir sehr um Nico trauerten.

Das Krankenhaus hatte uns eine kleine Karte mit seinen Geburtsdaten und zwei kleinen Fußabdrücken gemacht, die ich nun auf einen Schrank mit Kerzen stellte. Jeden Tag zündete ich ein Licht für ihn an und drappierte zwei kleine Engelfiguren um diese Karte.

Am allerschlimmsten war es für mich, den Alltag zu bewältigen. Volkers Sekretärin war ebenfalls schwanger und fast genauso weit wie ich, und nicht zu vergessen: auch meine Schwägerin trug ihre kleine Tochter unter ihrem Herzen.

Trotz Medikamenten, die den Milcheinschuss bei mir verhindern sollten, tat mein Busen höllisch weh und stellte sich prall gefüllt darauf ein, dass ich ein Kind geboren und zu ernähren hatte. Jeden Tag weinte ich und verfluchte Mutter Natur. Sollte sie ihre Milch doch für sich behalten – Nico war tot und brauchte sie nicht mehr.

Zudem trat bei mir das Phänomen ein, bei dem man viel von den Dingen um sich herum wahrnimmt, die einen selbst beschäftigen. Schon als Schwangere hatte ich auf einmal überall Frauen mit Babybäuchen oder Kinderwagen gesehen und mich mit ihnen gefreut.

Jetzt war das anders. Ich nahm immer noch jede Jungmutter um mich herum wahr, aber sie brachten mich an die Grenze des Ertragbaren. Schon eine kleine Fernseh-Werbung, die Kindernahrung oder Windeln anpries, ließ mich wieder in mich zusammenfallen und in Tränen ausbrechen.

Ich war nicht mehr in der Lage, in meiner Praxis zu arbeiten und die Kraft aufzubringen, Menschen in ihren Nöten zu helfen, wo es mir doch selbst so schlecht ging. Außerdem kamen mir diese Probleme vermehrt so banal vor, weswegen ich einfach nicht mehr die therapeutische Neutralität wahren konnte, die so wichtig für ein gutes Arbeiten war.

Ich sprach mit dem Vermieter meines Praxisraumes und er war äußerst zuvorkommend und ließ mich ohne Fristeinhaltung aus dem Mietvertrag heraus. Denn – auch wenn ich keine Einnahmen hatte – die Fixkosten würden weiterlaufen und mussten so gering wie möglich gehalten werden.

Ich nahm mir vor, meine Praxis wieder in Betrieb zu nehmen, sobald ich mich dazu in der Lage sah, dann aber vorläufig ausschließlich mit Hausbesuchen.

Ungefähr ein halbes Jahr sollte es dauern, bis ich wieder mein erstes vereinzeltes Klientel betreute. Parallel stand eine weitere Veränderung bei Volker und mir im Raum: wir wollten uns nach einem eigenen Haus umschauen.

Bereits im Jahr zuvor hatten wir im Sommerurlaub gemeinsam mit den Schwiegereltern überlegt, ob man nicht zusammen in die Nähe eines schönen Tauchgewässers und vielleicht auch näher in Richtung der Schwägerin nach Österreich ziehen könnte.

Die schlechten Erfahrungen, die ich damals mit Milans Eltern gemacht hatte, waren nicht im Geringsten auf Volkers Eltern übertragbar. Sie waren von Grund auf mir gegenüber freundlich und elterlich eingestellt, weshalb es nicht die kleinsten Zweifel gab, ob ein Zusammenleben funktionieren könnte. Sie würden ihr Haus in Darmstadt verkaufen und dann gemeinsam mit uns in ein Haus in oder in die Nähe von Österreich ziehen.

Volker und ich suchten also über ein Internet-Portal nach Immobilien, die sowohl in Volkers Budget als auch in unsere örtliche Vorstellung passten. Nach der Besichtigung einiger Objekte stießen wir im Internet auf ein Haus in Obernzell bei Passau, direkt an der österreichischen Grenze und der Donau gelegen.

Das Exposé, das uns die Maklerin zukommen ließ, glich einem Traum: alles war wie für uns gemacht und wenn die Fotos nicht durchweg verschönert waren, dann gäbe es keinen Zweifel daran, dass wir unser Traumhaus gefunden hatten.

Am 1. August 2010 vereinbarten wir einen Termin zur Besichtigung, wofür wir immerhin knapp 500 Kilometer von Weiterstadt nach Obernzell fahren mussten. Aber es sollte sich lohnen.

Parallel brachen auch meine Schwiegereltern, die zu dieser Zeit ihren jährlichen Campingurlaub in Österreich verbrachten, auf in Richtung Passau, damit wir uns zur Besichtigung am Haus treffen konnten.

Nach einer Begehung des Hauses zusammen mit der Maklerin war allen sehr schnell klar: dieses Haus würde es sein. Es bot die ideale Kombination aus zwei separaten Wohneinheiten, wodurch jeder von uns seinen eigenen Wohnbereich haben würde. Zum nächsten Tauchgewässer, dem Attersee, waren es knapp eineinhalb Stunden Fahrt, und das war für Wochenend-Kurzurlaube einfach ideal.

Volker sagte zu und schon wenige Monate später, im November 2010, bezogen wir unser neues Zuhause. Die Schwiegereltern würden im kommenden Februar nachkommen.

Meine Praxis wollte ich im neuen Zuhause dann wieder neu aufbauen – zum mittlerweile dritten Mal.

Wir renovierten einige Zimmer und richteten uns nach und nach gemütlich ein. Für das kommende Silvester – ein Jahr nach Nicos Tod – hatten wir für ein paar Tage Freunde zu uns eingeladen: Stefan und Nina. Ein Pärchen, das einige Jahre jünger war als wir, mit dem wir aber seit jeher auf einer Wellenlänge schwammen. Stefan und Volker kannten sich vom selben Tauchclub und ich war froh, als sie zusagten. Mir graute davor, in dieser Zeit mit Volker ganz alleine zu sein – zu sehr fürchtete ich mich davor, in ein emotionales Loch zu fallen.

Und Stefan wollte den Besuch dazu nutzen, mit Volker für einen Tag an den Attersee zum Tauchen zu fahren, während Nina und ich einen Gammeltag auf der Couch planten. Sie übernachteten in der zukünftigen Erdgeschoss-Wohnung der Schwiegereltern und hatten so ihr Reich für sich.

Für den Silvesterabend planten wir vier eine Kombination aus Fondue und Raclette und besorgten am Vortag alle Zutaten, die wir uns aus den Kochbüchern zusammengesucht hatten. Wir fuhren gemeinsam zu einem Supermarkt, der gegenüber eines

Drogeriemarktes lag. Ich sagte den anderen, sie sollten schon einmal vorgehen, denn ich müsste noch Waschmittel kaufen, und verschwand im Drogeriemarkt.

Seit ein paar Tagen wartete ich auf meine Periode, aber wie schon in den Monaten zuvor kam diese sehr unregelmäßig. Ich wollte allerdings sichergehen und nicht ständig an eine Schwangerschaft denken müssen – gerade im Hinblick auf letztes Jahr. Also kaufte ich mir einen Schwangerschaftstest, behielt dies aber für mich.

Am Silvestermorgen brachen Volker und Stefan schon sehr früh gemeinsam zum Tauchen auf, damit sie am späten Nachmittag wieder zurück sein konnten. Ich schlief aus und stand erst um einiges später auf, genau wie Nina ein Stockwerk tiefer. Wer zuerst wach wäre, sollte einfach mal beim anderen klopfen, hatten wir am Abend vorher vereinbart.

Fast hätte ich es vergessen, aber dann fiel mir doch noch ein: ich wollte an diesem Morgen ja den Schwangerschaftstest machen, den ich gekauft hatte! Gemächlich begann ich mich für den Tag frischzumachen, während ich auf das Ergebnis wartete – ein Auge immer auf den Test gerichtet.

Und dann stand es da, im Display. Doch so vollkommen unerwartet, dass es mich fast umhaute: schwanger!

Meine Knie zitterten und ich wusste nicht, was ich tun sollte. Volker war nicht da! Ich konnte es ihm nicht sagen. Am Telefon war doch blöd – das wollte ich nicht. Aber in mir brodelte alles vor Freude – ich konnte es gar nicht fassen: ich war tatsächlich wieder schwanger!

Exakt ein Jahr und einen Tag nach Nicos Tod zeigte mir dieses blau-weiße Plastikstäbchen in meiner schweißnassen Hand ein eindeutiges und unzweifelhaftes „schwanger“ an.

Ich spurtete die Treppe runter zu Nina und klopfte an: „Ninaaa? Darf ich rein kommen?“

„Jaaa, komm ruhig, bin nur grad im Bad.“

„Mach schnell“, drängte ich.

„Wieso, was ist denn? Ist was passiert?“

Ich war ganz aufgeregt und ungeduldig. „Nein, aber beeil dich, ich muss dir was zeigen.“

„Was denn? Ist da 'ne Spinne?"

Ich musste schmunzeln: das war unser beider Horrorvorstellung – eine fette schwarze Spinne im Haus und kein Mann da, der sie wegmachen konnte.

„Ähm ... so ähnlich!", antwortete ich ihr, während ich den Test in den Fingern drehte.

Sie kam im Bademantel aus dem Bad in den Flur und schaute mich an. „Was ist denn los?"

Wortlos hielt ich ihr den Test entgegen und mein Herz schien vor Freude fast zu zerspringen, während mein ganzer Körper vor Aufregung vibrierte. Nina sagte später, sie habe noch nie im Leben einen Menschen so zittern sehen.

Sie riss ungläubig die Augen auf.

„Nee, oder? Oh, mein Gott, Yvonne! Du bist schwanger? Das gibt's doch gar nicht, herrje ist das schön!"

Wir umarmten uns und verdrückten gemeinsam ein paar kleine Freudentränen.

So ganz traute ich der Sache aber noch nicht und so beschlossen wir beide, noch einmal ins Dorf zu fahren und in der Drogerie einen weiteren Test zu besorgen. Einfach nur zur Bestätigung, ob es tatsächlich stimmte.

Neben ein paar Luftschlangen und Konfetti, mit denen ich noch etwas Besonderes vorhatte, packte ich mit einem Griff alle vier vorhandenen Tests, die im Regal hingen. Nina lachte sich halbtot, aber sicher war sicher.

Aber es gab nicht den geringsten Zweifel: alle vier Tests zeigten nur ein paar Minuten später zu Hause dasselbe Ergebnis an.

Wie aber jetzt Volker diese wunderbare Neuigkeit mitteilen?

Ich hatte die Idee, einen kleinen Karton mit den Luftschlangen auszupolstern, ihn außen mit bunten Fragezeichen zu versehen und alle fünf Tests darin zu verstecken. Diesen Karton wollte ich ihm dann abends auf seinen Platz stellen, wenn wir mit dem Silvester-Menü starteten.

Gesagt – getan!

Nina und ich hielten es vor Spannung kaum aus, aber wir behielten das kleine Geheimnis tatsächlich bis zum besagten Moment für uns. Auch als Volker und Stefan etwas erschöpft vom

Tauchen zurückkamen, saßen wir auf dem Sofa, als wäre nichts geschehen. Innerlich jedoch platzte ich fast vor Vorfreude.

Und als wir Volker und Stefan von der Couch dann an den gedeckten Tisch baten, sah mein Mann dieses kleine Kästchen auf seinem Teller liegen.

„Was ist das denn? Ist das für mich?“, sah er zuerst Nina und dann mich fragend an.

„Klar“, antwortete ich, „für wen denn sonst, wenn es da liegt?“

Nina und ich hielten uns versteckt unter dem Tisch an der Hand und drückten sie ganz fest.

Er grummelte noch ein paar fragende und überraschte Sätze, während Stefan gespielt beleidigt nörgelte: „Och menno, ich will auch sowas haben!“

„Nun“, grinste ich bis über beide Ohren und sah verschworen zu Nina hinüber, „*das* denke ich nicht. Jedenfalls jetzt noch nicht.“

Volker packte das bunt bemalte Päckchen aus und fragte noch neckisch: „Na, was mag das wohl sein, hm?“

Ich antwortete nicht, grinste und hob nur vielsagend die Augenbrauen. Nina und ich zerquetschten uns fast gegenseitig die Hände vor lauter Anspannung.

Ich nehme an, Volker rechnete mit einem Scherzartikel oder so etwas in der Art. Er hatte überhaupt keine Ahnung und solch eine kleine Spielerei hätte ja zu Silvester gepasst.

Während er übertrieben lustig rief: „Ooooh, Luftschlangen!“, wühlte er weiter in dem Papiergewirr. Er bekam eines der Plastikstäbchen zu fassen, nahm es in die Hand und murmelte beim näheren Betrachten vor sich hin: „Was ist das denn?“

Und auf einmal begriff Volker! Er riss die Augen auf und sah Nina und mich abwechselnd fragend an: „Das ist jetzt nicht wahr, oder? Schnuffel???“

Die Überraschung und die Freude, die Volker überwältigte, waren unbeschreiblich. Nun hatten wir wahrhaftig einen wundervollen Grund, das Jahr 2010 glücklich ausklingen zu lassen.

Diesmal sollte alles gut gehen.

Am 1. September 2011 wurde unser kleiner Augenstern Silas Raphael geboren. Kräftig, gesund und bis heute unser größtes Glück.

Zusammen mit Volkers Eltern und unseren zwei Hunden leben wir heute ein zufriedenes und glückliches Leben in unserem kleinen Traumhaus.

Natürlich weiß niemand, was die Zukunft noch für uns bereithält. All diese Zweifel und Bedenken, die ab und zu wieder in mir aufsteigen, sind nur allzu menschlich. Und für solche Momente habe ich dann meinen Mann an der Seite, der irgendwann bei einem Spaziergang einmal auf meine Zukunftsängste antwortete:

„Weißt du, Schnuffel, das Leben darf auch einfach einmal schön sein!"

Und da hat er Recht.

Das Wunder der Perle …

Man erzählt sich die Geschichte einer Perle hier am Strand.
Sie entstand in jener Muschel durch ein grobes Körnchen Sand.
Es drang ein in ihre Mitte und die Muschel wehrte sich.
Doch sie musste damit leben und sie klagte: Warum ich?

Eine Perle wächst ins Leben, sie entsteht durch tiefen Schmerz.
Und die Muschel glaubt zu sterben, Wut und Trauer füllt ihr Herz.
Sie beginnt es zu ertragen, zu ummanteln dieses Korn.
Nach und nach verstummt ihr Klagen und ihr ohnmächtiger Zorn.

Viele Jahre sind vergangen.
Tag für Tag am Meeresgrund
schließt und öffnet sich die Muschel.
Jetzt fühlt sie sich kerngesund.
Ihre Perle wird geboren. Glitzert nun im Sonnenlicht.
Alle Schmerzen sind vergessen, jenes Wunder jedoch nicht.

Jede Perle lehrt uns beten, hilft vertrauen und versteh'n,
denn der Schöpfer aller Dinge hat auch deinen Schmerz geseh'n.
Nun wächst Glaube, Hoffnung, Liebe, sogar Freude tief im Leid.
So entsteht auch deine Perle, sein Geschenk für alle Zeit.

Mit freundlicher Genehmigung von Sören Kahl: www.das-wunder-der-perle.de

„Ich kann das nicht!“ gibt es in meinem Leben nicht,
höchstens ein „Das habe ich bisher noch nicht gelernt!“
Yvonne Holthaus

Ein paar GeDANKEn zum Schluss

Wie schon im Vorwort angemerkt, konnten nicht alle in diesem Buch Erwähnung finden, die meinen Weg begleiteten. Vielleicht wurden sie auch lediglich am Rande genannt. Das hat aber nichts damit zu tun, dass ich nicht wertschätze, was sie für mich getan haben. Nicht jeder meiner persönlichen Begleiter muss mit eingebunden werden, um auszudrücken, was ich mit diesem Buch sagen will.

Andererseits weiß ich von einigen, die froh sind, in meinem Buch nicht umfassender genannt zu werden; denen es auch unangenehm wäre, wenn ich geschrieben hätte, in welch ausführlicher Art sie mir geholfen haben. Sei es aus Scheu oder einfach aus Bescheidenheit. Diese Menschen wissen bestimmt, dass ich sie persönlich in genau diesem Moment anspreche und sie mir über lange Zeit großer Halt und eine Stütze waren. Da seien zu nennen: „Babe“, Nina B., Nici, „Chef“, Claudia, Melani und noch einige andere (dies sind die realen Namen beziehungsweise die, wie ich sie nenne).

Ich habe euch nicht vergessen und ich habe nicht vergessen, was ihr alles für mich getan habt, wie ihr für mich da wart.

Zudem habe ich auch längst nicht jedes meiner persönlichen Erlebnisse, so zum Beispiel eigene Krankheiten oder auch bestimmte familiäre Begebenheiten, in dieses Buch integriert. Meist aus denselben Gründen, warum ich auch nicht allen Personen einen Platz eingeräumt habe: sie haben entweder für den von mir angestrebten Sinn dieser Biographie keine aussagekräftige Bedeutung oder aber ich möchte sie schlichtweg für mich behalten.

Ein wenig selbstgewählte Privatsphäre sei auch mir gestattet.

Ich hoffe, es ist mir gelungen, Ihnen zu zeigen, dass das Allerwichtigste ist, nicht aufzugeben – egal was passiert oder einem zustößt. Dass man an seine Ziele glaubt und dafür auch einmal an seine Grenzen geht, so wie ich bei meinem Plan, eine eigene Praxis zu eröffnen.

Immer wieder aufstehen, sich ein weiteres Mal aufrappeln – das war jeden Tag aufs Neue mein oberstes Gebot. Und wenn die Kraft zum Stehen noch fehlte oder noch nicht ausreichend vorhanden war, dann kroch ich eben auf allen vieren weiter – Hauptsache, ich gab nicht auf und biss mich weiter durch.

Ich hatte nicht die besten Voraussetzungen, die man im Leben mit auf den Weg bekommen kann. Und in all der Zeit kamen immer wieder neue Felsbrocken hinzu, die sich mir als Hindernisse in den Weg warfen – oder geworfen wurden. Aber ich habe aus den Situationen und dem, was mir gegeben war, das für mich Bestmögliche gemacht.

Es ist also nicht wichtig, ob Sie Geld haben, einen Intelligenzquotienten von 150 besitzen oder toll aussehen – wichtig ist, wo Sie hin wollen, was Ihre Ziele und Träume sind. Und die sollten Sie niemals aus den Augen verlieren.

Wenn Sie mein Buch nun bis zum Schluss gelesen haben, den Sinn, den ich vermitteln möchte, dahinter tatsächlich nachvollziehen können, dann freut es mich, wenn Sie es als Mutmacher ansehen und weiterempfehlen würden.

Zum Schluss führe ich nun all die Personen auf, ohne die mein Buch – mein Herzensprojekt – niemals Realität geworden wäre.

In erster Linie danke ich meinem Mann Volker und meinen Schwiegereltern. Ohne sie hätte ich nicht die Möglichkeit gehabt, neben den zahlreichen Nachtschichten am Laptop auch noch tagsüber am Manuskript zu arbeiten, da sie sich immer wieder um unseren kleinen Sohn gekümmert haben.

Und nur mit Hilfe der Crowd-Funding-Plattform www.startnext.de und den vielen Menschen, die sich dort beteiligt haben, war es überhaupt möglich, meinen Plan vom eigenen, rechtlich unabhängigen Buch zu verwirklichen.

Yvonne Holthaus wurde am 6. Mai 1975 in Neuss geboren.

Die Idee zu ihrem ersten Buch entstand 1999. Konkretisiert hat sich dieses Vorhaben dann erst ab dem Jahr 2011.

Sie hatte den Traum, einen Mutmacher zu schreiben – allerdings fehlten hierzu die finanziellen Mittel.

Yvonne Holthaus stieß auf die Möglichkeit des Crowd-Funding, des projektgebundenen Geldsammelns über eine Internet-Plattform.

Am 1. Februar 2013 startete sie ihr Projekt auf StartNext.de: mit dem Ziel, 6.000 Euro in drei Monaten für „Mit dem Gesicht zur Sonne" zu sammeln.

Am 29. April – zwei Tage vor Ablauf der Frist – war die Summe komplett.

Ihr Erstlingswerk ist eine Biographie – gleichwohl ihres noch jungen Alters. Denn – wie sagte eine ihrer Freundinnen so treffend:
„Soviel Erlebtes passt doch normalerweise nur zu jemandem, der mindestens 80 Jahre alt ist!"

Neben ihrer Aufgabe als Mutter eines 2 Jahre alten kleinen Rabauken (Stand: 2013), folgt sie ihrer Berufung als Heilpraktikerin für Psychotherapie/Hypnosetherapeutin in ihrer Privatpraxis Hypnowell in Niederbayern.

Yvonne Holthaus lebt mit ihrem Mann, Kind, 2 Hunden und den Schwiegereltern in einem Dreigenerationen-Haus in Obernzell bei Passau.

Mein ewiger Dank gilt allen Unterstützern des StartNext-Projektes:

Tiggi & YPSi

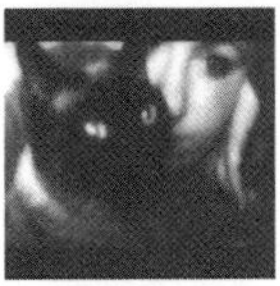

Christina Schmautz

Diana Lenz

Cornelia Cristofori

Dirk & Marina Pfizenmaier

Birgit Tratberger

Stefan und Nina Franck

Dr. Lorenz Kerscher

Rafael Schimanski

Melanie Lettenmaier

www.zauberhafte-babyhaende.de
Kelly Malottke

Elisabeth Lepschy
Pat Green
www.JdiveLog.org
Kai-Jürgen Lietz
Naturprodukte Europa
Willi Kreh
Alexandra Dullinger
Manu
Nicole Schmücker
Diana Reichert
Oliver Baumann
Regina Senninger
Josef Meier „Moar“
Kristina Emig
Dipali
Susanne Krüwel
R. Schütz
Andrea Held
Jörg Bauer
Julia Thurner
Sibylle Klingeis
Dagmar Fischnaller
Nicole Kühn
Judith Büschl
Corinna Bildat
Schönberg
Tina Krauß
www.norpu.de
FeelGood-Coaching
Oliver Klein
Jürgen Apel
Anika Sachse-Kulp
LDPcom Schimanski
Andrea Baro
Dr. Lorenz Kerscher
Schlockie
Christine Pfeil
Simone Philippi
Vanessa H. & Karsten G.-H.
Tauchtechnik Karlsruhe
Frank Leppin
norbertbach|design
Tilo Baumann
Boerboel
Torsten Brauckhoff
Anja Heinz
conaktiva Steuerberatungsges.mbH
Matthias Volz
Familie Kinateder
Petra Knöll
Sylke Schmidt
piri ta panta
Susana Sánchez Elvira
Stefanie Meinert
Isis Ammun
Sebastian Mang
Gitti
Lidwina Wirringer
Yvonne L.
Bianka Wiedenbein
Truman
Roland Hammer
Anja Lückenhaus
Jens Franik
Corinna Zimmerer-Teufel
Marco Zaugg, CH-Bern
Stefanie Kasberger
Petra Klein
Birgit Tratberger
OneV
Jan
Pierre Sur Mer
Friederike Erichsen-Wendt
Shorty Little
Ludwig Böhmisch
Renate Thomi

Alexandra Aldinger
Svenja Kiefer
Fam & Sascha
Wurmsl
Anna Teiken
Eileen Falke
Tanja Kuhn
Sebastian Brum
Sven Christensen
Petra Polk
sunshine
Matthias Schwehm
Martin Raak
Christine Heilbock
Michaela
Suse
Stefan Kömpel, AXA Center Kassel
sunshine
G. Larisch
Lars Hilpmann
YPSis Eltern, Fam. Petersen
Doris Hain
Michael Mühlberger
Marco
Elke Jagnow

Zudem bedanke ich mich für wortwörtlich TATkräftige Unterstützung bei:

Alexandra Dullinger (Du bist mein Schlüssel!)
Fritz Greiler vom Passauer Wochenblatt (PaWo)
Frank Thonicke
von der Hessische/Niedersächsische Allgemeine (HNA)
Laura Maria Dullinger, Kristina Braun und Dagmar Fischnaller (Mädels, danke für das Abtippen der Artikel in Rekordzeit!)
Reiner Krüger
Kelly Malottke
Doreen Schulz
Christina Schmautz
Heiko Gärtner

und bei allen, die im Impressum aufgeführt sind. Denn ohne sie, wäre dieses Buch nicht entstanden.

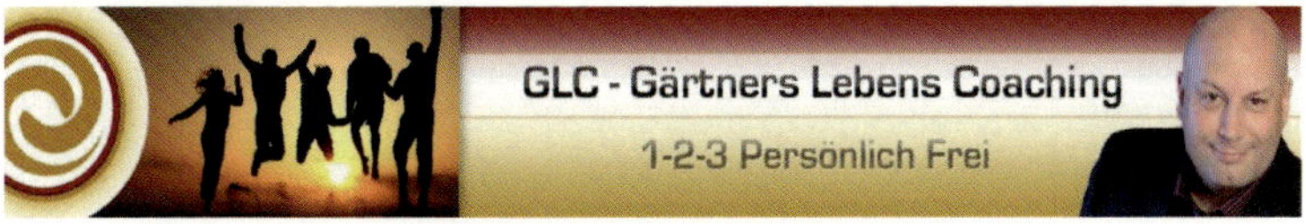

Heiko Gärtner

HarmonieCoach, Geobiologe und Bestsellerautor

Der Beginn Deiner Reise zu Dir Selbst beginnt hier. Einfachheit und Grundlagen zu Deiner Persönlichkeit erfährst Du in diesem Ratgeber. (Mein Erstlingswerk)

Finde die Harmonie im Spannungs–feld zwischen Wissenschaft und Spiritualität. In 9 Schritten zu mehr Lebensfreude und Glück im Leben. (Online Coaching)

Für kostenfreie Videos und Anregungen besuche bitte die folgenden Seiten: